lonely planet

MALTE ET GOZO

Abigail Blasi

SOMMAIRE

Préparer son séjour

Sur la route

TRABANTOS/SHUTTERSTOCK ©

EDO VAN KEMSEKE/SHUTTERSTOCK ©

En haut : Jardins Barrakka du haut, La Valette (p. 42) ; ci-dessus : Basilique de Ta'Pinu, Gozo (p. 162)

Lagon Bleu, Comino (p. 173)

Carnet pratique

Comprendre

Ħaġar Qim (p. 137)

CHARLTONBI/SHUTTERSTOCK ©

Mġarr ix-Xini, Gozo (p. 169)

MALTE ET GOZO

LE VOYAGE COMMENCE ICI

C'est un petit archipel, mais ces îles méditerranéennes baignées de soleil concentrent une multitude de choses à voir et à faire : temples plus anciens que les pyramides d'Égypte, falaises vertigineuses, criques secrètes et spots de plongée de classe mondiale. Malte possède une forte identité nationale aux influences multiples et une histoire d'une richesse surprenante, dont témoigne l'architecture insulaire. En outre, vous pourrez filer d'île en île pour découvrir Gozo, où le rythme est plus apaisé et la campagne superbe, et Comino, quasi inhabitée, où vous attend le lagon Bleu (Blue Lagoon). Bien que le surdéveloppement pose problème, Malte est largement demeurée telle qu'il y a des siècles, et la beauté de l'archipel continue d'y attirer de nombreux visiteurs.

Ce que je préfère, c'est me promener autour du fort Saint-Elme, puis déjeuner à La Valette, ou bien faire une excursion à Mġarr ix-Xini, sur Gozo, pour y déguster de délicieux produits de la mer.

Abigail Blasi

@abiwhere @abi.where

Abigail est une autrice de guides de voyage spécialisée dans le Danemark, l'Inde, l'Italie et Malte.

Fort Saint-Elme, La Valette (p. 43)

Wied il-Għasri

Séjournez dans cette petite baie idéale pour le snorkeling. (p. 163)

Il-Kastell

Visitez la citadelle historique de Victoria superbement restaurée. (p. 157)

Dwejra

Plongez dans le trou Bleu (Blue Hole) et les jardins de Corail (Coral Gardens). (p. 161)

Lagon Bleu

Plongez dans les eaux translucides de ce site de baignade très fréquenté, mais de toute beauté. (p. 173)

Temples de Ħaġar Qim et de Mnajdra

Prenez la mesure de ces deux impressionnants sites mégalithiques. (p. 136)

Co-cathédrale Saint-Jean

Admirez le plus grand tableau du Caravage. (p. 48)

Mdina

Flânez dans les ruelles à la nuit tombée. (p. 114)

La Valette

Prenez un *dgħajsa* (bateau traditionnel) pour les Trois Cités. (p. 36)

Hypogée de Ħal Saflieni

Découvrez une fascinante architecture préhistorique souterraine. (p. 65)

Marsaxlokk

Régalez-vous de produits de la mer dans un village de pêcheurs coloré. (p. 141)

GRAND PORT

L'histoire de Malte a été encore plus qu'ailleurs façonnée par sa géographie. Ses ports installés dans les criques abritées émaillant son littoral escarpé ont dicté sa destinée. Le plus beau de tous, le Grand Port (Grand Harbour), est une vaste rade naturelle, cernée sur trois côtés par les magnifiques villes du XVIIe siècle en pierre couleur or de La Valette, Vittoriosa et Senglea, protégées par cinq forts et couronnées de dômes.

Traversées en bateau

Des ferrys et des *dgħajsa* (bateaux-taxis traditionnels) sillonnent le Grand Port entre La Valette, la marina des Trois Cités et Sliema.

Panoramas époustouflants

À La Valette, les jardins Barrakka du haut et du bas offrent un superbe panorama sur le Grand Port. De belles vues sur La Valette vous attendent du côté des Trois Cités.

Festivals de renom

Les feux d'artifice illuminent le ciel pendant le Fireworks Festival en avril, tandis qu'en juin le port est envahi de voiliers pour la Rolex Middle Sea Race.

DE GAUCHE À DROITE : CARON BADKIN/SHUTTERSTOCK ©, KAVALENKAVA/SHUTTERSTOCK ©, KAVALENKAVA/SHUTTERSTOCK ©

Ascenseur Barrakka du haut, La Valette (p. 42)

NOTRE SÉLECTION

Visitez le **fort Saint-Ange** ❶ à Vittoriosa pour un panorama saisissant sur La Valette. (p. 61)

Filez aux **jardins Barrakka du haut** ❷ et à la Batterie de salut pour assister à la cérémonie du tir des canons, qui a lieu tous les jours à midi et à 16h. (p. 42)

Prenez un ***dgħajsa*** ❸ (bateau traditionnel) de La Valette vers les Trois Cités, et traversez l'un des plus beaux ports du monde. (p. 60)

Arpentez le sentier qui fait le tour du **fort Saint-Elme** ❹ de La Valette. (p. 43)

Prenez l'**ascenseur panoramique Barrakka du haut** ❺ pour descendre des jardins vers le Valletta Waterfront. (p. 42)

Temples de Ġgantija, Gozo (p. 165)

GÉANTS PRÉHISTORIQUES

Il y a des millénaires, l'archipel était occupé par des civilisations dont il reste des vestiges incroyables, notamment des sites mégalithiques et de mystérieuses ornières préhistoriques. L'une des plus anciennes de ces merveilles est une vaste nécropole creusée dans la roche qui a conservé des traces de peintures vieilles de 5000 ans.

Trésors millénaires

Parmi les édifices préhistoriques monumentaux de l'archipel, citons Ħaġar Qim et Mnajdra, au sud-est de Malte, et Ġgantija, sur Gozo, dont les temples sont antérieurs aux pyramides d'Égypte.

Vestiges souterrains

Il faut s'enfoncer sous terre pour découvrir le site préhistorique le plus extraordinaire de Malte, l'hypogée de Ħal Saflieni. Remontez encore plus loin dans le passé en admirant les fossiles de la grotte de Għar Dalam.

NOTRE SÉLECTION

Visitez **Ħaġar Qim et Mnajdra** ❶ lors d'un solstice pour découvrir les pierres dressées magnifiées par les rayons du soleil. (p. 136)

Plongez dans l'époque préhistorique au **Musée national d'archéologie** ❷ de La Valette. (p. 47)

Explorez l'un des sites préhistoriques les plus fantastiques du monde, l'**hypogée de Ħal Saflieni** ❸. (p. 65)

Admirez les artefacts des gigantesques **temples de Ġgantija** ❹, sur Gozo. (p. 165)

Examinez les trouvailles issues de la grotte de **Għar Dalam** ❺, près de Birżebbuġa. (p. 146)

GRANDE BLEUE

Le littoral de Malte est haut en couleur, entre falaises calcaires d'un blanc aveuglant, baies protégées aux eaux azur cristallines et plages de sable rouge doré. Les côtes sont émaillées d'une multitude de marinas égayées de bateaux bleu ciel traditionnels, de yachts luxueux et de hors-bord, qui n'attendent que vous pour prendre la mer. Côté snorkeling et plongée, un magnifique décor sous-marin de grottes, de roches et d'épaves est à portée de palmes.

Sites de plongée

Le long des côtes maltaises, l'eau est assez chaude pour plonger toute l'année, et de nombreux spots sont accessibles depuis le rivage.

Régates spectaculaires

D'impressionnantes régates ont lieu régulièrement au cours de l'année, notamment la Rolex Middle Sea Race, en octobre.

Trajets en ferry

Des ferrys font la navette entre Malte et Gozo toute l'année. D'autres partent de La Valette vers Sliema d'un côté, et les Trois Cités de l'autre.

NOTRE SÉLECTION

Embarquez pour Comino pour vous baigner dans le **lagon Bleu ❶** et explorer les criques de l'île. (p. 173)

Pratiquez le snorkeling dans une petite baie comme celle de **Wied il-Għasri ❷**, sur Gozo, où vous profiterez d'une visibilité exceptionnelle. (p. 163)

Faites du paddle dans Golden Bay ou **Mellieħa Bay ❸** (p. 97)

Rejoignez les familles maltaises pour un repas dominical de délicieux produits de la mer à **Marsaxlokk ❹**, avec son marché aux poissons et ses bateaux de pêche traditionnels. (p. 141)

Découvrez de superbes spots de baignade, tels **St Peter's Pool ❺**, Golden Bay ou Għar Lapsi sur Malte, ou les baies de Wied il-Għasri, Ramla et San Blas sur Gozo. (p. 145)

PLONGÉE

Avec des épaves de bombardiers de la Seconde Guerre mondiale, des récifs serpentant autour des vestiges de la célèbre Fenêtre d'azur de Gozo, et des grottes sous-marines grouillant de vie aquatique, Malte et Gozo méritent amplement le titre de meilleure destination de plongée d'Europe. La petite taille des îles permet d'accéder à des spots depuis le rivage, et il y en a pour tous les niveaux, de débutant à technique. Des centres établis de longue date vous garantiront la meilleure expérience, même si vous êtes un plongeur confirmé. Un pass Heritage Malta est nécessaire pour certaines épaves en eaux profondes.

Visibilité exceptionnelle

En raison de l'absence d'algues, la visibilité dans les eaux maltaises est exceptionnelle (entre 20 et 40 m), et la lumière peut pénétrer jusqu'à 100 m sous la surface.

Tous niveaux

Il existe des plongées pour tous niveaux – débutant, intermédiaire et technique –, et la petite taille de l'archipel permet un accès aisé à de nombreux spots fantastiques.

Températures clémentes

La température de l'eau varie entre 25 et 29°C toute l'année, et il est donc possible de plonger même en hiver.

Trou Bleu, Gozo (p. 161)

NOTRE SÉLECTION

Initiez-vous à la plongée avec l'une des nombreuses écoles PADI de Malte, à **Mellieħa** ❶ par exemple. (p. 97)

Découvrez le **Blenheim Bomber** ❷, épave de bombardier de la Seconde Guerre mondiale, au large de Marsaxlokk. (p. 145)

Plongez dans le **trou Bleu** et les **jardins de Corail** ❸, près de la célèbre Fenêtre d'azur de Gozo. C'est de son effondrement dans la mer qu'est né ce paradis sous-marin. (p. 161)

Explorez les profondeurs autour de **Ċirkewwa** ❹, qui abritent deux épaves : le *Tugboat Rozi* et le patrouilleur *P29*. (p. 104)

Faites une plongée technique sur l'épave du **Polynésien** ❺, cargo français du XIXe siècle coulé pendant la Première Guerre mondiale à l'est de Marsaskala. (p. 146)

Panorama depuis les jardins Barrakka du bas, La Valette (p. 55)

CITÉ HISTORIQUE

La Valette fut construite après le triomphe des chevaliers de Saint-Jean lors du siège de Malte, en 1565. Première ville d'Europe entièrement bâtie sur plans, la capitale maltaise est une vraie merveille. Traversant la péninsule de part en part, ses rues parallèles sont flanquées de maisons de ville de quatre ou cinq étages avec balcons, peintes de tons crayeux et rouge vif.

Restauration massive

Après les bombardements de la Seconde Guerre mondiale, tous les édifices du XVIIe siècle de La Valette furent reconstruits hormis l'Opéra, laissé en l'état en souvenir de la guerre.

Capitale miniature

Avec une superficie de 0,55 km², La Valette est la plus petite capitale du monde après la Cité du Vatican (0,44 km²).

NOTRE SÉLECTION

Prenez un verre devant le soleil couchant au **Bridge Bar ❶**, avec le Grand Port en contrebas. (p. 54)

Admirez la **co-cathédrale Saint-Jean ❷** et *La Décollation de saint Jean Baptiste* du Caravage. (p. 48)

Contemplez les sculptures préhistoriques du **Musée national d'archéologie ❸**. (p. 47)

Profitez du panorama depuis les jardins Barrakka du haut et explorez les tunnels du **quartier général de Lascaris ❹**. (p. 56)

Repérez les lieux de tournage de *Gladiator* et de *Game of Thrones*, notamment le **fort Saint-Elme ❺**. (p. 43)

ÎLE FORTIFIÉE

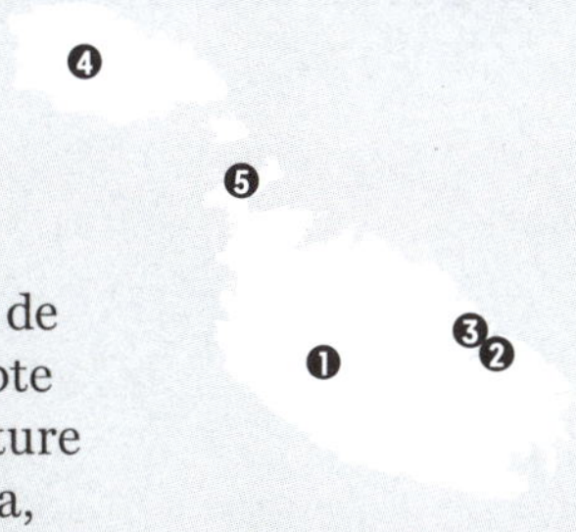

Vulnérable aux attaques et aux velléités de conquête depuis des siècles, Malte compte d'innombrables fortifications à l'architecture fascinante. En premier lieu vient Mdina, magnifique cité fortifiée et siège du pouvoir maltais avant l'arrivée des chevaliers de Saint-Jean, suivie de près par les majestueux forts anciens de l'archipel et les abris souterrains de la Seconde Guerre mondiale.

Épais remparts

Fondée au sommet d'une colline par les Phéniciens, Mdina devint une vaste capitale à l'époque romaine. Plus tard, les Byzantins et les Arabes reconstruisirent la ville à plus petite échelle, faisant de la cité une forteresse plus facile à défendre.

Abris antiaériens

Plusieurs catacombes antiques furent transformées en abris pendant la Seconde Guerre mondiale, comme vous pourrez le voir au musée Wignacourt de Rabat, où des refuges furent aménagés dans des hypogées puniques, romains et chrétiens.

Déluge de bombes

Durant la Seconde Guerre mondiale, Malte subit pendant 154 jours et 154 nuits un déluge de 6700 tonnes de bombes, et le roi George VI décerna à ses habitants la croix de George pour leur courage.

NOTRE SÉLECTION

Visitez **Mdina** ❶ à la nuit tombée, lorsque la foule a quitté les lieux et que le silence envahit ses rues pleines de cachet. (p. 114)

Explorez les musées du fort Saint-Elme de La Valette et du **fort Saint-Ange** ❷ de Vittoriosa pour un aperçu de l'histoire de l'île. (p. 61)

Descendez dans les entrailles du **quartier général de Lascaris** ❸, où les généraux britanniques orchestrèrent la riposte alliée. (p. 56)

Arpentez **Il-Kastell** ❹ à Victoria, sur Gozo, où les familles de l'île prirent l'habitude de passer la nuit pour se protéger des raids au Moyen Âge. (p. 157)

Suivez le sentier des Tours de guet à travers les paysages sauvages de la **péninsule de Marfa** ❺. (p. 104)

VILLES ET RÉGIONS

Composez votre voyage selon vos envies.

Gozo et Comino

FALAISES, CRIQUES, PAYSAGES CHAMPÊTRES ET SITES DE CARACTÈRE

La paisible Gozo possède un charme tranquille, avec ses villes historiques, ses plages au sable doré et ses falaises escarpées. Sa capitale Victoria est coiffée d'une petite citadelle, et l'on y découvre de séduisants villages, parmi lesquels Xagħra, près de l'extraordinaire site préhistorique de Ġgantija. Sur l'îlot voisin de Comino se déploie le célèbre lagon Bleu.

p. 150

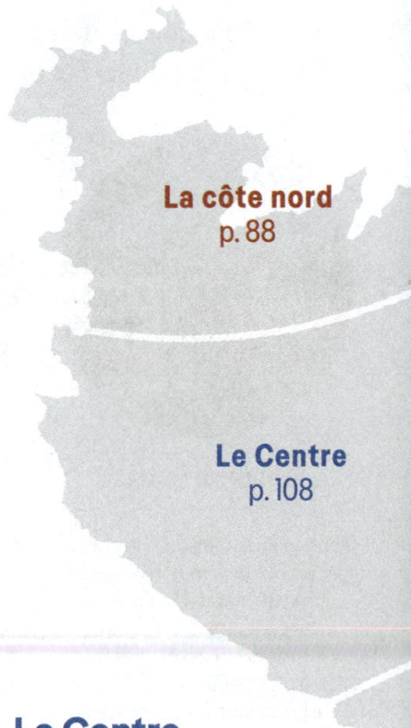

La côte nord

CÔTE DÉCOUPÉE, PLAGES AU SABLE DORÉ ET EXCELLENTS RESTAURANTS

C'est au nord de l'île que se trouvent les plus grandes stations touristiques de Malte : Buġibba possède de nombreux restaurants, cafés et bars ; Qawra abrite l'Aquarium national de Malte ; et St Paul's Bay offre un large choix de restauration haut de gamme. La côte la plus septentrionale est ponctuée de belles plages peu fréquentées et de superbes points de vue depuis les falaises.

p. 88

Le Centre

FALAISES, ARCHITECTURE, GROTTES ET CATACOMBES

Située au sommet d'une colline, Mdina, cité fortifiée aux murs dorés, est un monde à part, à l'écart de la Malte moderne. Sa voisine Rabat est une charmante ville traditionnelle, parcourue par un dédale de catacombes. À quelques kilomètres de là se trouvent les falaises de Dingli, les ornières de chariots préhistoriques et les jardins de Buskett.

p. 108

Sliema, Saint Julians et Paceville

REPAS EN BORD DE MER, SHOPPING ET VIE NOCTURNE

Sliema, longtemps associée aux classes supérieures maltaises, abrite quelques-unes des propriétés les plus luxueuses de l'île, ainsi que plusieurs boutiques-hôtels de grande qualité. Elle jouxte Saint Julians et Paceville, où les Maltais viennent prendre un verre, manger et faire la fête.

p. 72

La Valette

ARCHITECTURE BAROQUE ET VUE SUR LE PORT

La capitale lilliputienne de Malte domine deux grands ports et regorge de monuments : l'Unesco la décrit comme "l'une des zones historiques les plus concentrées du monde". De l'autre côté du Grand Port (Grand Harbour), les Trois Cités, Vittoriosa, Senglea et Cospicua, renferment un lacis de ruelles historiques.

p. 36

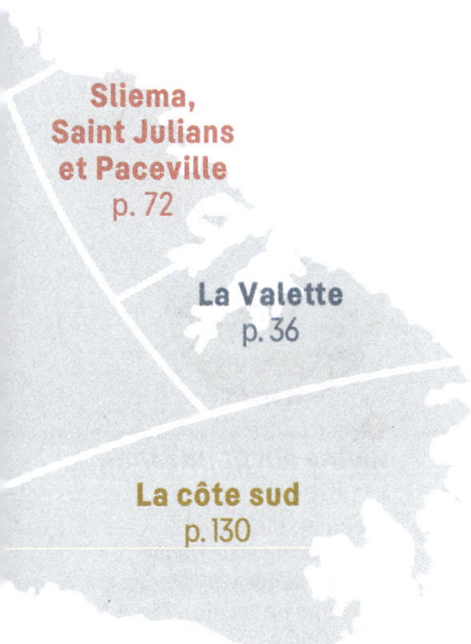

La côte sud

PRODUITS DE LA MER, BAIGNADES ET TEMPLES MYSTÉRIEUX

À Marsaxlokk, les *luzzi*, bateaux de pêche aux couleurs primaires, égaient les eaux du port. Visitez le marché aux poissons le dimanche lorsque Maltais et touristes affluent dans les restaurants de fruits de mer du village. Parmi les autres sites d'intérêt figurent les temples préhistoriques de Ħaġar Qim et Mnajdra, ainsi que les piscines naturelles creusées dans les rochers sur la côte.

p. 130

ALEXANDER VERSHININ/SHUTTERSTOCK ©

Village de Popeye (p. 99)

ITINÉRAIRES

Le meilleur de Malte

Durée : 7 jours **Distance :** 58 km

Les dimensions modestes de l'île (27 km sur 14,5) permettent d'explorer une grande partie de son territoire en prenant son temps. En une journée et à partir d'une seule ville, on peut découvrir les richesses de la capitale, un site préhistorique extraordinaire et une magnifique piscine naturelle.

1

LA VALETTE 2 JOURS

Explorez les rues étroites de **La Valette** (p. 37), la capitale charismatique de Malte, où vous attendent la mer et un magnifique site à chaque coin de rue. Parcourez les fortifications, admirez la vue sur le Grand Port (Grand Harbour) et visitez des sites comme la co-cathédrale Saint-Jean et le fort Saint-Elme, qui abrite le Musée national de la guerre.

À 10 minutes du Valletta Waterfront

2

TROIS CITÉS 1 JOUR

Une traversée pittoresque du port en bateau vous mène vers les **Trois Cités** (p. 60). Gagnez les ruelles chargées d'histoire de Vittoriosa, dominées par le magnifique fort Saint-Ange, avant de profiter de l'atmosphère et de la gastronomie de Senglea. De là, on peut facilement rejoindre les temples de Tarxien et l'hypogée de Ħal Saflieni, dans la banlieue voisine de Paola.

À 25 minutes de route

3

ĦAĠAR QIM ET MNAJDRA 1 JOUR

Visitez les temples extraordinaires de **Ħaġar Qim et Mnajdra** (p. 136), qui surplombent la côte du haut d'une colline, puis faites une halte à Għar Lapsi pour vous baigner et déjeuner de fruits de mer entouré de bateaux de pêche, ou partez explorer les sept cavités reliées de la grotte Bleue.

À 20 minutes de route

OKKE BAARSSEN/SHUTTERSTOCK ©, CHANTAL DE BRUIJNE/SHUTTERSTOCK ©, SERG ZASTAVKIN/SHUTTERSTOCK ©

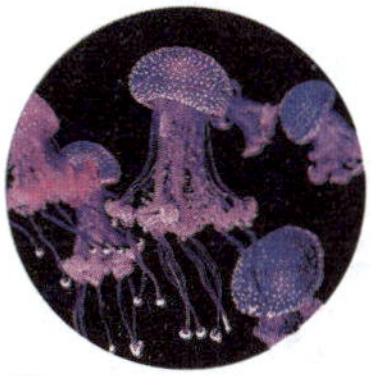

4

MARSAXLOKK 1 JOUR

Offrez-vous un long déjeuner à **Marsaxlokk** (p. 141), village de pêcheurs dynamique au port pittoresque égayé de *luzzi* colorés. Il accueille un marché aux poissons animé le dimanche, en plus du marché traditionnel le reste de la semaine. Terminez la journée par un plongeon dans les eaux azurées de St Peter's Pool, piscine rocheuse naturelle, prisée des habitants du coin.

À 30 minutes de route

5

MDINA ET RABAT 1 JOUR

Découvrez la ville fortifiée bien préservée de **Mdina** (p. 114), puis les catacombes, les musées et la grotte Saint-Paul de sa voisine **Rabat** (p. 119). Goûtez aux meilleurs *pastizzi* de Malte au Crystal Palace, avant de descendre sur la côte pour marcher le long des falaises de Dingli et observer les ornières de chariots préhistoriques à Clapham Junction.

À 25 minutes de route

6

MELLIEĦA 1 JOUR

Séjournez à **Mellieħa** (p. 97), au nord de Malte, pour découvrir le décor de cinéma du village de Popeye, visiter l'Aquarium national de Malte et vous détendre sur les plages de Golden Bay et Għajn Tuffieħa.

***Détour :** Parcourez en voiture ou en bus la péninsule de Marfa à la découverte de ses points de vue et de ses plages cachées 3 heures de route.*

L'aéroport international de Malte se situe à 23 km au sud, à Luqa.

CARON BADKIN/SHUTTERSTOCK ©

Victoria, Gozo (p. 156)

ITINÉRAIRES

Le meilleur de Gozo

Durée : 6 jours **Distance :** 31 km

Bien plus petite que Malte avec ses 14 km sur 7, la jolie île de Gozo vous donne l'occasion de ralentir le rythme. En quelques jours seulement, on peut découvrir ses marais salants, sa côte rocheuse et ses plages au sable roux doré, ainsi que les stupéfiants temples préhistoriques de Ġgantija.

1

VICTORIA (RABAT) 1 JOUR

Prenez le temps de vous imprégner de l'atmosphère locale à **Victoria** (p. 156), le charmant petit chef-lieu de Gozo. Embrassez l'île du regard du haut des bastions de sa citadelle médiévale, visitez ses musées éclectiques et trouvez de jolies adresses où manger ou prendre un verre autour de la place de la ville.

À 15 minutes de route

2

MĠARR IX-XINI 1 JOUR

Passez une journée dans la crique rocheuse isolée de **Mġarr ix-Xini** (p. 169), que les Maltais rejoignent en bateau pour se baigner et se régaler de délicieux fruits de mer frais au restaurant à l'ambiance décontractée, les orteils presque dans l'eau limpide.

À 15 minutes de route

3

XLENDI 1 JOUR

Randonnez le long de la côte depuis **Xlendi** (p. 171), station balnéaire du sud-ouest de l'île, et profitez de la vue qu'offre sa tour fortifiée sur les marais salants. Sa baie abritée est une parfaite base de baignade, de plongée et de snorkeling. Ajoutez une excursion à Sannap pour vous balader sur les falaises et admirer le coucher du soleil depuis Ta'Ċenċ.

À 20 minutes de route

KRIVINIS/SHUTTERSTOCK ©, TETIANA_U/SHUTTERSTOCK ©, TRABANTOS/SHUTTERSTOCK ©

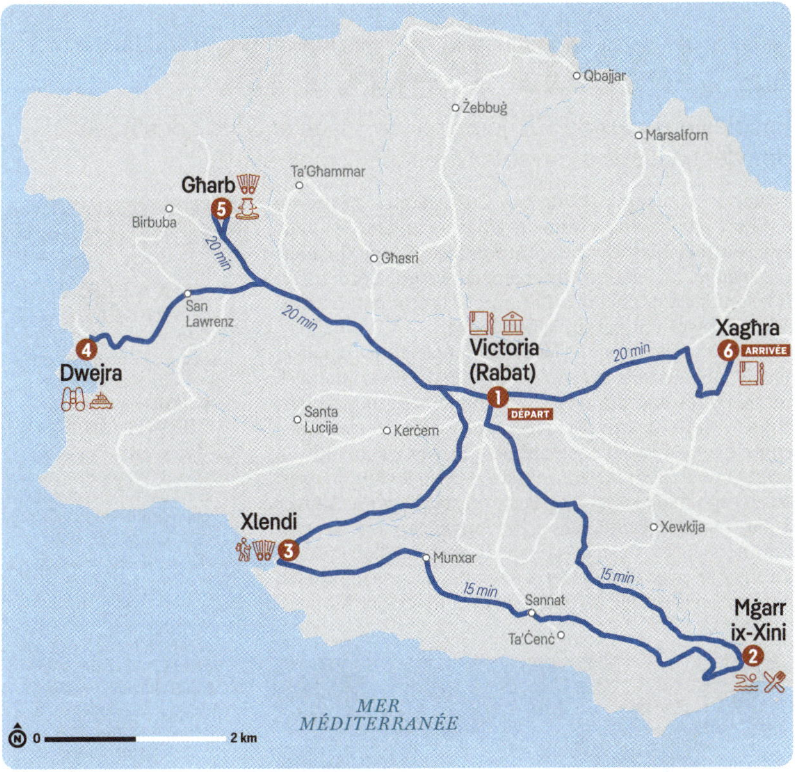

4

DWEJRA 1 JOUR

Si l'emblématique arc rocheux de Gozo, la Fenêtre d'azur, s'est effondré en 2017, **Dwejra** (p. 161) n'en reste pas moins un lieu magnifique à visiter. Une rapide excursion en bateau depuis la mer Intérieure (Inland Sea) vous permettra de contempler certaines des formations rocheuses de la région.

À 20 minutes de route

5

GĦARB 1 JOUR

Goûtez à l'atmosphère de **Għarb** (p. 161), paisible village comprenant une belle église, plusieurs restaurants et un musée folklorique. Arrêtez-vous au village d'artisans de Ta'Dbieġi, avant d'aller faire du snorkeling depuis Wied il-Għasri, belle crique profonde aux eaux azur et à la petite plage de galets.

À 20 minutes de route

6

XAGĦRA 1 JOUR

Le grand village perché de **Xagħra** (p. 164) constitue un lieu de séjour plein de charme, centré sur une jolie place bordée d'excellents restaurants. Y sont à découvrir plusieurs grottes singulières, un moulin à vent et les sublimes temples de Ġgantija. Et les plages de Ramla et de San Blas ne sont qu'à quelques kilomètres.

L'aéroport international de Malte se situe à 39 km au sud, à Luqa.

QUAND PARTIR

Ensoleillées plus de 300 jours par an, Malte et Gozo constituent des destinations attrayantes presque 12 mois sur 12.

Située à la même latitude que Los Angeles, Malte ne connaît pas d'hiver vraiment froid ; souvent, les gens sont en tee-shirt de mars à novembre. D'une douceur incroyable, les eaux méditerranéennes qui bordent les îles sont les plus chaudes d'Europe. Pas étonnant que les Maltais respirent autant le bonheur !

En juillet et août, quand les écoles sont fermées, la saison touristique estivale bat son plein, et la diaspora maltaise rentre de l'étranger. La foule envahit alors ces petites îles, et les festivals (de feux d'artifice ou culinaires, entre autres) contribuent à l'ambiance animée. Moins fréquentés, le printemps et l'automne sont aussi des périodes formidables, et, en septembre et octobre, la mer reste clémente. L'hiver a son charme également : les journées sont souvent lumineuses, et c'est la saison du festival baroque de La Valette, avec des concerts dans des lieux somptueux, comme la co-cathédrale Saint-Jean et le théâtre Manoel.

PAROLE D'HABITANT

MA SAISON PRÉFÉRÉE

Kenneth Zammit Tabona est le directeur artistique du festival baroque de La Valette, *kztabona.com*

Le festival baroque de La Valette nous emmène au cœur de l'hiver, brève période durant laquelle on peut se rendre au théâtre Manoel vêtu d'un costume trois-pièces et d'un manteau, voire coiffé d'un *fedora*. En mars, la scène culturelle s'anime davantage, avec de l'opéra à Gozo. Ensuite, les jours rallongent, préludes à une autre saison magique : le long été chaud.

Lagon Bleu, Comino (p. 173)

CI-CONTRE : VILIAM.M/SHUTTERSTOCK © PAGE CI-CONTRE : CHMARA /SHUTTERSTOCK ©

NEIGE

L'épisode d'enneigement significatif le plus récent remonte à janvier 1962, avec une couche de 2 à 3 cm. Sinon, les derniers flocons tombés sur Malte datent de 2014.

La météo au fil des mois

JANVIER	FÉVRIER	MARS	AVRIL	MAI	JUIN
Temp. diurne moy. : **16°C**	Temp. diurne moy. : **16°C**	Temp. diurne moy. : **17°C**	Temp. diurne moy. : **20°C**	Temp. diurne moy. : **25°C**	Temp. diurne moy. : **29°C**
Jours de pluie : **15**	Jours de pluie : **12**	Jours de pluie : **9**	Jours de pluie : **6**	Jours de pluie : **3**	Jours de pluie : **1**

SIROCCO

En été, lorsque le souffle chaud du sirocco balaie Malte en provenance du Sahara, la température grimpe en flèche. Le phénomène peut durer de quelques heures à plusieurs jours.

Fêtes communales

À Malte et à Gozo, chaque ville organise sa fête communale en l'honneur du saint local, célébré par des fanfares, des danses, des agapes bien arrosées, des défilés en costumes, etc.

En hiver se déroulent quelques fêtes, dont celle du **Naufrage de Saint-Paul**, le 10 février, à La Valette et St Paul's Bay. **Février**

Les festivités tendent à se multiplier au printemps, et un grand nombre a lieu en juin, comme **Le Christ Sauveur dans l'Eucharistie**, à Rabat, le 16. **Juin**

Durant l'été, le rythme des célébrations s'accélère avec la montée des températures : on compte 33 fêtes de villages rien qu'en août. Le 15 se déroule l'**Assomption de Notre-Dame**, la fête la plus importante de ce mois, célébrée à Mosta, Attard, Birkirkara et dans d'autres localités. **Juillet-août**

Festivals

Une foule de festivités jalonnent l'année à Malte : manifestations artistiques, Semaine sainte, régates, Gay Pride, et tant d'autres !

Les principaux festivals musicaux incluent **Lost and Found** (www.lostandfoundfestival.com), avec la DJ Annie Mac, en juin, et l'**Isle of MTV** (www.isleofmtv.com), le plus grand festival d'été gratuit d'Europe, à Floriana, en juillet. **Juin-juillet**

Lors de la **Gay Pride de Malte** sont organisés un défilé de chars et de danseurs, des fêtes à bord de bateaux et des concerts en plein air dans les îles. **Septembre**

Né en 2013, le **festival baroque de La Valette** se tient au sein de très jolis sites baroques. **Janvier**

Le **festival de Jazz de Malte** tire lui aussi le meilleur parti de l'architecture de l'île, qui sert d'écrin aux différentes manifestations. **Juillet**

Des festivals culinaires et viticoles ont lieu toute l'année, tels le **Festival international de la gastronomie de Malte** (www.maltainternationalfoodfestival.com), en juillet, et le **Delicata Classic Wine Festival** (www.delicata.com), en août, tous deux à La Valette. **Juillet-août**

PAROLE D'HABITANT

MA JOURNÉE IDÉALE

Justin Ciappara
est photographe
@maltaphotography

L'été à Malte est la saison la plus prisée par les touristes. Je commence la journée en dégustant un *pastizz* maltais typique au Serkin de Rabat, puis j'enchaîne avec une balade en calèche à Mdina, avant de déjeuner à La Valette, en admirant le Grand Port (Grand Harbour). L'après-midi, je rejoins Vittoriosa en *luzzu* (bateau traditionnel) pour admirer son architecture, et je finis la journée en contemplant le coucher du soleil à Golden Bay.

Gay Pride de Malte

ENSOLEILLEMENT

Malte bénéficie d'un climat méditerranéen, avec des étés chauds et des hivers doux. L'essentiel des précipitations se concentre en automne.

JUILLET	AOÛT	SEPTEMBRE	OCTOBRE	NOVEMBRE	DÉCEMBRE
Temp. diurne moy. : **32°C**	Temp. diurne moy. : **32°C**	Temp. diurne moy. : **28°C**	Temp. diurne moy. : **25°C**	Temp. diurne moy. : **21°C**	Temp. diurne moy. : **17°C**
Jours de pluie : **0**	Jours de pluie : **1**	Jours de pluie : **5**	Jours de pluie : **9**	Jours de pluie : **13**	Jours de pluie : **16**

St Peter's Pool, Marsaxlokk (p. 145)

AVANT DE PARTIR POUR MALTE ET GOZO

Nos recommandations pour bien se préparer

Dans la valise

Short et baskets L'ambiance à Malte étant propice à la détente, vous pouvez être en short et baskets sur le littoral, comme à Saint Julians, Bugibba et St Paul's Bay, mais, dans les petites bourgades et les villages, mieux vaut rester conventionnel. Pour une soirée, tenue correcte exigée, car les Maltais sont souvent très élégants.

Chaussures de marche Les rues en escalier de La Valette et les sentiers de Gozo réclament des chaussures confortables.

Visite d'églises Si vous entrez dans une église, portez un pantalon ou une jupe, ou couvrez-vous temporairement d'un sarong ou d'un foulard.

À savoir

Malgré son style de vie méditerranéen décontracté, Malte est marquée par un fort héritage catholique romain et garde un esprit très conservateur.

Lors des visites d'églises, il est de bon ton d'**avoir les épaules et les genoux couverts**.

Le topless est banni sur la plage.

Il est de rigueur de **serrer la main** d'une personne lors de la première rencontre et d'**apporter des pâtisseries** si vous êtes invité.

Vêtements La météo reste assez clémente toute l'année, mais de novembre à mars-avril, pulls et vestes s'imposent.

LIRE

Malte
(Gaston Vuillier, 1906)
Récit de voyage d'un illustrateur et journaliste, qui dresse le portrait d'une île au riche passé.

Malte, archéologie et histoire
(John Samut Tagliaferro, 2000)
Pour en apprendre davantage sur l'histoire antique de l'archipel maltais.

Malte
(Shirley J. Johnston, 2001) Ouvrage retraçant l'histoire architecturale d'une l'île occupée successivement par les Phéniciens, les Grecs, les Romains, les Arabes, les Français et les Anglais.

Le Fabuleux Destin de Malte
(Didier Destremau, 2006) Récit conçu comme un guide de voyage pour percer les mystères de Malte.

La Religion
(Tim Willocks, 2009)
Peinture captivante du Grand Siège de 1565 opposant les chevaliers de Malte à l'armée ottomane.

L'Histoire de l'ordre de Malte
(Bertrand Galimard-Flavigny, 2010)
Essai permettant de comprendre la trajectoire de cette confrérie à travers les siècles.

Malta Hanina
(Daniel Rondeau, 2012)
Hommage poétique et sensible à l'archipel maltais, perdu au cœur de la Méditerranée.

Histoire de l'île de Malte
(Loïck Portelli, 2021)
Ouvrage de référence retraçant le destin mouvementé de l'un des pays les plus petits et méconnus d'Europe.

En quelques mots

auberge résidence de chevaliers de Saint-Jean d'une même langue

bajja baie

belt ville

bieb porte

ċimiterju cimetière

daħla crique

dawret rocade

dgħajsa bateau traditionnel à rames

festa jour de fête

fortiżża fort

għar grotte

ġnien jardin

grand maître titre généralement donné au chef d'un ordre de chevalerie, dont les chevaliers de Malte

kajjik bateau de pêche

karrozzin calèche traditionnelle

kastell château

knisja église

kwartier quartier, faubourg

langue division des chevaliers de Saint-Jean, fondée sur la nationalité

luzzu barque de pêcheur

marsa port

medina ville fortifiée, citadelle

mina arche, porte

misraħ/pjazza place

mitħna moulin à vent

plajja plage, bord de mer

pont pont

ramla baie, plage

ras point, promontoire

razzett ferme, *farmhouse*

suq marché

telgħa colline

torri tour, château

triq rue, route

trullo édifice conique, rappelant l'architecture traditionnelle des Pouilles

vedette point de vue, tour de guet

wied vallée

xatt quai, marina

VOIR

Luzzu
(Alex Camilleri, 2021 ; photo ci-dessus)
Documentaire passionnant sur un pêcheur maltais.

Tonnerre sur Malte
(Brian Desmond Hurst, 1953)
Unique film consacré aux tragiques événements qui se sont déroulés à Malte pendant la Seconde Guerre mondiale, avec Alec Guinness et Jack Hawkins en combattants héroïques.

Malte, au nom de Daphne
(Jules Giraudat, 2022)
Documentaire racontant le meurtre organisé en 2017 d'une journaliste d'investigation, victime d'un attentat, dont les fils se battent sans relâche pour trouver les responsables et obtenir justice.

JARAS72/SHUTTERSTOCK © À DROITE : ROBERTO SORIN/SHUTTERSTOCK ©

Marché aux poissons, Marsaxlokk (p. 142)

À TABLE !

La cuisine de Malte est un mélange de saveurs et d'influences, où se retrouvent produits méditerranéens, produits de la mer et lapin.

Rien de tel pour expérimenter la culture culinaire maltaise que de se rendre le dimanche au marché aux poissons de Marsaxlokk, où les habitants se réunissent pour de grands repas en famille. Le front de mer est bordé d'excellents restaurants de poissons frais, servant des variétés locales de saison, comme le *spnotta* (bar), le *dott* (poisson-pierre) et le *lampuka* (daurade coryphène). Les environs de Marsaskala sont aussi appréciés pour les déjeuners familiaux de fin de semaine. Malgré l'abondance des produits de la mer à Malte, la viande (notamment le lapin, introduit sur les îles par les Phéniciens) continue à l'emporter dans de nombreuses cuisines : il existe même un terme, *fenkati*, désignant les mets préparés avec du lapin. À côté des restaurants étoilés au Michelin, aujourd'hui au nombre de cinq, et d'une généreuse offre culinaire internationale, les traditions maltaises résistent fermement : des produits d'épicerie sont apportés en matinée par des camionnettes sur les places de villages, et des boulangeries de quartier ouvertes 24 heures sur 24 vendent du pain maltais croustillant. Le vin local est excellent, quoique peu exporté. Pour une dégustation, vous pouvez vous rendre chez Markus Divinus, près de Dingli, ou au domaine Mar Casar, à Siggiewi, pour goûter des vins naturels.

En-cas et produits de base

L'en-cas typique de Malte est le *pastizz*, un petit friand de pâte feuilletée, d'origine arabe, fourré de ricotta et de persil ou de purée de petits pois et d'oignons. Les *pastizzi* se mangent au petit-déjeuner, au déjeuner, au goûter... bref, toutes les occasions sont bonnes pour s'en régaler !

Les essentiels

ALJOTTA
Soupe de poisson avec beaucoup d'ail (son nom vient d'*aglio*, "ail" en italien).

BRAĠIOLI
Paupiettes de bœuf farcies, braisées dans une sauce à la tomate et au vin rouge.

TIGIEJA
Poulet rôti farci de bœuf, porc, jambon, œufs, persil et basilic.

TIMPANA
Une tourte garnie de macaronis, porc, bœuf, tomates, oignons, fromage et œufs.

Les pains maltais proposés sont souvent le croustillant *ħobż*, élaboré comme du pain au levain, ou le *ftira*, plus plat et idéal pour les sandwichs, garnis habituellement d'un mélange de thon, olives, câpres et oignons. Xagħra, sur Gozo, compte deux boulangeries célèbres pour leurs pizzas servies dès leur sortie du four.

Végétariens et végétaliens

Il existe de nombreux plats traditionnels maltais à base de légumes, composés de produits de saison, tels que les artichauts, les fèves, les choux-fleurs ou les choux, en fonction de la période de l'année. Cependant, ils contiennent souvent du thon ou du bouillon de viande : vérifiez les ingrédients avant de commander. La plupart des restaurants proposent des pizzas végétariennes et des plats de pâtes.

Si l'on s'en tient à la cuisine traditionnelle maltaise, les végétariens pourront apprécier la *soppa tal-armla* (la soupe de la veuve), confectionnée traditionnellement avec des ingrédients verts ou blancs : choux-fleurs, épinards, endives et petits pois, les protéines étant fournies par un œuf poché, du *ġbejniet* (fromage de Gozo) et de la ricotta. La *minestra*, une épaisse soupe de tomates, haricots, pâtes et légumes, ressemble au minestrone italien, en plus dense et plus orangé, car elle contient du potiron.

Stuffat tal-fenek (ragoût de lapin)

Le lapin, spécialité maltaise

Dans un pays aussi proche de la mer, avoir pour plat national le *fenek* (lapin) semble plutôt saugrenu. L'animal était autrefois perçu comme un symbole de la répression féodale : les chevaliers interdisaient en effet sa consommation aux paysans, afin de conserver les lapins pour la chasse. Et, comble d'injustice, ces derniers dévoraient régulièrement les cultures. Depuis, les Maltais ont pris leur revanche : le lapin est aujourd'hui leur spécialité nationale, qu'il soit frit à l'huile d'olive, rôti, en ragoût, servi avec des spaghettis ou en tourte.

La *fenkata* est un plat de fête consommé lors d'occasions particulières, notamment l'Imnarja, le 29 juin, qui célèbre les saints Pierre et Paul.

ÉVÉNEMENTS CULINAIRES

Festival international du vin de Malte (p. 40) Vins maltais et internationaux, en juin.
Farsons Beer Festival (p. 113) Musique, nourriture et Cisk Lager en juillet à Attar.
Festival international de la gastronomie de Malte (photo ; p. 41) Le plus grand festival gastronomique de Malte, avec des produits du monde entier, en juillet à La Valette.
Delicata Classic Wine Festival (p. 41) Organisé en août par l'un des plus anciens producteurs de vin du pays, dans les jardins Barrakka du haut, à La Valette.
Mir-Raħal tas-Sajjieda (p. 135) Dégustation de plats traditionnels et concours de pêche, le 11 septembre, à Marsaxlokk.

ZALZETTA TAL-MALTI
Saucisses maltaises, sèches ou fraîches (et plus aillées).

STUFFAT TAL-LAHAM
Ragoût de bœuf mijoté avec des champignons, des oignons, des carottes et des pommes de terre.

TORTA TAL-LAMPUKI
Tourte garnie de dorade, de câpres, d'oignons, de chou-fleur, de tomates et de pommes de terre.

KAPUNATA
Ratatouille à base de tomates, oignons et câpres : variante maltaise de la caponata italienne.

Spécialités locales

Mets fins

Fenek bit-tewn u l-inbid : lapin cuisiné avec de l'ail et du vin.
Torta tal-lampuki : tourte garnie de dorade coryphène cuite dans une sauce contenant des oignons, de l'ail, du chou-fleur, des petits pois, des tomates et des œufs.
Żebbuġ mimili : olives farcies (avec du thon, de la chapelure, des câpres, de l'ail et des herbes).

Ftira

Les meilleurs en-cas

Ħobż biż-żejt : tranches de pain frottées d'huile d'olive et de tomates mûres jusqu'à ce qu'elles soient roses et délicieuses, puis garnies d'un mélange de thon, oignons, câpres, olives, ail, assaisonné de poivre noir et de sel.
Ftira : pain traditionnel maltais cuit sous forme d'un disque plat. On l'utilise pour confectionner de savoureux sandwichs garnis d'un copieux mélange d'olives, câpres et anchois, assorti du coulis de tomates local. Ce dernier, au goût acidulé, est préparé avec des tomates séchées, du romarin, du sucre, ainsi que d'autres ingrédients secrets.
Ġbejniet : petit fromage dur et blanc de Gozo, traditionnellement fait avec du lait de brebis ou de chèvre cru. Il est souvent mariné dans de l'huile d'olive avec du sel et des grains de poivre noir concassés. Celui de Żebbuġ est réputé être le meilleur.

Pour les curieux

Bebbux : salade d'escargots, bouillis avec des herbes, puis assaisonnés d'ail et de piment, et servis avec une salade.
Fenek moqli : lapin frit.
Stuffat tal-fenek : lapin en ragoût.

TABLES D'EXCEPTION

De Mondion (p. 116) Élégant restaurant gastronomique sur le rooftop du Xara Palace à Mdina.
Diar il-Bniet (p. 124) Produits du terroir de la ferme à l'assiette dans ce restaurant familial installé dans un bâtiment de ferme à Dingli.
Sandra & Noel's Fish Shack (p. 169) Poissons et fruits de mer frais dans une crique de sable à Gozo.
Tartarun (p. 142) Produits de la mer magnifiquement préparés dans ce restaurant prisé des Maltais dans la ville portuaire de Marsaxlokk.
Trattoria Da Pippo (p. 53) Restaurant à La Valette servant des plats typiques de poisson frais uniquement à l'heure du déjeuner, avec d'occasionnelles séances de chansons.

UNE ANNÉE DANS L'ASSIETTE

PRINTEMPS

Fèves, courgettes, pois chiches, abricots, cerises et nèfles. Parmi les spécialités du carême : le *kwarezimal* (gâteau aux amandes sans œufs ni matière grasse). À Pâques, on prépare le *qagħqa tal-appostli* (couronne des Apôtres), parsemé d'amandes.

ÉTÉ

Aubergines, poivrons, câpres, fenouil sauvage, melons, pêches et petites poires "Bambinella". La première récolte des figues, appelée "*tin ta San Gwann*", débute le jour de la Saint-Jean (24 juin).

AUTOMNE

Artichauts, fenouil, raisins, grenades, fraises. La Saint-Martin (11 novembre) donne lieu à des recettes aux noix, amandes, noisettes et figues sèches. C'est la saison du *lampuka* (dorade coryphène).

HIVER

À Noël, les Maltais se régalent de *qaghaq tal-ghasel* (couronnes au miel) et d'*imbuljuta* (boisson aux châtaignes). C'est la période des oranges sanguines et de la *prinjolata* (génoise, fruits confits, chocolat et meringue).

Dîner à La Valette (p. 36)

FEDERICO FIORAVANTI/SHUTTERSTOCK ©

Surf, Għajn Tuffieħa Bay (p. 94)

ACTIVITÉS DE PLEIN AIR

Bateau, planche à voile, plongée, snorkeling, VTT, escalade, équitation, marche, observation des oiseaux… Malgré leur taille modeste, Malte et Gozo offrent un nombre infini d'activités de plein air.

Les eaux claires et chaudes de l'archipel maltais en font une destination idéale pour la plongée, mais aussi pour la natation, le snorkeling, le bateau, la voile, le paddle ou tout autre type de sport aquatique. Sur terre, les activités possibles sont tout aussi nombreuses, de l'équitation à la randonnée pédestre en passant par l'escalade et l'observation des oiseaux.

Plongée

Les plongeurs apprécient les eaux calmes qui entourent Malte et Gozo, offrant une visibilité de 25 à 30 m. Réputé pour ses épaves, l'archipel comprend divers autres sites de plongée intéressants, notamment des grottes et des récifs, pour beaucoup accessibles depuis le rivage.

La saison s'étend principalement d'avril à novembre, mais il est possible de plonger tout au long de l'année ; en hiver, la température de l'eau descend rarement en dessous de 13°C.

Le grand nombre d'écoles de plongée, aux moniteurs professionnels multilingues, fait de Malte une destination parfaite pour apprendre à plonger. Les plongeurs chevronnés ont le choix parmi un éventail de plongées techniques, notamment sur les épaves les plus profondes. Heritage Malta délivre des tickets pour certaines d'entre elles pour assurer leur préservation. Si vous n'êtes pas un expert, vous pouvez explorer les fonds marins de Malte sur underwatermalta.org (Underwater Malta – The Virtual Museum).

Meilleures activités de plein air

ÉQUITATION
Chevauchez à **Golden Bay** (p. 94) et à **Gozo** (p. 150), ou prenez des cours de polo au **Malta Polo Club** (p. 59).

OBSERVATION DES OISEAUX
Repérez des oiseaux migrant entre l'Afrique et l'Europe avec **BirdLife Malta** (p. 189), en particulier sur la côte nord-est.

VOITURETTES ÉLECTRIQUES
Faites une excursion amusante en voiturette électrique avec **Rolling Geeks** (p. 63) à Vittoriosa.

EN FAMILLE

Faites un tour en hors-bord avec Charlie dans Golden Bay (p. 95) pour vivre une expérience palpitante.

Organisez une excursion sur l'île rocheuse magique de Comino (p. 172) pour vous baigner dans son limpide lagon Bleu, suivre les sentiers jusqu'à sa tour fortifiée et explorer ses criques en bateau.

Découvrez le monde sous-marin à Mellieħa (p. 99), l'endroit idéal où apprendre à plonger, avec des cours PADI à partir de 10 ans.

Faites du kayak avec Kayak Gozo (p. 166), qui propose des sorties de 3 heures (à partir de 8 ans) dans les criques et sur les plages secrètes.

Circulez en buggy électrique avec Rolling Geeks (p. 63) à travers les Trois Cités.

Faites une balade à cheval au coucher du soleil avec Golden Bay Horse Riding (p. 95) le long de la côte.

Sports nautiques

Avec un temps chaud et du vent presque toute l'année, l'archipel semble avoir été créé pour les navigateurs et les surfeurs. Boatlink et Fairwind Sailing organisent des cours de voile.

Grande baie abritée, Mellieħa Bay est le spot de surf le plus fréquenté. Les surfeurs expérimentés gagnent aussi Ghallis Rock, près de St Julian's. Parmi les autres sites, on peut citer Little Armier Bay, St Thomas Bay et le canal entre Gozo et Malte (pour les surfeurs chevronnés). Fairwind propose des cours de planche à voile.

Le kitesurf n'est pas autorisé entre juin et septembre, mais, le reste de l'année, Mellieħa est un excellent lieu où le pratiquer lorsque le vent souffle de l'est. La petite baie de Torri, près de Little Armier Bay, est prisée pour son vent nord-est. Golden Bay et Gnejna Bay offrent des conditions parfaites.

Les baies abritées et les lagons se prêtent au paddle ; on peut louer du matériel à Mellieħa, Xlendi et Golden Bay. À Gozo et Comino, adressez-vous à Gozo Fun (gozofun.com). Sorties en kayak et location de kayaks sont aussi proposées.

Escalade, Għar Lapsi (p. 138)

Escalade

Malte est une formidable destination d'escalade, mais mieux vaut éviter le plein été, quand la chaleur peut atteindre 40°C. L'archipel compte plus de 1500 voies établies (toutes sur calcaire). Les sites les plus appréciés se trouvent sous les falaises de Dingli, dans l'Ouest, à Għar Lapsi et près des Victoria Lines, en contrebas de Naxxar.

À elle seule, Gozo comprend plus de 300 itinéraires, pour beaucoup à Wied ix-Xlendi (vallée de Xlendi ; tous niveaux) et Mġarr ix-Xini, pour d'autres sur de superbes sites côtiers comme la Wied il-Mielah Sea Arch. Prenez contact avec les agences locales, par exemple Malta Rock Climbing Club (climbmalta.com), Gozo Climbing (gozo-climbing.com) et Gozo Adventures (gozoadventures.com).

CIRCUITS À SEGWAY
Découvrez à Segway La Valette, Dingli et **Gozo** (p. 166), entre autres.

BAIGNADE
Nagez dans les piscines naturelles des îles, notamment **St Peter's Pool** (p. 145) et **Għar Lapsi** (p. 138).

RANDONNÉE
Suivez le **Coastal Walk** (p. 169) de Gozo ou les **Victoria Lines** (p. 126), ou optez pour des marches guidées avec **Gozo Adventures** (p. 166).

VTT
Affrontez des sentiers escarpés, notamment le long des salines côtières de Gozo, près de **Marsalforn** (p. 163).

Escalade

1. Falaises de Dingli (p. 124)
2. Għar Lapsi (p. 138)
3. Wied ix-Xlendi (p. 171)
4. Mġarr ix-Xini (p. 169)
5. Grotte Bleue (p. 139)

Surf

1. Mellieħa Bay (p. 97)
2. Ramla Bay (p. 164)
3. Little Armier Bay (p. 105)
4. Għajn Tuffieħa Bay (p. 94)
5. St Thomas Bay (p. 147)

Plongée/snorkeling

1. Wied il-Għasri (p. 163)
2. Mġarr ix-Xini (p. 169)
3. Għar Lapsi (p. 138)
4. Trou Bleu (p. 161)
5. Comino (p. 172)
6. Ċirkewwa et Marfa Point (p. 104)
7. Grand Port de La Valette, Sliema et Saint Julians (p. 40 et 72)

LES MEILLEURS SPOTS

Notre sélection d'activités de plein air

Parcs nationaux

1. Parc national de Ta'Qali (p. 125)
2. Réserve naturelle protégée de Għadira (p. 97)
3. Jardins de Buskett (p. 124)
4. Île de Comino (p. 172)
5. Parc national tal-Majjistral (p. 94)

Bateau

1. Golden Bay (p. 94)
2. Grand Port (p. 36)
3. Comino et le lagon Bleu (p. 172)
4. Sliema (p. 78)
5. Marsaxlokk (p. 141)

MALTE ET GOZO

SUR LA ROUTE

Les chapitres de cette partie s'organisent autour des sites essentiels, qui pourront vous servir de base pour partir à la découverte des environs. Vous y trouverez toutes nos recommandations ainsi que des conseils d'habitants de la région pour vivre des expériences uniques.

Grand Port de La Valette vu de Vittoriosa (p. 60)

IN GREEN/SHUTTERSTOCK ©

Ci-dessus : Kalkara (p. 64) ; page ci-contre : fontaine du Triton (p. 57)

LA VALETTE

ARCHITECTURE BAROQUE ET PORTS NATURELS

Construite au XVIe siècle, La Valette, capitale lilliputienne de Malte, témoigne de la puissance de ses bâtisseurs chrétiens, avec ses hauts édifices protégeant du soleil les rues étroites.

Baptisée du nom de Jean de la Valette, grand maître des chevaliers de l'ordre de Saint-Jean lors de sa construction, la capitale de Malte ne ressemble à nulle autre. Ses maisons de ville avec balcons, hautes comme des falaises, se dressent le long de rues formant un parfait quadrillage, qui montent et descendent au fil d'innombrables marches, sur la péninsule de Sceberras, une bande de terre s'avançant entre deux splendides ports naturels.

KERENBY/SHUTTERSTOCK ©

Avant le Grand Siège de 1565, ce promontoire désolé ne comptait qu'une seule construction : le fort Saint-Elme. Mais, après leur victoire sur les Ottomans, les chevaliers de Saint-Jean entreprirent la construction d'une nouvelle capitale, avec en son centre le majestueux palais des Grands-Maîtres et la co-cathédrale Saint-Jean. En grande partie détruite durant la Seconde Guerre mondiale, La Valette fut rapidement reconstruite, mais ses habitants désertèrent la ville – qui resta cependant la capitale politique du pays – pour s'installer ailleurs à Malte.

Depuis quelques années, La Valette connaît toutefois une véritable renaissance. L'architecte Renzo Piano a ainsi remodelé la City Gate (porte de la Ville) et conçu le nouveau bâtiment du Parlement, tandis que les demeures historiques se muent en boutiques-hôtels que côtoient restaurants chics et bars branchés. Forts et musées ont été modernisés et rouverts en grande pompe. Aujourd'hui, La Valette est une ville bien vivante, qui a su conserver son charme historique et son caractère local. En descendant les rues paisibles des alentours du fort Saint-Elme, vous verrez peut-être des habitants remonter leurs courses à l'aide de paniers suspendus depuis les balcons où sèche le linge.

QUARTIERS PRINCIPAUX

LA VALETTE
Une capitale de poche. p. 42

FLORIANA
Faubourg verdoyant de La Valette. p. 58

LES TROIS CITÉS
Les premières villes portuaires des chevaliers. p. 60

KALKARA
Reconstitutions militaires dans un fort et centre des sciences. p. 64

PAOLA
Faubourg riche de merveilles préhistoriques. p. 65

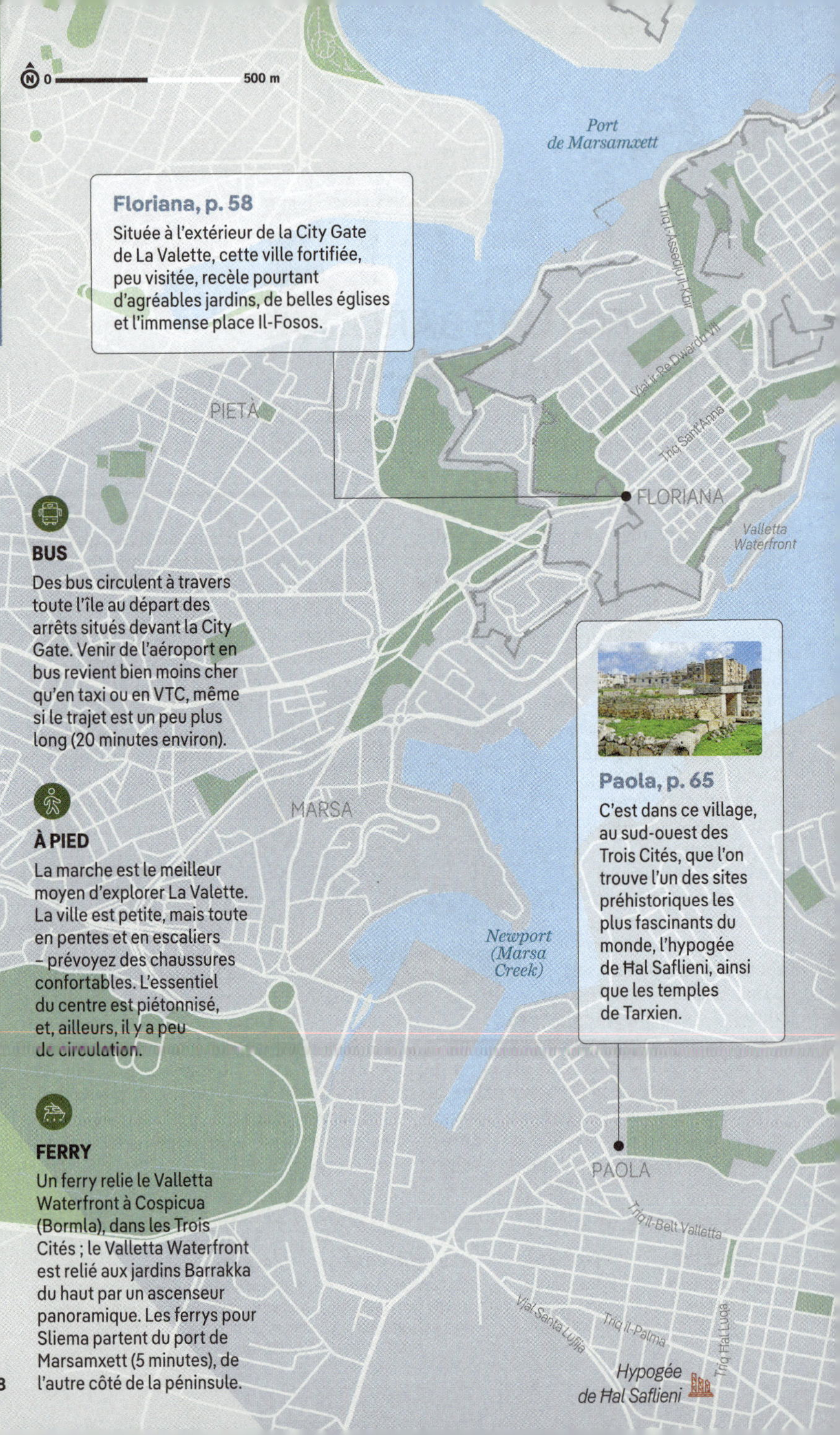

Floriana, p. 58

Située à l'extérieur de la City Gate de La Valette, cette ville fortifiée, peu visitée, recèle pourtant d'agréables jardins, de belles églises et l'immense place Il-Fosos.

BUS

Des bus circulent à travers toute l'île au départ des arrêts situés devant la City Gate. Venir de l'aéroport en bus revient bien moins cher qu'en taxi ou en VTC, même si le trajet est un peu plus long (20 minutes environ).

À PIED

La marche est le meilleur moyen d'explorer La Valette. La ville est petite, mais toute en pentes et en escaliers – prévoyez des chaussures confortables. L'essentiel du centre est piétonnisé, et, ailleurs, il y a peu de circulation.

FERRY

Un ferry relie le Valletta Waterfront à Cospicua (Bormla), dans les Trois Cités ; le Valletta Waterfront est relié aux jardins Barrakka du haut par un ascenseur panoramique. Les ferrys pour Sliema partent du port de Marsamxett (5 minutes), de l'autre côté de la péninsule.

Paola, p. 65

C'est dans ce village, au sud-ouest des Trois Cités, que l'on trouve l'un des sites préhistoriques les plus fascinants du monde, l'hypogée de Ħal Saflieni, ainsi que les temples de Tarxien.

La Valette, p. 42

Joyau de Malte, la petite capitale de l'île, construite au XVIe siècle, condense nombre de sites à visiter : le Parlement, le palais de justice, des demeures et hôtels majestueux, des forts, des églises et des musées. Elle compte aussi d'agréables bars et restaurants.

Kalkara, p. 64

Au nord de Vittoriosa, ce village abrite le fort Rinella, forteresse victorienne avec batteries, et Esplora, centre des sciences interactif qui ravira les enfants.

Les Trois Cités p. 60

Vittoriosa, Senglea et Cospicua, bastions des chevaliers de Malte avant la construction de La Valette, offrent des panoramas fantastiques au fil de ruelles où sont cachés hôtels particuliers et maisons plus modestes.

S'orienter

Il est presque impossible de se perdre à La Valette, dont le plan quadrillé occupe une péninsule de seulement 1 km de long sur 600 m de large.

Planifier son séjour

La petite taille de La Valette permet de voir bien des choses en peu de temps. Véritable merveille classée au patrimoine mondial de l'Unesco, la capitale compte pas moins de 320 monuments historiques sur 55 ha.

MYROSLAVA BOZHKO/SHUTTERSTOCK ©

City Gate, La Valette (p. 50)

Si vous avez peu de temps

- Visitez le somptueux intérieur tout en dorures de la **co-cathédrale Saint-Jean** (p. 48), sans manquer le tableau hypnotique du Caravage ornant l'oratoire, le **palais des Grands-Maîtres** (p. 46 ; réouverture prévue pour fin 2023) et le **Musée national d'archéologie** (p. 47). Admirez le **bâtiment du Parlement** et la **City Gate** (p. 50), signés Renzo Piano, contemplez la vue sur le Grand Port (Grand Harbour) depuis les **jardins Barrakka du haut** (p. 42), et voyagez 80 ans en arrière dans le **quartier général de Lascaris** (p. 56). Ne manquez pas le fascinant **Musée national de la guerre** du **fort Saint-Elme** (p. 43), et faites une escale dans le jardin sur le toit du **Valletta Design Cluster** (p. 55). Pour finir, faites le tour du port en *luzzu* (bateau traditionnel) et partez explorer les **Trois Cités** (p. 60).

EN BAS, DE GAUCHE À DROITE : KIEFERPIX/SHUTTERSTOCK ©, MIKHAIL VARUSHICHEV/SHUTTERSTOCK ©, WIRESTOCK CREATORS/SHUTTERSTOCK ©

Au fil des saisons

Les étés maltais sont torrides, mais la mer n'est jamais très loin, et c'est la saison des festivals. Le printemps et l'automne sont tout aussi ensoleillés, et la mer est encore chaude.

FÉVRIER

On célèbre le **carnaval** durant une semaine avec défilés de chars, costumes et masques. C'est aussi l'époque du **Festival international du vin de Malte**.

MARS

Les célébrations de la **Semaine sainte** sont les fêtes les plus importantes de Malte. Côté météo, le printemps méditerranéen démarre pour de bon.

AVRIL

L'air se réchauffe et les fleurs tapissent les champs, mais l'eau reste froide et seuls les intrépides se risquent à la baignade.

Si vous avez quelques jours

- Arpentez les rues chargées d'histoire de La Valette pour voir les sites mentionnés page ci-contre, en ajoutant une touche moderne avec le **MUŻA** (p. 53), musée d'art contemporain aménagé dans une auberge historique. Pensez à réserver en ligne plusieurs mois à l'avance une visite de l'**hypogée de Ħal Saflieni** (p. 65), un site préhistorique unique, et grimpez voir les temples de **Ħaġar Qim** et de **Mnajdra** (p. 136), vieux de 5000 ans. Gardez un peu de temps pour visiter le magnifique **fort Saint-Ange** (p. 61), à Vittoriosa (Birgu), qui renferme d'intéressantes expositions multimédias. Le soir, retour à La Valette pour assister à un spectacle au **théâtre Manoel** (p. 54) ou au Spazju Kreattiv.

Si vous avez plus de temps

- Si vous restez plus longtemps, vous pourrez – outre les sites majeurs cités plus haut – visiter la **Casa Rocca Piccola** (p. 50) pour un aperçu de la vie aristocratique maltaise, prendre un ferry rapide pour passer un jour ou deux à Gozo, ou encore faire une excursion d'une journée à **Mdina** (p. 114), "la ville du silence", ou à **Rabat** (p. 119) pour explorer d'anciennes catacombes. Encore un peu de temps ? Marchez le long des **falaises de Dingli** (p. 124), et faites un déjeuner dominical de roi à **Marsaxlokk** (p. 141).

MAI

Il fait bon et le soleil invite à la baignade. Les sites sont encore relativement épargnés par la foule, et une ambiance musicale règne un peu partout.

JUIN

Le ciel est bleu et les plages sont encore calmes. La mer reste un peu fraîche, mais il fait déjà bon lézarder sur le sable.

JUILLET

C'est la période la plus chaude et la plus fréquentée. Les festivals se multiplient, notamment le **Festival international de la gastronomie de Malte**.

AOÛT

La saison haute se poursuit, l'ambiance est à la fête et les rues sont bondées. Au cœur de l'été se tient le **Delicata Classic Wine Festival**.

LA VALETTE

Construite par les chevaliers de Saint-Jean sur une péninsule, La Valette est certes minuscule mais elle concentre une quantité exceptionnelle de sites d'intérêt. Lors de son inscription au patrimoine mondial de l'humanité, l'Unesco décrivit la capitale maltaise comme "l'une des plus importantes concentrations de sites historiques du monde". Et, grâce au travail de l'architecte Renzo Piano – la City Gate, le bâtiment du Parlement et l'Opéra –, complété par la conversion de nombreuses demeures anciennes en élégants hôtels, restaurants et bars, cette ville baroque de pierre blond doré, loin d'être figée dans le passé, a trouvé un nouveau souffle. Outre ses somptueux monuments, La Valette est cernée de toutes parts par les eaux azur de la Méditerranée. Quelle joie que de prendre le bateau pour explorer les Trois Cités, de visiter l'extraordinaire site préhistorique de l'hypogée de Ħal Saflieni ou de filer en ferry rapide pour une escapade bucolique sur l'île de Gozo !

Pour les infos pratiques, voir le Carnet d'adresses p. 68

À SAVOIR

Chaque ville ou village possède un club de fanfare, apprécié pour sa cuisine bon marché et ses cours de musique gratuits. La capitale maltaise en compte deux : le King's Own Band Club et La Valette.

Jardins Barrakka du haut

UN BALCON SUR L'AZUR

Jardins Barrakka du haut

Perchés bien au-dessus du Grand Port, les jardins Barrakka du haut (Upper Barakka Gardens) ont été conçus à la fin du XVIe siècle pour offrir aux chevaliers de l'auberge d'Italie, toute proche, une retraite ombragée loin de l'agitation urbaine. La vue sur les Trois Cités, de l'autre côté de la baie, est sublime. Ouverts au public en 1824, ces jardins à colonnades furent en grande partie détruits pendant la Seconde Guerre mondiale. Sur la terrasse en contrebas des jardins, allez voir la **Batterie de salut**, dont le canon tirait jadis pour saluer les navires en visite. Il résonne encore à midi et 16h lors d'une cérémonie opérée par des soldats en uniforme traditionnel. De là, un escalier descend aux **tunnels du quartier général de guerre**, où des guides enthousiastes proposent des visites axées sur l'histoire de Malte de la Seconde Guerre mondiale à la guerre froide. Prévoyez de bonnes chaussures, et dans l'idéal, une lampe torche.

C'est également ici que se trouve l'**ascenseur Barrakka du haut** (Upper Barakka Lift), qui changea la vie des habitants de La Valette lors de son ouverture en 2012, en permettant de relier rapidement le Valletta Waterfront, où sont amarrés ferrys et bateaux de croisière, et La Valette. Il y a en fait deux ascenseurs, qui ont remplacé celui qui avait ouvert en 1905 avant de fermer en 1973, victime de la réduction de l'activité dans le Grand Port. Mais aujourd'hui l'essor du tourisme a redonné un sens à ce moyen de relier le port et la ville. Il faut payer une petite somme pour descendre (l'ascension est gratuite), sauf si vous avez un billet de ferry. L'ascenseur Barrakka du haut parcourt 58 m en 23 secondes seulement, et peut transporter jusqu'à 21 passagers.

Fort Saint-Elme

LE PASSÉ GUERRIER DE MALTE

L'imposante silhouette calcaire du fort Saint-Elme se dresse tout au bout de la **péninsule de Sceberras**, gardant l'entrée du port de Marsamxett et celle du Grand Port. Placé sous la protection du saint patron des marins, il fut construit en à peine quatre mois par les chevaliers en 1552. Lorsque les Turcs attaquèrent en 1565, ils concentrèrent leurs forces sur le fort Saint-Elme, alors bien plus petit qu'aujourd'hui – grave erreur ! Les pertes furent énormes et le fort mit un mois à tomber, ce qui semblait déjà annoncer la victoire finale de chevaliers pourtant largement dépassés en nombre. Plus tard, le fort fut agrandi par les Britanniques. Il offre des points de vue splendides sur la mer.

Rouvert en 2015 après restauration, le fort abrite, au premier niveau, le **Musée national de la guerre**, qui retrace notamment le Grand Siège et les épreuves de la Seconde Guerre mondiale. De formidables montages audiovisuels font revivre l'histoire, illustrant certains aspects de la guerre comme la difficulté d'acheminer le ravitaillement dans les îles sous les bombes allemandes. Y est conservé un biplan Gloster Gladiator (sans les ailes) baptisé *Faith* – seul avion restant des trois, nommés d'après les vertus théologales, à avoir vaillamment défendu l'île lors de l'entrée en guerre de l'Italie en 1940. Le musée s'enorgueillit de posséder la George Cross (plus haute distinction civile accordée par la Couronne britannique) décernée à la population maltaise en 1942.

Dans la cour précédant l'entrée du fort, on peut voir les couvercles de **silos souterrains**. Il est possible de visiter la **place d'armes**, la **chapelle** (1559) dont les chevaliers défendirent l'autel jusqu'à la mort pendant le Grand Siège, et l'**église** de 1729.

Le cortège historique In Guardia se déroule ici entre octobre et juin.

Fort Saint-Elme

INCONTOURNABLES
1 Co-cathédrale Saint-Jean
2 Fort Saint-Elme
3 Jardins Barrakka du haut
4 Musée national d'archéologie
5 Palais des Grands-Maîtres

VOIR
6 Ascenseur Barrakka du haut
7 Auberge de Castille
8 Auberge d'Italie
9 Basilique des Carmélites
10 Bâtiment du Parlement
11 Batterie de salut
12 Bibliothèque nationale
13 Casa Rocca Piccola
14 Cavalier Saint-Jacques
15 City Gate
16 Église Saint-Paul-le-Naufragé
17 Fontaine du Triton
18 Jardins Barrakka du bas
19 Jardins Hastings
20 Malta Experience
21 Malta Postal Museum
22 Mémorial de Daphne Caruana Galizia
voir 2 Musée national de la guerre
voir 8 MUŻA
23 Opéra royal
24 Palazzo Castellania
25 Palazzo Parisio
26 Quartier général de Lascaris
voir 14 Spazju Kreattiv
27 Théâtre Manoel
28 Tunnels du quartier général de guerre
29 Valletta Contemporary
30 Valletta Design Cluster

SE LOGER
31 Casa Asti
32 Casa Ellul
voir 13 Casa Rocca Piccola
33 Iniala
34 Valletta Vintage
35 Vincent Hotel

SE RESTAURER
36 Is-Suq Tal-Belt
37 N
38 Nenu the Artisan Baker
39 Sunday in Scotland
40 Trabuxu
41 Trattoria da Pippo

PRENDRE UN VERRE
42 Bridge Bar
43 Caffe Cordina
44 Cafe Society
45 Ginscal Mezcal & Tacos Mexican Bar
46 La Valette
47 Lot Sixty One
48 Maori
49 The Pub
50 Tico Tico
51 Yard 32

LA VALETTE

Fort Saint-Elme
2
48
34
Triq il-Punent
Triq il-Fontana
30
Triq San Kristofru
Triq it-Tramuntana
37
35
Triq l-Isptar
Triq l-Arcisqof
Triq id-Dejqa (Strait St)
Triq ir-Repubblika (Republic St)
Triq San Nikola
20
13
Triq il-Merkanti (Merchant's St)
50
Pjazza San Ġorġ
Triq San Duminiku
38
43
21
Triq San Pawl (St Paul's St)
Triq il-Mediterran
49
Misraħ Repubblika
5
Palais des Grands-Maîtres
Triq San Kristofru
12
Triq it-Teatru l-Antik
Bastion Saint-Christophe
47
36
Triq Sant'Orsla (St Ursula's St)
Triq Sant Luċija
18
16
39
Mémorial à la cloche
Marché aux poissons
Triq il-Levant
29
42
44
33
Triq Santa Barbara
Porte Victoria
26
Grand Port
28
N
0
200 m

Palais des Grands-Maîtres

SOUS LES ORS DU RICHE PATRIMOINE HISTORIQUE MALTAIS

L'extérieur austère du palais des Grands-Maîtres, bâti au XVIe siècle, dissimule un intérieur somptueux. Jadis résidence des grands maîtres de l'ordre de Saint-Jean de Jérusalem, l'édifice a abrité le Parlement de l'indépendance de Malte jusqu'en 2015, lequel a depuis déménagé pour un nouveau bâtiment signé Renzo Piano (p. 50). Ce magnifique palais du XVIe siècle doit rouvrir fin 2023 après d'importants travaux de restauration.

Cour intérieure du palais des Grands-Maîtres

Autrefois dans les murs du palais, l'**armurerie** occupe désormais les anciennes écuries du grand maître. À la mort de leur détenteur, armes et armures des chevaliers devenaient propriété de l'ordre. Même réduite aujourd'hui à 5 000 armures du XVIe au XVIIIe siècle sur une collection initiale de 25 000 pièces – les rapines de Napoléon, le passage des Britanniques et la négligence générale ayant eu raison du reste –, elle demeure l'une des plus riches armureries du monde.

Le public a en principe accès à cinq pièces des **appartements d'État**, mais certaines d'entre elles peuvent être occasionnellement fermées. Le palais des Grands-Maîtres reste en effet la résidence officielle du président maltais. Orné de fresques en trompe-l'œil, le long couloir de l'armurerie conduit sur la gauche à la **salle du Conseil**, nommée aussi salle des Tapisseries en raison de l'exceptionnelle suite de tentures tissées à la manufacture des Gobelins (Paris) et offertes à l'ordre en 1710 par le grand maître Ramón de Perellós. Couramment appelées tapisseries des Indes, elles représentent des paysages exotiques d'Afrique, d'Inde, des Caraïbes et du Brésil.

Suivent la salle des dîners officiels et la **salle du Grand Conseil**, ornée d'une frise retraçant des épisodes du Grand Siège de 1565. Au bout de la galerie des Ménestrels décorée de scènes de la Genèse, une porte ouvre sur le **salon des Ambassadeurs**, ou salon rouge, où le grand maître recevait les visiteurs de marque et où le président maltais accueille ses hôtes étrangers. On y reconnaît les portraits de Louis XIV, Louis XV et Louis XVI, de Catherine de Russie et de plusieurs grands maîtres. Le **salon d'attente des pages** était jadis réservé aux seize pages du grand maître.

LES MEILLEURES ADRESSES DE LA VALETTE

Ċekċik
Trésors vintage remis à neuf et souvenirs insolites de Malte, dans Melita St.

Is-Suq Tal-Belt - Marché de La Valette
Supermarché en sous-sol vendant des produits locaux.

Silversmith's Shop
L'un des meilleurs ateliers traditionnels de bijoux en filigrane d'argent de La Valette.

Fat lady, Musée national d'archéologie

LE TOP DES BARS DE LA VALETTE

Cafe Society
Bar toujours animé avec terrasse sur la rue en escalier débouchant sur le port.

Ginscal Mezcal & Tacos Mexican Bar
Décor à la Wes Anderson avec carrelage bleu Tiffany et bouteilles d'agave rares, et des tacos associés à différents mezcals.

La Valette
Club de fanfare classique avec colonnes et une statue surveillant les buveurs de bière.

Yard 32
Bar stylé de Strait St avec une sélection de 250 gins et des tapas à l'espagnole.

Musée national d'archéologie

UNE PLONGÉE DANS L'ÈRE PRÉHISTORIQUE

Installée dans l'**auberge de Provence** (1571), le Musée national d'archéologie expose de fins outils en pierre du néolithique, des allumettes phéniciennes et la reproduction en modèle réduit du temple mégalithique Ta'Ħaġrat (p. 95). Ses superbes statuettes féminines préhistoriques font sa renommée. La **Dame endormie** (environ 3000 ans av. J.-C.) est la plus belle. Découverte dans l'**hypogée de Ħal Saflieni** (p. 65), cette femme allongée aux formes généreuses, la tête reposant sur un bras, semble plongée dans un profond sommeil.

Exhumées sur le site de **Ħaġar Qim** (p. 137), les statuettes appelées **fat ladies** (grosses dames) aux cuisses et bras massifs et ronds ont en revanche des mains et des pieds minuscules. Assises, les jambes pliées sur le côté, elles portent des jupes plissées. Également découverte à Ħaġar Qim, une statuette d'argile de quelque 10 cm de haut, appelée la **"Vénus de Malte"** (première moitié du IIIe millénaire av. J.-C.), frappe par son réalisme. On peut aussi voir de splendides frises de pierre provenant des temples de Tarxien.

VLADIMIR ZHOGA/SHUTTERSTOCK ©

INFO PRATIQUE

Scannez ce code QR pour connaître les horaires.

INCONTOURNABLE

Co-cathédrale Saint-Jean

Sous ses airs de forteresse, la co-cathédrale Saint-Jean cache un joyau baroque exubérant, datant de sa refonte au XVIIe siècle. Œuvre de Gerolamo Cassar, l'édifice construit entre 1573 et 1578 remplaça l'église Saint-Laurent de Vittoriosa comme lieu de culte des chevaliers.

À NE PAS MANQUER

- Plafond et retables de Mattia Preti
- Chapelle de la langue d'Allemagne
- Chapelle des Saintes-Reliques et statue de saint Jean
- Vue du balcon
- *La Décollation de saint Jean Baptiste* du Caravage

Dans la nef, longue et étroite, chaque mur, chaque pilier, chaque nervure est riche de décor. Du sol, immense patchwork de pierres en marbre (347 au total) aux peintures de la voûte en berceau, en passant par le chœur, l'ensemble produit un effet grandiose. La cathédrale compte huit chapelles dédiées aux langues (maisons des chevaliers) de l'ordre de Saint-Jean, qui primaient à cette époque sur le pays d'appartenance.

Chapelles latérales gauches en partant de l'entrée

Chapelle de la langue d'Allemagne

Des pièces d'or (principalement des florins hollandais) furent fondues, et le précieux métal fut appliqué sur le calcaire à globigérine de la cathédrale. Cette explosion de dorures est couronnée par un emblématique aigle à deux têtes.

Chapelle de la langue d'Italie

Dans un superbe style baroque, *Le Mariage mystique de sainte Catherine* de Mattia Preti surplombe le mausolée en marbre polychrome à la mémoire du grand maître Gregorio Carafa.

Chapelle de la langue de France

Cette chapelle contrastant par son austérité compte quatre somptueux mausolées. Un retable de Mattia Preti représente la conversion de saint Paul en chemin vers Damas. Des fleurs de lys, emblèmes des rois de France, et des croix de Malte ornent les murs.

Chapelle de la langue de Provence

Avec son retable représentant l'archange saint Michel menant les armées de Dieu contre Satan, cette chapelle abrite les tombeaux des grands maîtres Antoine de Paule et Jean Lascaris-Castellar. Un escalier descend à la crypte (souvent fermée) où sont enterrés les 12 premiers grands maîtres, dont Jean Parisot de la Valette.

Chapelle de la langue anglo-bavaroise

Aussi appelée chapelle des Saintes-Reliques, car elle en possédait avant de les restituer à Henri VIII lorsqu'il fit sécession avec l'Église catholique, puis se rallia à la langue de Bavière. Au-dessus de l'autel trône *Le Baptême du Christ* de Giuseppe Mazzuoli, et des portraits de saint Jean signés Mattia Preti ornent le plafond voûté.

Chapelles latérales droites en partant du chœur

Chapelle du Saint-Sacrement

Jadis contenant une icône de la Vierge rapportée de Rhodes, jusqu'à la prise de Malte par Napoléon, cette chapelle réservée au culte abrite un crucifix du XVe siècle provenant de Rhodes et les clés d'une forteresse prise aux Turcs.

Chapelle de la langue d'Auvergne

Cette chapelle dédiée à saint Sébastien abrite le tombeau couvert d'or de Fra Annet de Clermont de Chattes Gessan – grand maître durant cinq mois – flanqué de colonnes torsadées du XVIIe siècle.

Chapelle de la langue d'Aragon

Dans cette chapelle accueillant les tombeaux exubérants des frères (et grands maîtres successifs) Rafael et Nicolas Cotoner se trouve la première œuvre (le retable) de Mattia Preti. L'autel en marbre est soutenu par deux statues d'esclaves.

Chapelle de la langue de Castille, León et Portugal

Consacrée à saint Jacques, cette chapelle conserve aussi des reliques de saint Clément. Son retable signé Mattia Preti est encadré de monuments dédiés aux grands maîtres António Manoel de Vilhena et Manoel Pinto de Fonseca.

Oratoire et musée

La Décollation de saint Jean Baptiste (décapitation), le plus grand tableau peint par le Caravage, saisit par son réalisme lugubre et son intensité dramatique. C'est la seule œuvre arborant la signature du peintre... dans le sang de Jean Baptiste. Dans une pièce voisine, une autre toile du maître représente saint Jérôme âgé. Une vidéo appelée *Meet Caravaggio* relate, avec imagination, le séjour de quinze mois (1607-1608) du peintre à Malte.

Accessible par l'escalier jouxtant l'oratoire, le musée est fermé pour travaux à l'heure où nous écrivons ces lignes. Y sont conservés les graduels (livres de cantiques, XVIe siècle) du grand maître Philippe de Villiers de L'Isle-Adam, des livres de chœurs enluminés et des tapisseries flamandes du XVIIe siècle réalisées d'après des cartons de Rubens. Le musée renferme aussi une exposition sur le Caravage et son temps.

CO-CATHÉDRALE

On l'appelle co-cathédrale Saint-Jean car elle n'a pas d'évêque. L'unique cathédrale de l'archipel maltais se situe à Mdina.

À SAVOIR

- Habillez-vous de manière appropriée pour la visite d'un lieu de culte. Des foulards sont fournis si vous n'avez rien pour vous couvrir les bras et les épaules.
- Les talons hauts sont interdits afin de protéger les sols en marbre.
- Prévoyez suffisamment de temps pour explorer la cathédrale dans ses moindres recoins, notamment si vous prenez l'audioguide.
- Pour une vue d'ensemble sur l'intérieur baroque, grimpez l'étroit escalier menant au balcon, tout au bout de la nef.
- Pendant le Festival de musique baroque (janvier-février), des concerts sont donnés dans la cathédrale ou dans l'oratoire, offrant une rare occasion d'écouter de la musique classique avec un Caravage en toile de fond.

CASA ROCCA PICCOLA

La visite de ce somptueux palais du XVIe siècle est une véritable plongée dans le monde de l'aristocratie maltaise avec de superbes antiquités et des intérieurs magnifiques. La Casa Rocca Piccola est toujours occupée par la famille De Piro ; son neuvième marquis a ouvert une partie du palais au public, et des visites guidées donnent un aperçu de la vie privilégiée des aristocrates, tel l'abri antiaérien de la Seconde Guerre mondiale à 30 m sous terre.

À VOIR AUSSI À LA VALETTE

City Gate, bâtiment du Parlement et Opéra royal

LE RENOUVEAU SELON RENZO PIANO

Choisie pour être Capitale européenne de la culture en 2018, La Valette a fait appel au célèbre architecte italien Renzo Piano pour créer de colossaux aménagements architecturaux. Il y a eu de nombreuses controverses – montant des travaux chiffrés à plusieurs millions d'euros, site dénaturé, choix des projets –, mais le résultat n'en reste pas moins époustouflant.

La **City Gate**, gravement endommagée pendant la Seconde Guerre mondiale, a été reconstruite en 1963 dans un style fortement décrié à l'époque. Renzo Piano a voulu rétablir l'impression de puissance et de solidité donnée par la porte initiale percée dans les remparts en 1633. En y accédant par un véritable pont – utilisant pour matériau le calcaire ocre que l'on trouve dans toute l'île –, les passants dominent le fossé creusé par les chevaliers et se trouvent face aux fortifications. Encadrant la porte, deux flèches métalliques de 25 m, conçues pour ressembler à des sabres, se dressent vers le ciel. Depuis cet espace ouvert et dépouillé, souvent utilisé comme lieu de tournage, la vue embrasse la cité. Regardez en arrière vers Triq ir-Repubblika (Republic St) pour voir la City Gate décrire un “V” pour “Valette”.

Intra-muros, deux volées de larges marches relient les bastions et cavaliers (renforcements intérieurs des bastions) Saint-Jacques et Saint-Jean à Triq ir-Repubblika en contrebas. Elles donnent accès à l'esplanade où le nouveau **bâtiment du Parlement**, également conçu par Renzo Piano, est sorti de terre en 2014. Le Parlement maltais, longtemps installé dans le palais des Grands-Maîtres, y siège depuis 2015. Soutenus par des pilotis, ses deux immenses blocs de pierre semblent suspendus dans les airs. Au-dessus du rez-de-chaussée (qui accueille des expositions) largement vitré, l'effet de légèreté est accentué par la façade de l'étage principal sur laquelle alternent les volumes vides et pleins, ouverts et fermés. Il s'agit de milliers de petits blocs de pierre calcaire – en encoches et en pointes taillées en biais – entrecroisés de miroirs réflecteurs qui brillent sous le soleil ; la lumière pénètre tout en limitant la réverbération solaire. Le bloc nord accueille la chambre du Parlement,

Scannez ce code QR pour réserver une chambre à la Casa Rocca Piccola.

OÙ SE LOGER À LA VALETTE

Casa Asti
Pension familiale douillette avec murs dallés et mobilier peint. **€**

Casa Ellul
Demeure historique avec mini-piscines sur les balcons à l'ancienne. **€€**

Casa Rocca Piccola
Chambres dans un palais du XVIe siècle tenu par le marquis et la marquise de Piro. **€€**

City Gate et bâtiment du Parlement

celui du sud les bureaux des parlementaires. Les 600 m² de panneaux photovoltaïques couvrant le toit fournissent la quasi-totalité de l'énergie nécessaire à chauffer le bâtiment en hiver et à le climatiser en été. Pour l'anecdote, ses détracteurs la surnomment la "râpe à fromage".

À deux pas, construit dans les années 1860, l'**Opéra royal** fut détruit par un raid aérien allemand en 1942. Ses ruines ont été conservées et aménagées pour accueillir un théâtre en plein air dont les fauteuils verts ont pris place au-dessus des vestiges. Renzo Piano a ainsi créé un endroit fabuleux pour les concerts, fréquents pendant l'Arts Festival.

Mémorial de Daphne Caruana Galizia

HOMMAGE À UNE JOURNALISTE ASSASSINÉE

En face du palais de justice de La Valette se trouve le mémorial de Daphne Caruana Galizia, orné de fleurs, de bougies et de photographies de la journaliste d'investigation maltaise. Daphne Caruana Galizia enquêtait sans relâche sur la corruption à Malte, révélant les scandales qu'elle découvrait sur son blog *Running Commentary* (daphnecaruanagalizia.com). Le 16 octobre 2017, elle est tuée dans un attentat à la voiture piégée, à l'âge de 53 ans. L'affaire remonte jusqu'au

BAIGNADE À LA VALETTE

Chris Briffa, architecte et propriétaire de Valletta Vintage (vallettavintage.com), nous livre ses conseils pour vivre La Valette comme un résident.

"Pour moi, La Valette, c'est la mer. L'été, je vais me baigner presque tous les soirs après le travail. D'habitude, nous allons à Il Foss, côté Marsamxett. L'eau est profonde et les épaves de la Seconde Guerre mondiale sont autant d'occasions de faire de la plongée. Il y a aussi quelques bars décontractés, comme Maori. C'est donc ma plage de soleil couchant. Pour le lever du soleil, je vais de l'autre côté, au pied du Malta Conference Centre. Il y a cette séparation entre le côté urbain et les rochers, et là il suffit de sauter à l'eau pour se retrouver en pleine nature."

Iniala
Magnifique hôtel sur le bastion Sainte-Barbe ; les chambres ont vue sur le port. **€€€**

Valletta Vintage
Maison de ville aux chambres dotées de kitchenettes et de terrasses avec vue. **€€**

Vincent Hotel
Hôtel design dans un édifice historique près du fort Saint-Elme. **€**

L'ASSASSINAT DE DAPHNE CARUANA GALIZIA

Gattaldo est illustrateur et auteur de livres pour enfants. Ami proche de Daphne Caruana Galizia, il est l'auteur de *Fearless, The Story of Daphne Caruana Galizia* (fearlessdaphne.com).

"Visiter un pays où une journaliste a été assassinée à cause de son travail peut provoquer des sentiments mitigés, mais c'est aussi l'occasion d'en apprendre davantage sur les questions que cela soulève. J'encourage les visiteurs à se renseigner sur l'histoire de Daphne. Le livre *Murder on the Malta Express* retrace les événements qui ont mené à son assassinat, tandis que mon livre illustré pour enfants aide la jeunesse à comprendre l'importance du journalisme en démocratie."

Strait Street

Premier ministre, Joseph Muscat, qui est contraint de démissionner. Daphne Caruana Galizia avait trois fils. L'un d'eux, le journaliste Paul Caruana Galizia, a produit un podcast édifiant, *My Mother's Murder* (*Le Meurtre de ma mère* ; Tortoise Media), qui vaut la peine d'être écouté, de même que *Who Killed Daphne* (*Qui a tué Daphne* ; Wondery). Le mémorial est apparu spontanément après le meurtre, et, pendant des années, les autorités retiraient chaque nuit fleurs et bougies. Aujourd'hui laissé en paix, il accueille tous les ans une veillée le jour de l'anniversaire de la mort de la journaliste. En 2022, deux frères inculpés d'assassinat ont été condamnés à quarante ans d'incarcération. À l'heure où nous écrivons ces lignes, Yorgen Fenech, héritier d'une des familles les plus riches de Malte, attendait son procès pour complicité de meurtre.

Scannez ce code QR pour en savoir plus sur Daphne Caruana Galizia.

OÙ SE RESTAURER À LA VALETTE

Is-Suq Tal-Belt
Cuisine de rue dans la vaste halle d'un marché du XIXe siècle. **€**

N Japanese Bistrot
Dans ce sous-sol de Strait St, le chef tokyoïte propose des spécialités japonaises. **€**

Nenu the Artisan Baker
Vaste choix de *ftira* (sortes de pizzas au pain plat maltais) cuites au feu de bois. **€**

Strait Street

LE CŒUR ANIMÉ DE LA CITÉ

Large de seulement 4 m pour 660 m de long, Strait Sreet (Triq id-Dejqa) est l'une des rues les plus étroites de la ville. Jadis le seul endroit où les duels étaient autorisés par les chevaliers, la rue devint plus tard un repaire de marins en permission surnommé *the gut* ("le boyau") par les Britanniques. Les bars miteux y étaient fréquentés aussi bien par des prostituées que par des musiciens de talent, et l'ambiance dans la longue ruelle était certes sordide, mais pleine de vie. Avec le départ des habitants après la Seconde Guerre mondiale et celui de la marine britannique en 1979, Strait St s'est transformée en rue fantôme, seules les enseignes décrépites des anciens bars témoignant de son passé agité. Mais la rue revit depuis une dizaine d'années, avec une poignée de bars et de restaurants dont certains sont excellents. Essayez Tico Tico, l'un des plus anciens bars de la rue, et N Japanese Bistrot, restaurant en sous-sol où l'on se croirait à Tokyo et qui sert une délicieuse cuisine japonaise.

LA VALETTE GASTRONOMIQUE

Les créateurs du *Definitive(ly) Good Guide to Restaurants in Malta & Gozo* organisent des visites gastronomiques en groupe (offbeatmaltafoodtrails.com).

De palais en églises

LES MERVEILLES ARCHITECTURALES D'UN BASTION CATHOLIQUE

Sur la Pjazza Kastilja se dresse l'**auberge de Castille** (1741) dont la façade est l'œuvre de l'architecte Andrea Belli. En face se trouve le siège des chevaliers espagnols et portugais, datant du XVIe siècle et abritant aujourd'hui les bureaux du Premier ministre maltais (l'édifice n'est donc pas accessible au public). Non loin, dans Merchants St, on peut admirer le **Palazzo Parisio**, palais néoclassique et baroque construit dans les années 1740, où Napoléon passa six jours lors de l'occupation française de l'île et aujourd'hui occupé par le ministère des Affaires étrangères.

Également dans Merchants St, le **Palazzo Castellania** (1757-1760), ancien palais de justice et prison, héberge aujourd'hui le ministère de la Santé. Les figures allégoriques au-dessus du balcon du premier étage représentent la Justice et la Vérité.

La façade du XIXe siècle de l'**église Saint-Paul-le-Naufragé** – en l'an 60, il aurait fait naufrage à Malte et converti la population au christianisme – dissimule un intérieur du

MUSÉE NATIONAL DES BEAUX-ARTS

Le MUŻA a fermé ses portes en 2016 pour ressusciter dans l'auberge d'Italie – majestueux bâtiment du XVIe siècle qui hébergeait jadis les membres italiens des chevaliers de Saint-Jean –, associant les fleurons de l'ancien musée, notamment cartes et peintures historiques, à une approche très moderne de la narration et des arts. C'était l'un des grands projets de La Valette, Capitale européenne de la culture en 2018. Des artistes natifs de l'archipel ou qui séjournèrent à Malte pour travailler, comme Victor Pasmore, y sont exposés. À l'étage, on peut admirer un tableau qu'aurait peut-être peint le Caravage. Il y a aussi une vaste collection d'œuvres de Mattia Preti. Le musée permet également de découvrir du mobilier de la haute société maltaise, un film sur la fabrication du filigrane d'argent et diverses installations interactives.

Sunday in Scotland
Des gâteaux fabuleux : goûtez la tarte au citron meringuée. €

Trabuxu
Ce bistrot français est une institution de La Valette. €€

Trattoria da Pippo
Déjeuners de poisson frais ; ambiance conviviale et chants improvisés. €€

XVIe siècle. Elle renferme maints trésors, notamment une superbe statue dorée du saint. Sculptée à Rome dans les années 1650, elle est portée en procession dans les rues de La Valette le jour de la Saint-Paul (10 février).

Construit en 1731, le **théâtre Manoel** est l'un des plus vieux d'Europe. Les visites guidées (réservation recommandée) permettent d'en admirer la salle baroque, étincelante de dorures sous un immense lustre.

Le dôme de 42 m de haut qui domine toute la ville est celui de la **basilique des Carmélites**. Édifiée en 1570, agrandie au milieu du XIXe siècle, elle fut gravement endommagée pendant la Seconde Guerre mondiale, puis reconstruite entre 1958 et 1981. Au cours de votre promenade, vous remarquerez qu'à presque tous les coins de rue se dressent une statue ou un monument. Lorsque les chevaliers de Saint-Jean conçurent les plans de la ville, ils promulguèrent des règlements appelés *capitoli* qui exigeaient que chaque coin de rue soit décoré d'une statue ou d'une niche ornementée.

Galeries et musées

Le majestueux édifice classique de la **Bibliothèque nationale** fut le dernier à être érigé par les chevaliers, et vaut le détour pour son riche fonds d'ouvrages et ses expositions temporaires.

Coincé entre un pub et des restaurants dans Triq l-Arċisqof, le **Malta Postal Museum**, petit musée étonnamment intéressant, retrace l'histoire du système postal des chevaliers de Saint-Jean et présente fréquemment des expositions de photographies anciennes et contemporaines.

À quelques minutes de marche, dans Triq il-Levant, **Valletta Contemporary** est une galerie d'art moderne aménagée dans un entrepôt vieux de 400 ans, présentant le travail d'artistes locaux et internationaux.

Enfin, non loin de la City Gate, Pjazza Kastilja, le cavalier Saint-Jacques, un ancien fort du XVIe siècle adossée au bastion du même nom, abrite désormais **Spazju Kreattiv**, un fantastique centre d'art réunissant galeries, théâtre et cinéma.

Auberge de Castille (p. 52)

OÙ PRENDRE UN VERRE À LA VALETTE

Bridge Bar
Jazz le vendredi, et terrasse sur les marches avec vue sur le port.

Caffe Cordina
Café chic du centre, idéal pour siroter un café en regardant défiler les passants.

Lot Sixty One
Le meilleur café en ville, à savourer au comptoir.

Jardins Barrakka du bas

Jardins secrets valettins

DES ESPACES VERTS MÉCONNUS OÙ PRENDRE LE FRAIS

Les touristes se ruent aux jardins Barrakka du haut, mais ignorent bien souvent les **jardins Barrakka du bas**, à l'autre bout de la ville. Ce petit parc donnant sur le port comprend un temple dorique à la mémoire de sir Alexander Ball, capitaine de la marine britannique qui arracha Malte aux mains des Français en 1800. L'endroit est particulièrement magique au coucher du soleil.

Non loin de là, dans Triq san Duminku, vous pourrez découvrir le superbe jardin de 495 m² caché sur le toit du **Valletta Design Cluster**, un ancien abattoir reconverti en ateliers d'artistes et espaces d'exposition. Un sentier serpente dans le jardin où vous attendent tables et chaises, un étang de nénuphars, et 950 arbres et arbustes, dont des caroubiers, des oliviers, des chênes verts, des romarins, des papyrus et des viornes.

AUX ENVIRONS DU FORT SAINT-ELME

En face du fort Saint-Elme se dresse le Mediterranean Conference Centre, aménagé dans la **Sacra Infermeria**, un hôpital érigé par les chevaliers au XVIe siècle. À l'intérieur vous attend une expérience en réalité augmentée, “Reliving the Sacra Infermeria” : téléchargez l'appli et explorez les lieux en réalité virtuelle, notamment l'ancienne grande salle de l'hôpital, longue de 150 m.

Traversez la rue et descendez l'escalier situé à droite de l'entrée menant au spectacle multimédia **Malta Experience** pour rejoindre un chemin longeant les remparts du fort jusqu'à la pointe de la péninsule. Contemplez le panorama inégalable sur le Grand Port et le port de Marsamxett, où une piscine taillée dans la roche flanquée de quelques bars attire de nombreux baigneurs.

Maori
Café décontracté en bord de mer, proche de l'embarcadère des ferrys pour Sliema.

Tico Tico
Petit rade typique de Strait St servant une excellente cuisine de bistrot.

The Pub
Pub à l'anglaise, où mourut l'acteur Oliver Reed pendant le tournage de *Gladiator*.

QUARTIER GÉNÉRAL DE LASCARIS

Explorer ce complexe souterrain aménagé à 40 m sous les jardins Barrakka du haut (p. 42), c'est faire un voyage dans le passé. Utilisées jusqu'en 1977, ces cavernes servirent de quartier général secret aux généraux britanniques à Malte pendant la Seconde Guerre mondiale. On peut y voir les cartes, les standards téléphoniques et les bureaux poussiéreux utilisés par les Alliés pour défendre l'archipel, dont l'immense carte dans la salle où Eisenhower supervisa le débarquement en Sicile. Superbement restauré en 2009, le complexe offre un aperçu fascinant de l'envers du décor du conflit. Notez que l'escalier descendant vers le QG est très long ; prévoyez de bonnes chaussures de marche.

À l'ouest de la City Gate (prenez l'escalier à gauche après la porte), les **jardins Hastings** s'étendent sur deux bastions (Saint-Jean et Saint-Michel), et comptent plusieurs monuments à la mémoire de lord Hastings. Gouverneur de Malte de 1824 à 1826 après avoir été gouverneur de l'Inde, Hastings est enterré ici, mais sans sa main droite, tranchée à sa demande pour être enterrée en compagnie de son épouse à la mort de celle-ci. Ces jardins sont bien plus calmes que ceux de Barrakka du haut, et offrent une belle vue sur la fontaine du Triton et le port de Marsamxett.

Mausolée de lord Hastings

COMMENT CIRCULER

Les ferrys de Valletta Ferry Services (vallettaferryservices.com) pour les Trois Cités partent du Valletta Waterfront ; ceux pour Sliema partent du port de Marsamxett.

L'ascenseur Barrakka du haut relie La Valette au Sea Passenger Terminal, sur le Valletta Waterfront.

Des bus partant de la gare routière de La Valette desservent toute l'île. Le bus n°133 fait une boucle toutes les 30 minutes autour des remparts de La Valette. Les bus à montée et descente libres de CitySightseeing Malta et Malta Sightseeing font un circuit à travers La Valette avant de faire le tour de l'île.

Se garer à l'intérieur des remparts est difficile, mais pas impossible – cherchez une place non délimitée par des lignes vertes ; autrement, garez-vous dans le vaste parking souterrain du parvis de la City Gate, à Floriana. La Valette s'explore très facilement à pied.

Environs de La Valette

À pied, en bus ou en bateau, on rejoint en un clin d'œil depuis La Valette des merveilles préhistoriques, de superbes édifices baroques et d'imposants forts.

À peine sorti de La Valette par la City Gate, vous vous retrouverez face à la fontaine du Triton, réalisée par le sculpteur maltais Vincent Apap en 1959 et magnifiquement restaurée à l'occasion de la candidature de La Valette pour devenir Capitale européenne de la culture en 2018. De là, promenez-vous dans Floriana, faubourg qui s'est étendu hors des remparts de la ville au XVIIIe siècle. Vous y trouverez le Valletta Waterfront, avec son enfilade d'entrepôts convertis en restaurants devant l'embarcadère des bateaux de croisière. Continuez vers les plaisirs aristocratiques du Club de golf et de polo de Malte pour un 18-trous, une partie de polo ou une course de chars, avant de faire un saut dans les Trois Cités, à l'hypogée et aux temples de Tarxien.

Pour les infos pratiques, voir le Carnet d'adresses p. 68

À SAVOIR

Le Phoenicia Hotel est idéal pour prendre le thé l'après-midi. Le Robert Samut Hall est une ancienne église néogothique transformée en salle de concert.

Fontaine du Triton

VALLETTA WATERFRONT

Les hangars à bateaux vieux de 500 ans du Valletta Waterfront ont été convertis en élégants restaurants. La plupart des commerces de la zone, dont les boutiques, les restaurants et les bars, ciblent les passagers des bateaux de croisière amarrés à l'embarcadère. De là partent des bus et bateaux touristiques pour visiter La Valette, ainsi que le ferry pour les Trois Cités. Des bateliers proposent également des balades en *dgħajsa* (barque traditionnelle ; prononcez *daï-sa*) pour quelques euros, au départ de la station de taxis-bateaux de Lascaris, immédiatement au nord du Valletta Waterfront.

Valletta Waterfront

Floriana

LES CURIOSITÉS DES FAUBOURGS FORTIFIÉS DE LA VALETTE

À quelques minutes de marche de la fontaine du Triton, à Floriana, la vaste **Pjazza San Publiju** accueille certains des plus grands festivals de Malte, dont The Isle of MTV. La gigantesque place, écrasée de soleil, s'étend le long du mail bordé d'arbres qui la relie à la fontaine du Triton.

Outre ses dimensions grandioses, vous noterez immédiatement les curieuses dalles rondes de la taille de roues de charrettes qui l'émaillent. Ce sont les couvercles de **silos souterrains** en forme de ruche de 9 m de profondeur et 4,5 m de diamètre. Ces silos servaient à conserver les réserves de céréales essentielles importées sur l'île, le plus souvent depuis la Sicile. Les premiers furent construits sous l'autorité du grand maître Martin de Redin (plus connu pour les tours fortifiées du littoral des îles),

OÙ SE RESTAURER DANS LES ENVIRONS DE LA VALETTE

Bistro 516
Bistrot du Valletta Waterfront idéal pour un déjeuner décontracté. **€€**

Chukka's @Malta Polo Club
Restaurant argentin d'un bon rapport qualité-prix, avec belle vue sur le terrain de polo. **€€**

Sa/mu/zu
À Pietà, en lisière de Floriana, ce restaurant stylé sert un excellent chakchouka. **€€**

autour du fort Saint-Elme. C'est à Floriana qu'il y en a le plus, avec 76 silos devant l'église Saint-Publius, une bénédiction pendant les temps difficiles de la Seconde Guerre mondiale. L'église fut ravagée par les bombes en 1942, mais l'essentiel des céréales stockées sous terre put être récupéré.

La place est plus connue sous le nom d'Il-Fosos ("les greniers à grain"). De là, allez voir le **jardin botanique Argotti** de Floriana. Fondé en 1774 pour l'étude des plantes médicinales, c'est un lieu paisible à l'écart de la foule, avec une belle vue sur les remparts de Floriana.

Sports aristocratiques

DES PRATIQUES SOUS INFLUENCE BRITANNIQUE

Pour faire du golf sur un parcours historique, le **Royal Malta Golf Club**, avec ses superbes pelouses bordées de palmiers, propose des adhésions temporaires. Situé en lisière de Floriana, le somptueux 18-trous fut créé en 1888 par sir Henry Torrens, gouverneur britannique féru de golf, un mois après son arrivée sur l'île. Le parcours fut déplacé sur le site actuel en 1904.

Un peu plus loin, dans le Marsa Sports Complex, se trouve le **Malta Polo Club** (maltapoloclub.com), l'un des plus anciens clubs de polo en activité dans le monde (le plus vieux est à Kolkata). Il fut également fondé à l'époque britannique, en 1868. De nombreux officiers britanniques affectés à Malte avaient précédemment séjourné en Inde, où ils prirent goût au polo, un sport qui aurait été inventé par des tribus nomades d'Asie centrale il y a plus de 2500 ans.

L'entrée est souvent libre, et vous pourrez apprendre à monter à cheval et même à jouer au polo (plus d'infos sur le site Internet). Si vous êtes en voiture, il y a des places gratuites près du grill argentin Chukka's, restaurant à deux niveaux avec vue sur le terrain de polo. Profitez-en pour savourer des grillades ou prendre un verre en regardant un match. Le stade, avec ses tribunes et panneaux à l'ancienne, ferait un décor idéal pour un film de Wes Anderson.

LES VACANCES ROYALES DE LA JEUNE ÉLISABETH

Alors qu'elle n'était encore que la princesse Élisabeth, au début de son mariage avec le duc d'Édimbourg, la future Élisabeth II passa deux ans à Malte, Philip ayant été nommé commandant en second du HMS *Chequers*. La princesse put profiter d'une liberté absolue sur l'île, filant sur les routes au volant de sa Morris Minor, allant à des bals locaux et assistant aux matchs de polo de son époux. La princesse et le duc logeaient en lisière de Floriana, dans la Villa Guardamangia, ravissante demeure appartenant à lord Mountbatten et surplombant le Sa Maison Ferry Terminal. La villa est désormais la propriété d'Heritage Malta, qui a entrepris sa restauration afin de l'ouvrir au public.

COMMENT CIRCULER

Il est facile d'aller à pied de La Valette à Floriana. Le Valletta Waterfront est accessible par l'ascenseur Barrakka du haut : achetez un billet en embarquant, valable pour le retour. Il y a un grand parking souterrain à Floriana, juste devant la City Gate de La Valette.

LES TROIS CITÉS ET KALKARA

Les Trois Cités, qui font face à La Valette de l'autre côté du port, sont un lieu paisible ponctué de restaurants, d'édifices baroques et de pensions. C'est à Vittoriosa (Birgu), Senglea et Cospicua que s'installèrent d'abord les chevaliers de Saint-Jean à leur arrivée à Malte. Après le Grand Siège, Birgu fut rebaptisée Vittoriosa ("la victorieuse"), L'Isla prit le nom de Senglea (du grand maître Claude de la Sengle), et Bormla devint Cospicua ("l'éminente", "la bien visible"). Les habitants, comme certains panneaux, utilisent encore les anciens noms. Vittoriosa et Senglea occupent deux péninsules étroites, aujourd'hui reliées par une passerelle donnant accès aux récents réaménagements de Senglea, dont un hôtel de luxe et l'American University of Malta (AUM). Au sud, Vittoriosa se fond dans Cospicua. Le village de Kalkara est collé aux Trois Cités, à l'est de Vittoriosa et au nord de Cospicua.

Pour les infos pratiques, voir le Carnet d'adresses p. 68

À SAVOIR

Pour quelques euros, vous pouvez rejoindre les Trois Cités en *dgħajsa* (barque traditionnelle ; prononcez *daï-sa*) depuis le Valletta Waterfront. Pour 10 euros, on vous fera faire un petit tour dans le port.

INCONTOURNABLE
1 Fort Saint-Ange

VOIR
2 Auberge d'Angleterre
3 Église Notre-Dame-de-l'Immaculée-Conception
4 Église Saint-Laurent
5 Esplora Interactive Science Center
6 Il Collachio
7 Jardins Gardjola
8 Maison normande
9 Misraħ ir-Rebħa
10 Musée de Malte en guerre
11 Musée maritime
12 Oratoire Saint-Joseph
13 Palais de l'Inquisiteur
14 Vedette (échauguette)
voir 5 Villa Bighi

Vue sur le fort Saint-Ange

Fort Saint-Ange

UNE FORTERESSE-MUSÉE SUPERBEMENT RESTAURÉE

Tout au bout de la péninsule de Vittoriosa, le majestueux fort Saint-Ange était à l'origine un fort médiéval, que les chevaliers de Saint-Jean, conscients de la valeur défensive de l'édifice, décidèrent de renforcer en 1530. Résidence du grand maître de l'Ordre jusqu'en 1571, le fort servit de quartier général à Jean Parisot de La Valette pendant le Grand Siège, qui y organisa la défense contre l'assaut turc. Au XVIIe siècle, le talentueux ingénieur Don Carlos Grunenberg y ajouta d'autres fortifications. Au XIXe siècle, les Britanniques s'en emparèrent et en firent le quartier général de leur flotte méditerranéenne de 1912 à 1979.

L'édifice, superbement restauré par Heritage Malta, abrite des installations multimédias qui donnent vie à la passionnante histoire de la forteresse et de La Valette. On y découvre aussi différents objets d'époque et des salles dont on jurerait que les derniers occupants viennent tout juste de les quitter. Et que dire des panoramas fabuleux sur le port et La Valette ? C'est notamment un excellent point de vue pour assister aux tirs de

LE TOP DES HÉBERGEMENTS DANS LES TROIS CITÉS

Cugó Gran Macina Grand Harbour
Boutique-hôtel de luxe dans un édifice du XVIe siècle avec suites, piscine, panoramas et un restaurant chic. **€€€**

Indulgence Divine
Appartements indépendants somptueux (adultes uniquement) dans une maison de ville du XVIe siècle, avec belle cuisine et terrasse ensoleillée sur le toit. **€€**

Julesys's B&B
B&B dans une maison de ville du XVIIIe siècle dans une ruelle de Cospicua, tenu par un couple d'Australiens avec des racines maltaises. **€**

Nelli's
Un B&B tenu par des Belges en plein sur le front de mer, avec de jolies chambres au décor épuré et harmonieux. **€**

OÙ SE RESTAURER DANS LES TROIS CITÉS ET À KALKARA

AcquaBlu
Poisson et fruits de mer à un bel emplacement sur la promenade de Senglea. **€€**

Don Berto
Sur le front de mer de Vittoriosa, restaurant familial avec vue sur la marina. **€€**

Enchanté
Poissons et fruits de mer délicieux à Senglea, côté port. **€€**

RESTAURANTS DES TROIS CITÉS

Lisa Grech, éditrice du *Definitive(ly) Good Guide to Restaurants in Malta & Gozo*, vit à Vittoriosa depuis presque 20 ans. *@restaurants_malta, restaurantsmalta.com*

"Parmi mes restaurants préférés de Vittoriosa, il y a le Blue House, dans une maison de ville superbement aménagée, et Terrone, au bord de l'eau. À Senglea, Le Regatta est l'un de mes endroits favoris pour m'asseoir au bord de l'eau en dégustant des cocktails inventifs et une délicieuse cuisine française devant le coucher du soleil. Parmi les autres bons restaurants du front de mer de Senglea, citons Il-Hnejja, Enchanté et AcquaBlu, qui proposent tous d'excellents poissons et fruits de mer. Hammett's Macina est un endroit agréable pour des cocktails et des tapas, en salle ou sur la terrasse de l'hôtel de luxe."

Vittoriosa

canon à la Batterie de salut (p. 42), de l'autre côté du port, à midi et 16h. Les fans de *Game of Thrones* reconnaîtront sans doute, dans les donjons, le décor de la prison et les souterrains du Donjon rouge de la saison 1.

Vittoriosa

LES DEMEURES MAJESTUEUSES DE LA CITÉ VICTORIEUSE

Sur le front de mer de Vittoriosa, le **Musée maritime** (actuellement fermé pour rénovation) est installé dans une ancienne boulangerie du XIXe siècle. De là, partez explorer les ruelles historiques en commençant par l'**oratoire Saint-Joseph**, qui renferme les reliques du grand maître Jean Parisot de La Valette. Non loin, dans Triq San Lawrenz, se dresse l'**église Saint-Laurent**, édifiée sur le site d'une église du XIe siècle, qui servit d'église conventuelle aux chevaliers de Saint-Jean de 1530 à 1578, date à laquelle ils pratiquèrent leur culte à la co-cathédrale Saint-Jean. La hauteur du plafond est impressionnante, et l'intérieur baroque relativement sobre a été entièrement restauré après avoir été endommagé pendant la Seconde Guerre mondiale. À deux pas de là, le **musée de Malte en guerre**, installé dans un ancien poste de police,

OÙ SE RESTAURER DANS LES TROIS CITÉS ET À KALKARA

Le Regatta Restaurant
Délices de la mer à la pointe de la péninsule de Senglea. €€

Marea
À Kalkara, élégant restaurant au bord de l'eau servant des plats méditerranéens et japonais. €€

St Lawrence Bandclub
Cuisine de pub simple et bon marché dans un édifice de la place principale de Vittoriosa. €

fascine par son labyrinthe d'abris antiaériens. Un peu plus loin, la place **Misraħ ir-Rebħa** compte deux monuments : le mémorial à la Victoire, érigé en 1705 en mémoire du Grand Siège, et une statue de saint Laurent, patron de Vittoriosa, datant de 1880. Le superbe édifice de 1888 côté est de la place est le QG du St Lawrence Band Club – faites-y un tour pour prendre un verre ou manger un morceau.

Quittez la place en filant vers l'est dans Triq Hilda Tabone. À votre droite débute un petit labyrinthe de ravissantes ruelles appelé **Il Collachio**, où se dressent certains des plus anciens immeubles de la ville. Remontez Triq it-Tramuntana pour voir la **Maison normande** au n°11 (sur la gauche). Sur sa façade, vous remarquerez au premier étage une fenêtre à deux arcs du XIIIe siècle, avec colonnette centrale et motifs en étoile typiques du style baptisé siculo-normand. C'est également dans ce quartier que les chevaliers construisirent les premières auberges au XVIe siècle, dont l'**auberge d'Angleterre**, dans Triq il-Majjistral, aujourd'hui occupée par le ministère de la Santé.

Senglea et Cospicua

DES CITÉS HISTORIQUES AVEC VUE SUR LA VALETTE

Sortez des sentiers battus en explorant les moins touristiques des Trois Cités, même si Senglea attire de plus en plus de gourmets grâce à ses excellents produits de la mer, à déguster devant de superbes panoramas sur le port. Une passerelle relie Senglea à Vittoriosa, et vous pouvez aussi traverser en bateau pour quelques euros. Une fois sur place, vous découvrirez des ruelles en pente raide, ponctuées d'escaliers et organisées en un quadrillage régulier.

La ville a pratiquement été rayée de la carte pendant la Seconde Guerre mondiale, mais quelques édifices historiques ont survécu et le quartier a conservé un charme villageois. L'auberge de Castille a été réaménagée pour accueillir l'American University of Malta (AUM). Marchez jusqu'aux **jardins Gardjola** pour un panorama fabuleux sur La Valette et Vittoriosa. La petite **vedette** (échauguette) à la pointe de la péninsule est l'un des édifices emblématiques de Malte. Arrêtez-vous déjeuner dans l'un des excellents restaurants de la promenade de Senglea, qui fait le tour de la petite cité. Cospicua (anciennement Bormla), avec ses ruelles où flotte le linge mis à sécher, est encore moins visitée par les touristes. La cité est connue pour les impressionnantes fortifications érigées par les chevaliers, qui lui valurent au

PALAIS DE L'INQUISITEUR

Le palais de l'Inquisiteur de Vittoriosa, dans Triq il-Palazz Ta' l-Isqof, servit de cour de justice de sa construction dans les années 1530 jusque dans les années 1574, date d'arrivée à Malte du Grand Inquisiteur. Il hébergea alors le tribunal et la prison de l'Inquisition en charge d'éradiquer l'hérésie. Outre un petit musée ethnographique, on visite l'ancienne prison, dont les cellules ont conservé les mots et les dessins gravés sur les murs par les détenus. La salle des tortures, particulièrement sinistre avec ses systèmes de cordes destinées à extorquer des aveux, exerce une fascination morbide. Le bâtiment fut renforcé en 1698 après qu'un prisonnier fut parvenu à creuser une sortie huit fois en un an.

ROLLING GEEKS

Découvrez les Trois Cités au volant des voiturettes électriques de **Rolling Geeks** (www.rolling-geeks.com). Le GPS suit un itinéraire programmé afin de vous éviter de vous perdre.

Tal-Petut
Restaurant intimiste où officie le très sympathique Donald. **€€**

Terrone
Délicieux produits de la mer au pied du fort Saint-Ange, à Vittoriosa. **€€**

The Blue House
Excellente cuisine de bistrot dans une maison de Vittoriosa avec terrasse sur le toit. **€€**

TIR AU CANON AU FORT RINELLA

À 1,5 km de Vittoriosa, l'imposante silhouette victorienne du fort Rinella - construit à la fin du XIXe siècle par les Britanniques - abrite aujourd'hui un intéressant musée militaire. On y assiste à des reconstitutions historiques, et les visiteurs peuvent même tirer au canon ou au fusil, moyennant un supplément. Une restauration attentive a permis de reconstituer salles de gardes, cuisines, salles d'eau et un entrepôt d'artillerie avec une trappe par laquelle de nouvelles munitions étaient livrées à l'arsenal. Le fort était l'une de deux batteries côtières conçues pour contrer la menace des nouveaux cuirassés italiens, la seconde étant installée sur Tigné Point, à Sliema. Elles étaient dotées des derniers canons Armstrong pesant 100 tonnes, les plus gros canons à chargement par bouche jamais construits, d'une portée de 6,4 km.

Fort Rinella

XVIIIe siècle son nouveau nom, "l'éminente", "la bien visible". Pendant le Grand Siège, les chevaliers détruisirent de nombreux édifices de Bormla pour empêcher les Turcs de s'en emparer, et la cité fut à nouveau partiellement détruite pendant la Seconde Guerre mondiale. Cependant, l'**église Notre-Dame de l'Immaculée-Conception** (XVIe siècle) survécut à ces épreuves, et reste un monument aussi somptueux qu'imposant.

Kalkara

DES EXPOSITIONS INTERACTIVES POUR APPRENDRE EN S'AMUSANT

Kalkara n'était jadis qu'un petit village de pêcheurs agglutiné autour de Kalkara Creek, séparée de La Valette par le Grand Port. Désormais considéré comme la quatrième des Trois Cités, l'endroit vaut amplement le détour. Les enfants adorent les expositions de l'**Esplora Interactive Science Center** sur la cosmologie, la tectonique des plaques, l'action des vagues et d'autres phénomènes naturels. Installé dans l'historique **Villa Bighi**, le musée permet aux bambins de s'instruire en s'amusant, et la vue depuis les jardins paysagers et les terrasses du toit est superbe, notamment sur La Valette et le fort Saint-Ange.

COMMENT CIRCULER

Depuis La Valette, vous pouvez prendre l'ascenseur de Barrakka du haut pour rejoindre le Valletta Waterfront, où ferrys et bateaux privés partent vers les Trois Cités.

Le bus n°3 relie La Valette à Kalkara (20 minutes, toutes les 30 minutes), marquant l'arrêt à Esplora et au fort Rinella, et dans les Trois Cités.

HYPOGÉE DE ĦAL SAFLIENI ET TEMPLES DE TARXIEN

Le faubourg de Paola recèle deux sites extraordinaires classés au patrimoine mondial de l'Unesco. Sous terre s'y cache l'hypogée de Ħal Saflieni, un ensemble de couloirs, chambres et passages creusés à même la pierre qui constitue la construction néolithique la mieux préservée du monde. Le site aurait servi de lieu de culte avant de se muer en nécropole, avec quelque 7000 tombes. Découvert en 1902, l'hypogée semble imiter par son agencement les constructions en surface, dont il ne reste que des vestiges à peine visibles. On ne peut qu'admirer l'ingéniosité et la technique de ceux qui bâtirent cette nécropole il y a plus de 5000 ans – on devine même quelques traces de peinture sur les parois. En surface, à quelques minutes de marche, se dressent les temples de Tarxien, dont les énormes blocs de pierre arborent encore des motifs en spirale et où furent découverts de nombreux artéfacts préhistoriques exposés au Musée national d'archéologie de La Valette.

Pour les infos pratiques, voir le Carnet d'adresses p. 68

À SAVOIR

Réservez plusieurs mois à l'avance pour être sûr de pouvoir visiter l'hypogée de Ħal Saflieni. Une poignée de billets est mise en vente la veille à des tarifs élevés ; prenez contact avec Heritage Malta ou renseignez-vous à la billetterie du fort Saint-Elme. Prévoyez de bonnes chaussures pour la visite.

Hypogée de Ħal Saflieni

UNE MERVEILLE PRÉHISTORIQUE SOUTERRAINE

De l'autre côté de la baie, on rejoint le faubourg de **Paola**, d'apparence quelconque. Pourtant, sous vos pieds se cache le site le plus incroyable de tout l'archipel. L'hypogée de Ħal Saflieni – du grec signifiant "sous terre" et de la phase de Saflieni (3300-3000 av. J.-C.) – est une nécropole souterraine découverte lors de travaux de construction en 1902. La visiter, c'est pénétrer dans un monde de mystère et de silence. Ses couloirs, chambres et passages, creusés à même la pierre, couvrent près de 500 m². Elle daterait de 3600 à 3000 av. J.-C., et quelque 7000 dépouilles y reposeraient. Ceux qui creusèrent ces chambres souterraines le firent sur le modèle d'un ouvrage de maçonnerie, et surent exploiter les faiblesses et les forces naturelles de la roche pour une structure viable.

Le dioxyde de carbone produit par les visiteurs ayant sérieusement endommagé la délicate pierre calcaire des chambres funéraires, l'hypogée a été fermé au public pendant dix ans avant de rouvrir dans les années 2000. Restauré grâce à un financement de l'Unesco, la composition de son atmosphère est strictement contrôlée, et le nombre de visiteurs est limité (dix par visite et huit visites par jour). Il est essentiel de réserver en ligne environ trois mois à l'avance. Quelques billets pour les visites de midi et de 16h sont proposés la veille au fort

MERVEILLES PRÉHISTORIQUES

Grotte et musée de Għar Dalam, p. 146
Fossiles à foison.

Ħaġar Qim et Mnajdra, p. 136
Temples perchés.

Musée archéologique de Gozo, p. 158
Amulettes phéniciennes.

Musée national d'archéologie, p. 47
Magnifiques statues.

Temples de Ġgantija, p. 165
Sites mégalithiques.

Temples de Tarxien, p. 66
Pétroglyphes préhistoriques.

HYPOGÉE DE ĦAL SAFLIENI ET TEMPLES DE TARXIEN

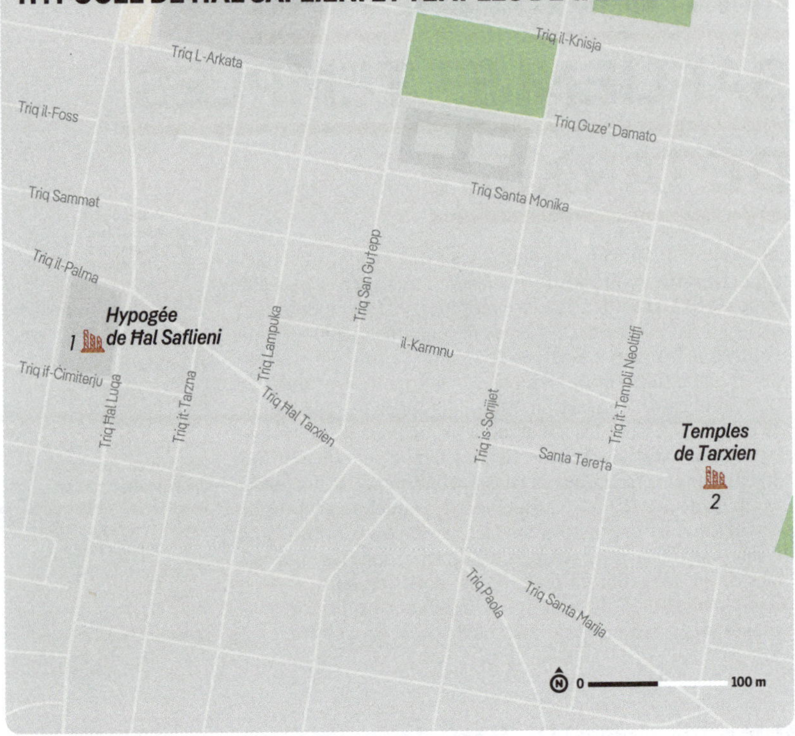

INCONTOURNABLES
1 Hypogée de Ħal Saflieni
2 Temples de Tarxien

Saint-Elme, à La Valette, ainsi qu'au musée d'Archéologie de Gozo. La présentation audiovisuelle de 20 minutes diffusée sur place ne nécessite pas de réservation, mais ne donne pas accès à la nécropole. Pour des raisons de santé et de sécurité, les enfants de moins de 6 ans ne sont pas admis à l'intérieur de l'hypogée.

Temples de Tarxien

ENSEMBLES MÉGALITHIQUES ET ART NÉOLITHIQUE EN BANLIEUE

À quelques pâtés de maisons à l'est de l'hypogée, les temples de Tarxien (prononcez *tar-chine*) se cachent en plein cœur du même faubourg modeste. Ces constructions mégalithiques,

OÙ SE RESTAURER AUTOUR DE L'HYPOGÉE

De Paule Band Club
Sur Antoine de Paule Sq, plats et boissons bon marché dans un superbe édifice. **€**

Hammett's Macina Restaurant
À Senglea, des plats maltais, des produits de la mer et une touche cosmopolite. **€€**

Maxims Pastizzeria
Idéal pour se régaler de *pastizzi* (pâtisseries), l'en-cas maltais par excellence. **€€**

PAUL BIRIS/GETTY IMAGES ©

Temples de Tarxien

découvertes par un fermier local en 1913, furent excavées de 1915 à 1919. Datant de 3600 à 2500 av. J.-C., elles sont particulièrement riches en art néolithique, arborant de magnifiques spirales et quelques reliefs d'animaux. Les temples servirent de cimetière à l'âge du bronze. Après avoir suivi l'introduction, explorez les quatre temples reliés entre eux, faits d'énormes blocs de pierre mesurant jusqu'à 3 × 1 × 1 m. La grande statue de femme aux larges hanches a été trouvée dans la niche de droite du premier temple, et une copie demeure *in situ*. En 2015, des travaux ont ajouté un centre des visiteurs et des protections permettant d'abriter les temples des éléments.

MA JOURNÉE IDÉALE À MALTE

Professeur Giuseppe Schembri Bonaci, directeur artistique de la Mdina Arte Biennale (mdinabiennale.com), nous raconte sa journée idéale à Malte.

"Une journée parfaite à Malte commence par un voyage vers le royaume du "Crystal Palace", qui débute par le rituel terrifiant des falaises de Dingli, sous la chapelle Sainte-Marie-Madeleine. Il vous faudra ensuite affronter la nuit sans étoiles des grottes secrètes de Buskett, et traverser indemne un labyrinthe sans fin d'épreuves rituelles au cœur de l'autel sacrificiel jonché d'ossements de l'hypogée de Ħal Saflieni. Si vous êtes encore en vie, vous pouvez alors retourner à l'aéroport."

COMMENT CIRCULER

De nombreux bus partent de La Valette pour Paola, dont les n[os]1, 2 et 3 (15 à 20 minutes ; fréquents). Il y a plusieurs arrêts autour de Pjazza Paola, la place principale.

De là, l'hypogée est à 5 minutes de marche, et les temples de Tarxien à 10 minutes.

Carnet d'adresses

LA VALETTE

Basilique des Carmélites

Voir p. 54 (Carmelite Basilica ; 2123 3808 ; 59 Archbishop Street ; 6h30-midi et 17h15-19h mar-dim, 17h-19h lun)

Batterie de salut

Voir p. 42 (Saluting Battery ; 2180 0992 ; www.salutingbattery.com ; tarif plein/réduit 3/1 €, audioguide inclus ; 10h-16h30 lun-sam, visites guidées 11h, 12h15 et 15h).

Bibliothèque nationale

Voir p. 54 (National Library ; 8h15-13h15 lun-sam mi-juin à sept, 8h15-17h lun-ven, 8h15-13h sam oct à mi-juin)

Casa Rocca Piccola

Voir p. 50 (2122 1499 ; www.casaroccapiccola.com ; 74 Triq ir-Repubblika ; tarif plein/réduit/-14 ans 9/5 €/gratuit ; visites guidées toutes les heures 10h-17h lun-sam, dernière entrée 16h)

Co-cathédrale Saint-Jean

Voir p. 10 (St John's Co-Cathedral ; 2122 0536 ; www.stjohnscocathedral.com ; Triq ir-Repubblika ; tarif plein/réduit/-12 ans 15/12 €/gratuit ; 9h30-16h30 lun-ven, 9h30-12h30 sam)

Église Saint-Paul-le-Naufragé

Voir p. 53 (Church of St Paul's Shipwreck ; Triq San Pawl, entrée par Triq Santa Luċija ; entrée libre, don apprécié ; 9h30-midi et 15h30-18h lun-sam, 10h45-11h45 et 16h-18h dim).

Malta Experience

Voir p. 55 (2124 3776 ; www.themaltaexperience.com ; Triq il-Mediterran ; adulte/enfant Sacra Infermeria incluse tarif plein/réduit/5-11 ans 16/11,50/6 € ; toutes les heures 11h-16h lun-ven, fermé temporairement dim)

Malta Postal Museum

Voir p. 54 (2596 1750 ; www.maltapostalmuseum.com ; 135 Triq l-Arċisqof ; adulte/enfant 7/3 € ; 10h-16h lun-ven, 10h-14h sam)

Musée national d'archéologie

Voir p. 47 (National Museum of Archaeology ; 2122 1623 ; heritagemalta.org ; Triq ir-Repubblika ; tarif plein/réduit/6-11 ans/-5 ans 5/3,50/2,50 €/gratuit ; 10h-18h)

Musée national de la Guerre

Voir p. 43 (National War Museum ; 2123 3088 ; www.heritagemalta.org ; fort Saint-Elme ; tarif plein/réduit/6-11 ans/-5 ans 10/7,50/5,50 €/gratuit ; 10h-18h)

MUŻA

Voir p. 53 (Musée national des beaux-arts ; 2122 5769 ; www.facebook.com/muzamalta ou www.heritagemalta.org ; auberge d'Italie, Merchants St ; tarif plein/réduit/6-11 ans/-5 ans 10/7,50/5,50 €/gratuit ; 10h-16h30).

Palais des Grands-Maîtres

Voir p. 46 (Grand Master's Palace ; www.heritagemalta.org ; Pjazza San Ġorġ ; 10h-16h30)

Quartier général de Lascaris

Voir p. 56 (Lascaris War Rooms ; 2123 4717 ; www.lascariswarrooms.com ; Lascaris Ditch ; tarif plein/réduit/-16 ans/famille 14/12/7/28 € ; 10h-16h30)

Sacra Infermeria

Voir p. 55 (7903 7669 ; relivingthesacrainfermeria.com ; tarif plein/réduit 6/4 € ; Old Hospital St Il-Belt ; 9h-17h)

Spazju Kreattiv

Voir p. 54 (2122 3200 ; kreattivita.org ; Cavalier Saint-Jacques, Pjazza Kastilja ; 9h-21h mar-ven, 10h-21h sam-dim)

Théâtre Manoel

Voir p. 54 (Teatru Manoel ; 2122 2618 ; www.teatrumanoel.com.mt ; 115 Triq it-Teatru l-Antik ; visite guidée 5 €)

Tunnels du quartier général de guerre

Voir p. 42 (War HQ Tunnels ; 2122 5277 ; www.wirtartna.org ; Triq il-Batterija, accès par la Batterie de salut ; adulte/enfant 17/7 € ; 10h30 et 13h lun-sam)

Valletta Contemporary

Voir p. 54 (www.vallettacontemporary.com ; 15-17 Triq il-Levant ; 14h-19h mer-sam)

Valletta Design Cluster

Voir p. 55 (2124 2018 ; www.vca.gov.mt/en/valletta-design-cluster ; 25 Bull St Il-Belt ; 8h-18h lun-sam)

Casa Asti

Voir p. 50 (2123 9506 ; casaastimalta.com ; 18 Triq Sant' Orsla)

Casa Rocca Piccola (p. 50)

Casa Ellul
Voir p. 50 (2122 4821 ; www.casaellul.com ; 81 Old Theatre St)

Casa Rocca Piccola
Voir p. 50 (2122 1499 ; www.casaroccapiccolabandb.com ; 53 Saint Dominic St)

Iniala
Voir p. 51 (2166 1111 ; inialamalta.com ; 11 St. Barbara Bastion)

Valletta Vintage
Voir p. 51 (9974 4336 ; www.vallettavintage.com ; 179 Republic St)

Vincent Hotel
Voir p. 51 (9931 5435 ; thevincenthotelmalta.com ; 84 Old Hospital St)

Is-Suq Tal-Belt
Voir p. 52 (2210 3500 ; issuqtalbelt.com ; Triq il-Merkanti ; 8h-22h)

N Japanese Bistrot
Voir p. 52 (2730 0781 ; www.facebook.com/NJapaneseBistrot ; 92 Strait St ; midi-14h30 et 18h-23h mar-dim)

Nenu the Artisan Baker
Voir p. 52 (2258 1535 ; www.nenuthebaker.com ; 143 Triq San Duminiku ; midi-14h30 et 18h-22h30 mar-sam, midi-16h dim)

Sunday in Scotland
Voir p. 53 (9999 6656 ; sundayinscotland.com ; 173 Triq Santa Lucia ; 8h-20h sam-jeu, 8h-21h ven)

Trabuxu
Voir p. 53 (2122 0357 ; www.trabuxu.com.mt ; Triq Nofs in-Nhar ; midi-15h lun-ven, 19h-23h lun-sam)

Trattoria da Pippo
Voir p. 53 (2124 8029 ; 123 Triq Melita ; 11h30-15h30)

Bridge Bar
Voir p. 54 (7947 4227 ; www.facebook.com/www.bridgebar.valletta ; 258 Triq Sant'Orsola ; 19h-tard lun-sam).)

Caffe Cordina
Voir p. 54 (7947 4227 ; caffecordina.com ; 244 Republic St ; 8h-18h lun-sam, 9h-15h dim)

Cafe Society
Voir p. 47 (2713 7491 ; www.facebook.com/cafesocietyuptown ; 13 Triq San Ġwann ; midi-1h lun-sam)

Ginscal Mezcal & Tacos Mexican Bar
Voir p. 47 (2713 7491 ; www.facebook.com/ginscalmalta ; 95 Triq San Ġwann ; 17h30-1h mer-dim)

La Valette
Voir p. 47 (www.instagram.com/la_valette_297 ; 297 Republic St ; 8h-23h)

Lot Sixty One
Voir p. 54 (7984 1561 ; www.lotsixtyonecoffeemalta.com ; 30 Triq it-Teatru l-Antik ; 7h30-18h lun-ven, 8h-18h sam-dim)

Maori
Voir p. 55 (7995 1289 ; www.facebook.com/HMSMaori/?locale=fr_FR)

The Pub
Voir p. 55 (7905 2522 ; www.facebook.com/thepubmalta ; 136 Triq l-Arċisqof ;

11h-minuit lun, midi-minuit mar-jeu et dim, midi-1h ven-sam)

Tico Tico
Voir p. 55 (7713 2622 ; 1 Strait St ; 18h-2h mar-ven, midi-2h dim)

Yard 32
Voir p. 47 (9993 6734 ; www.yard32.com ; 32 Strait St ; 18h-tard mer-dim)

Ċekċik
Voir p. 46 (7940 2108 ; www.cekcik.com.mt ; 15 Triq Melita ; 10h-17h lun-ven, 10h-14h sam)

Is-Suq Tal-Belt-Valletta Food Market
Voir p. 46 (2210 3500 ; issuqtalbelt.com ; 7h-22h dim-jeu, 7h-23h ven-sam)

Silversmith's Shop
Voir p. 46 (2123 1416 ; 219 Triq ir-Repubblika ; 10h-17h lun-ven, 10h-15h sam, 10h-13h dim)

ENVIRONS DE LA VALETTE

Jardin botanique Argotti
Voir p. 59 (2340 7875 ; Triq Vincenzo Bugeja, Il-Furjana ; 9h30-11h mar)

Malta Polo Club
Voir p. 59 (7953 7550 ; maltapoloclub.com)

Royal Malta Golf Club
Voir p. 59 (2540 1300 ; royalmaltagolfclub.com)

Bistro 516
Voir p. 58 (2124 1000 ; www.bistro516malta.com ; Valletta Waterfront, Floriana ; 10h-23h dim-jeu, 10h-minuit ven-sam)

Chukka's @Malta Polo Club
Voir p. 58 (2122 8476 ; chukkasmarsa.com ; 19h-22h lun-jeu, midi-14h30 et 19h-22h ven-sam, midi-15h30 dim)

Café à La Valette (p. 36)

Sa/mu/zu
Voir p. 58 (7972 6498 ; www.samizu.mt ; midi-23h30 mar-ven, 9h-minuit sam, 9h-16h30 dim)

LES TROIS CITÉS ET KALKARA

Église Notre-Dame-de-l'Immaculée-Conception
Voir p. 64 (2182 8413 ; Triq Il- Pellegrinaag, Cospicua)

Esplora Interactive Science Center
Voir p. 64 (2540 1900 ; www.esplora.org.mt ; Villa Bighi, Triq Marina ; adulte/3-15 ans 6/4 € ; 9h-15h mar-ven, 10h-18h sam-dim)

Fort Rinella
Voir p. 64 (2180 9713 ; www.fortrinella.com ; Triq Santu Rokku ; tarif plein/réduit/5-15 ans/famille 13/11/6/26 € ; 10h-16h30 lun-sam, visites guidées à l'heure pile)

Fort Saint-Ange
Voir p. 61 (Fort St Angelo ; 2540 1800 ; 10h-18h)

Musée de Malte en guerre
Voir p. 62 (Malta at War Museum ; 2189 6617 ; www.maltaatwarmuseum.com ; Couvre Porte ; tarif plein/réduit/5-15 ans/famille 14/12/7/28 € audioguide inclus ; 9h-16h30 lun-sam)

Musée maritime
Voir p. 62 (Maritime Museum ; 2166 0052 ; www.heritagemalta.org ; Vittoriosa Waterfront ; tarif plein/réduit/6-11 ans 5/3,50/2,50 € ; 9h-17h)

Oratoire Saint-Joseph
Voir p. 62 (Oratory of St Joseph ; Birgu ; 9h30-midi)

Palais de l'Inquisiteur
Voir p. 63 (Inquisitor's Palace ; 2182 7006 ; www.heritagemalta.org ; Triq il-Mina l-Kbira ; tarif plein/réduit/6-11 ans/-5 ans 6/4,50/3 €/gratuit ; 9h-17h mar-sam)

Cugó Gran Macina Grand Harbour
Voir p. 61 (2711 2711 ; cugogranmacina.com ; Triq il-31 ta' Marzu Senglea)

Indulgence Divine
Voir p. 61 (7981 5145 ; www.indulgencedivine.com ; 6 Alessandru VII, Birgu)

Julesys's B&B
Voir p. 61 (9995 3465 ; www.indulgencedivine.com ; 105 Triq San Gorg, Bormla)

Nelli's
Voir p. 61 (7958 8897 ; Triq Santa Tereza 36, Cospicua)

AcquaBlu
Voir p. 61 (2180 7170 ; 83/84 Dingli Cornelio St, Senglea ; midi-15h et 18h-23h mar-sam, 12h-15h dim)

Don Berto
Voir p. 61 (2180 8008 ; donberto.com ; Birgu Waterfront, il-Birgu ; midi-15h et 18h30-22h30 lun-mer, midi-15h et 18h30-23h jeu-ven, midi-23h sam-dim)

Enchanté
Voir p. 61 (9924 9069 ; enchante-restaurant.com ; Triq ix-Xatt Juan Azzopardo, Senglea ; midi-15h30 et 18h30-22h30 mer-dim)

Le Regatta Restaurant
Voir p. 62 (7712 4567 ; www.leregatta.com ; Triq Ir-Rampa Ta'L-Isla, Senglea ; 11h-19h lun, 11h-22h30 mer-dim)

Marea
Voir p. 62 (7766 7737 ; marea.mt ; Triq Marina Kalkara ; 19h-22h30 mar-sam, 12h-15h dim)

St Lawrence Bandclub
Voir p. 62 (2180 7526 ; bandasanlawrenz.com ; Misraħ ir-Rebħa, Birgu)

Tal-Petut
Voir p. 63 (7942 1169 ; www.talpetut.com ; 20 Triq Pacifiku Scicluna ; 18h30-22h lun-sam)

Vedette de Senglea (p. 63)

Terrone
Voir p. 63 (2704 2656 ; www.terrone.com.mt ; fort St Angelo Birgu Waterfront, Birgu ; 19h-22h lun et mer, 12h30-15h30 et 19h-22h jeu-dim)

The Blue House
Voir p. 63 (9963 1368 ; www.terrone.com.mt ; 5 Triq Pacifiku Scicluna, Birgu)

HYPOGÉE DE ĦAL SAFLIENI ET TEMPLES DE TARXIEN

Hypogée de Ħal Saflieni
Voir p. 65 (Ħal Saflieni Hypogeum ; 2180 5019 ; www.heritagemalta.org ; Triq iċ-Ċimiterju ; tarif plein/réduit/6-11 ans 35/20/15 € ; 9h-17h, circuits de 50 min toutes les heures, dernier circuit 15h)

Temples de Tarxien
Voir p. 66 (2169 5578 ; www.heritagemalta.org ; Triq it-Templi Neolitiċi ; tarif plein/réduit/6-11 ans 6/4,50/3 € ; 10h-16h30)

De Paule Band Club
Voir p. 66 (2169 3271 ; 20 Pjazza A De Paule, Raħal Ġdid ; 11h-23h lun-ven, 9h30-minuit sam, 8h-23h dim)

Hammett's Macina Restaurant
Voir p. 66 (2779 4171 ; www.hammettsmacina.com ; Triq Il-31 ta' Marzu Xatt Juan B. Azopardo L-Isla ; 7h30-10h30 et 17h-23h lun-ven, 7h30-11h et 12h-23h sam-dim)

Maxims Pastizzeria
Voir p. 66 (2169 3211 ; Tarxien ; 8h-21h lun, jeu et sam, 8h-22h mar, ven et dim)

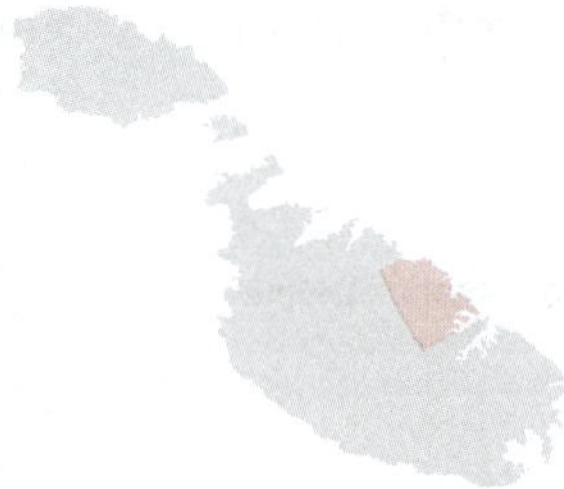

SLIEMA, SAINT JULIANS ET PACEVILLE

RESTAURANTS, COMMERCES ET DISCOTHÈQUES EN BORD DE MER

C'est ici que les Maltais viennent flâner, s'amuser, faire les boutiques, prendre un verre ou manger. Cosmopolites, mais non exemptes de petites rues calmes, ces trois zones urbaines sont reliées entre elles par une agréable promenade en bord de mer.

Même si elles se fondent les unes dans les autres avec un front de mer commun bordé d'un cordon d'hôtels, d'immeubles résidentiels, de cafés et de restaurants, ces localités, les plus animées de l'île, ont développé chacune une personnalité qui leur est propre.

Ancienne villégiature de la bourgeoisie de La Valette, Sliema regorge de boutiques prisées par les Maltais et les touristes. Elle tranche avec la frénésie de Saint Julians et Paceville par une atmosphère plus paisible et des ruelles qui conservent de très beaux édifices.

PIT STOCK/SHUTTERSTOCK ©

Ancien village de pêcheurs, Saint Julians est devenue une station balnéaire en vogue. Elle foisonne de grandes chaînes hôtelières et de complexes immobiliers très appréciés par une clientèle internationale huppée. Ses baies prisées ont toutefois su conserver de leur charme.

La localité jouxte Paceville, enclave festive qui concentre les bars et les clubs fréquentés par une clientèle jeune et cosmopolite.

QUARTIERS PRINCIPAUX

SLIEMA
Lieux de baignade, ruelles pleines de charme.
p. 78

SAINT JULIANS
Hôtels et restaurants en bordure de baies très courues.
p. 81

PACEVILLE
Point de rendez-vous incontournable des jeunes fêtards.
p. 84

NEJDET DUZEN/SHUTTERSTOCK ©

Page ci-contre : Jardins de l'Indépendance (p. 78) ; ci-dessus : Spinola Bay (p. 81)

Paceville, p. 84

Haut lieu de la vie nocturne, surtout pour les moins de 25 ans, avec quelques rues bruyantes et animées, bordées de bars.

Saint Julians, p. 81

Baies bordées de résidences, d'hôtels, de restaurants et de bars, très peuplées et vivantes, de plus en plus urbanisées.

BUS

Plusieurs lignes de bus relient Sliema, Saint Julians et Paceville avec le reste de l'île.

BATEAU

Valletta Ferry Services (www.vallettaferryservices.com) assure des traversées en ferry pour le port de Marsamxett de La Valette du matin au soir, avec des horaires plus étendus en été.

VOITURE

Étant donné la fréquentation, la voiture n'est pas une sinécure. Comme ailleurs à Malte et à Gozo, il existe des zones de stationnement gratuit à durée limitée et quelques parkings payants à la journée. Il est plus facile de se garer à Sliema qu'à Saint Julians.

S'orienter

Juste séparée de La Valette par l'étroit port de Marsamxett, Sliema se fond dans Saint Julians au nord-ouest, et Gżira et Ta'Xbiex au sud. Sa promenade de bord de mer, Triq it-Torri, devient Qui-si-Sana plus au sud.

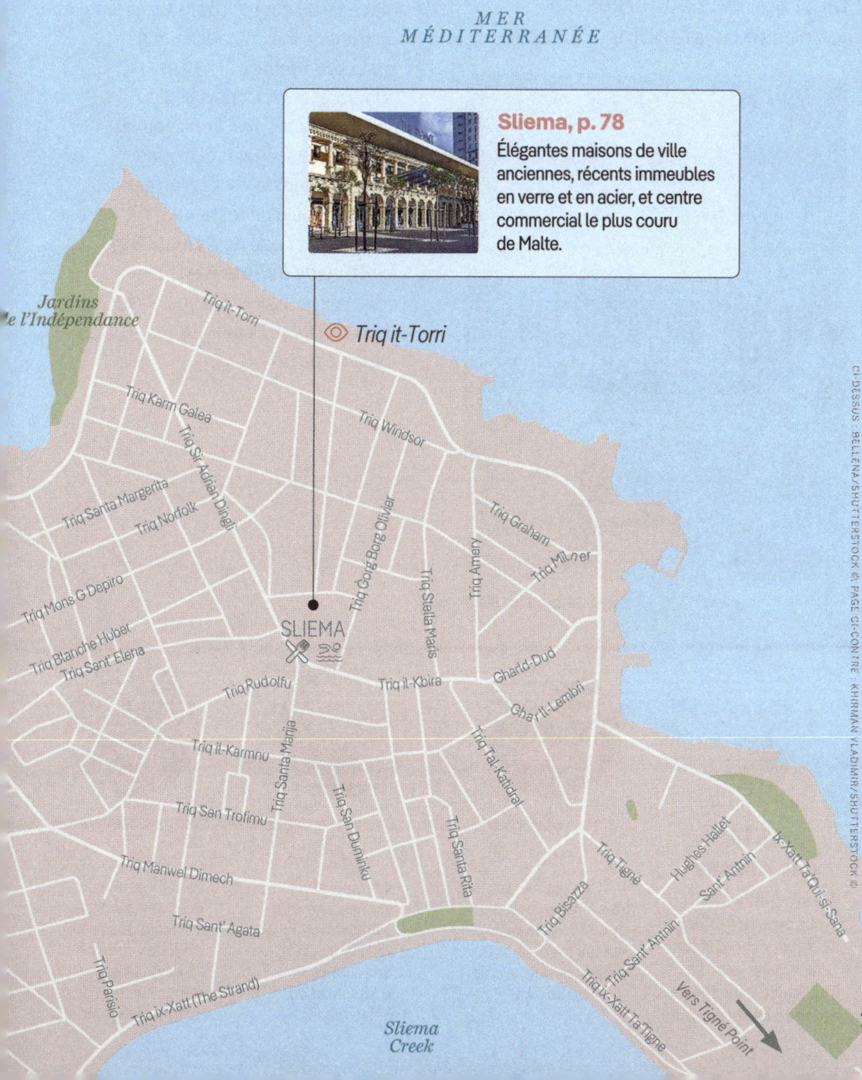

Planifier son séjour

Cette partie de l'île au rythme trépidant réunit un vaste choix de restaurants, la plus grande concentration de bars de Malte, des cafés et des commerces, ainsi que des auberges de jeunesse de standing à Sliema.

Saint Julians (p. 81)

Si vous avez peu de temps

● La **plage de Sliema** (p. 78) est idéale pour une première baignade, avec ses bassins naturels creusés dans la roche et ses marches menant dans l'eau. Après avoir dégusté une glace ou un cocktail dans un café du front de mer, baladez-vous sur la **promenade** (p. 78) en admirant la vue depuis le pied des tours fortifiées. Vous pouvez ensuite vous régaler d'un dîner accompagné de vin à la terrasse d'un café ou d'un restaurant dans une petite crique de **Spinola Bay** (p. 81) ou de **Balluta Bay**, puis vous laisser tenter par une sortie dans un club à **Paceville** (p. 84), capitale de la nuit.

Au fil des saisons

De novembre à mars, vous pouvez profiter de séjours abordables, mais sans jouir de l'ambiance estivale qui règne en haute saison.

AVRIL

L'île est moins fréquentée, et on peut bénéficier de rabais sur les excursions en bateau depuis le port de Sliema.

MAI

La température commence à monter, et les fleurs sauvages à apparaître dans la campagne autour de Sliema et de Saint Julians.

JUIN

Le soleil s'impose, avec des journées plus longues et plus chaudes, propice à la baignades ou au farniente sur les plages encore peu fréquentées.

Si vous avez quelques jours

- En plus d'explorer la région, vous pouvez embarquer pour une excursion en bateau depuis Sliema à la découverte soit de la côte maltaise et de ses plages, soit de la petite île de **Comino** (p. 172), pour une journée entière, entre promenade le long des sentiers et baignade dans les eaux fluorescentes du lagon Bleu. Prenez le temps de savourer un cocktail, puis un dîner gourmet tout en admirant les magnifiques yachts de la **marina de Portomaso** (p. 81). À juste 5 minutes en ferry de La Valette, ce lieu est aussi un excellent point de départ vers d'autres régions de l'île.

Si vous avez plus de temps

- Un séjour prolongé vous permettra de découvrir **Sliema** (p. 78) et **Saint Julians** (p. 81), et d'explorer plus à fond la capitale, **La Valette** (p. 36), son architecture baroque et ses forts impressionnants. Certains grands sites préhistoriques méritent le détour, mais gardez aussi un peu de temps pour profiter de la plage de **Golden Bay** (p. 94). Vous pouvez prévoir de consacrer une journée à **Mdina** (p. 114) et **Rabat** (p. 119), villages historiques perchés sur une colline, et plusieurs jours à **Gozo** (p. 150), accessible en ferry, sans oublier de faire une escapade sur la petite île de **Comino** (p. 172) et au lagon Bleu.

JUILLET

Avec l'été qui s'installe, l'ambiance devient festive, et des DJ renommés jouent dans les clubs de Paceville et les bars de plage de Saint Julians.

AOÛT

C'est le pic de la saison estivale avec, entre autres, le **festival de Feux d'artifice**, et une fréquentation maximale dans les bars et les restaurants.

SEPTEMBRE

Avec la baisse des prix, le soleil garanti et moins de touristes, l'automne est un bon moment pour visiter Malte.

OCTOBRE

La météo reste généralement clémente, bien qu'un peu plus aléatoire, et il y a des offres à saisir pour l'hébergement.

SLIEMA

Sliema tient son nom de *sliem* ("sérénité") : c'est ainsi que les marins maltais saluaient le port de Marsamxett après un long et périlleux périple en mer. De riches marchands et des aristocrates, trop à l'étroit à La Valette, s'y établir dès la fin du XIXe siècle. La ville continua de s'agrandir lors de la Seconde Guerre mondiale, avec l'arrivée des quatre coins d'Europe de populations fuyant les bombardements. Sa densité est aujourd'hui la plus élevée de Malte, et presque 50% de ses résidents sont les descendants de migrants qui y firent fortune. Elle demeure l'une des agglomérations les plus en vue de l'île, notamment pour ses lieux de baignade aisément accessibles parmi les rochers. Si Sliema semble se fondre en douceur dans Saint Julians, au nord-ouest, son atmosphère est néanmoins plus calme, moins intense. Pour les inconditionnels de shopping, The Point, situé au bout de la péninsule, est le centre commercial le plus vaste et le plus couru de l'île. Une cinquantaine d'enseignes, un supermarché et un parking se partagent ses 17000 m².

Pour les infos pratiques, voir le Carnet d'adresses p. 86

À SAVOIR

Vieille de près de 130 ans, la boulangerie **L-Ahwa Bakery** est gérée par Carmelo Micallef depuis 1968. Elle n'utilise que des fours à bois et propose de délicieuses tartes à la confiture. Comme il n'y a pas d'enseigne, vous la localiserez grâce au White Store, juste à côté.

LE TOP DES HÉBERGEMENTS À SLIEMA

Granny's Inn Hostel
Petit établissement familial dans une demeure citadine typiquement maltaise. €

Hostel 94
Dans une petite rue calme, superbe auberge de jeunesse avec chambres et dortoirs. €

Two Pillows Hostel
Charmante auberge de jeunesse en centre-ville, dans une maison maltaise de 300 ans. €

Triq it-Torri et Tigné Point

BALADE ET SHOPPING DANS UN QUARTIER HUPPÉ

Arpenter l'élégante Sliema, avec ses maisons de ville en pierre dorée et ses immeubles chics en front de mer, permet de découvrir le cœur de la vie maltaise. Jadis villégiature estivale de la bourgeoisie de La Valette, elle attire désormais de nouvelles fortunes, de jeunes nomades numériques, des joueurs professionnels et de nombreux touristes.

Longue de plusieurs kilomètres, la promenade de front de mer Triq it-Torri (qui devient Qui-si-Sana plus au sud) est propice à la marche et la course à pied. Elle passe près des **jardins de l'Indépendance**, havre de verdure avec des jeux pour enfants, et au pied de la **tour de Saint-Julians** (p. 83), qui appartient à un réseau de treize tours de guet côtières érigées sous le règne du grand maître de Redin au XVIIe siècle, pour contrer les invasions. À l'extrémité de la péninsule, au-delà de la grande galerie marchande The Point, s'élève le **fort Tigné**, édifié en 1793 sous l'égide des chevaliers de Saint-Jean. Pendant le Grand Siège de 1565, l'amiral turc Dragut (Turgut) Reis y aligna ses canons et pilonna le fort Saint-Elme depuis ce promontoire à l'est de Sliema, aussi connu désormais sous le nom de **Dragut Point**. L'exceptionnel panorama qu'offre le Tigné Point sur La Valette est particulièrement apprécié des touristes, qui viennent notamment l'admirer au coucher du soleil.

Fond Ghadir et Sliema Pitch

BAIGNADE ET DÉTENTE SUR LE FRONT DE MER

Le rivage de Sliema est bordé de rochers plats, avec des marches d'accès en certains points, qui en font un lieu de baignade idéal. En majeure partie publique, cette longue bande de

littoral comporte de nombreux endroits où poser sa serviette et prendre un bain de soleil relaxant avant ou après quelques brasses. Généralement, l'eau est assez profonde, à l'exception de Fond Ghadir – qui signifie paradoxalement "eau profonde". Des plages privées permettent de louer des transats ou du matériel pour la pratique de divers sports nautiques. Sur ce même front de mer, la roche est creusée d'une multitude d'*il-banijiet* (baignoires), souvent qualifiées de "bains romains". Elles dateraient du XIXe siècle, époque où apparut la mode des bains de mer. Des "rideaux" étaient alors installés autour de ces bassins carrés pour préserver des regards indiscrets les femmes de la haute société maltaise. Aujourd'hui, ces lieux abrités sont idéaux pour les familles, et beaucoup d'enfants de la région y apprennent à nager. Sliema Pitch est un autre endroit propice

INCONTOURNABLES
1 Tigné Point
2 Triq it-Torri

VOIR
3 Fond Ghadir
4 Fort Tigné
5 Jardins de l'Indépendance
6 Sliema Pitch

OÙ SE RESTAURER À SLIEMA

Hammett's Gastrobar
Bistrot populaire avec des plats à partager de cuisine panasiatique. **€€**

L-Ahwa Bakery
L'une des plus anciennes boulangeries de Malte, aussi discrète que savoureuse. **€**

Sunday in Scotland
Enseigne de la boulangerie de La Valette, avec d'exquises meringues au citron. **€**

OÙ FLÂNER À SLIEMA

Gérants du Granny's Inn Hostel (p. 78), **Aaron et Julia** donnent des cours de yoga. Aaron Falzon *@aaronfal* ; Julia Markovska Falzon *@julimarkovska*

"Sliema est une ville assez spéciale. Nous aimons marcher du Granny's Inn Hostel jusqu'à Exiles, en bord de mer. Chercher l'ombre dans le parc à chats, nous baigner, courir ou faire du yoga au coucher du soleil, en sentant la brise marine caresser notre peau. Nous nous arrêtons souvent au bar Paradise Exiles, avec sa musique d'ambiance sympa et sa clientèle décontractée. Dans le coin, il y a aussi Oakberry et ses smoothies rafraîchissants à l'açaï, à la menthe ou classique, juste à base de plantes, ou Kuya, à Saint Julians, pour manger asiatique."

PABLO L MENDOZA/SHUTTERSTOCK ©

Fond Ghadir (p. 78)

à la baignade, surtout par temps calme, soit en eau profonde, soit dans une piscine en plein air. Il y en a plusieurs le long de cette côte, juste en bord de mer, certaines remplies d'eau salée.

Environs de Sliema

Occupant une péninsule séparée de La Valette par l'étroit port de Marsamxett, Sliema jouxte, côté sud, les localités de Gżira et Ta'Xbiex, dont les élégantes marinas sont un lieu de rendez-vous de la jet-set internationale. Vous pourrez vous restaurer à bord du bateau *Port 21*, situé au Royal Malta Yacht Club, ou encore chez Ali Baba, qui servirait la meilleure cuisine libanaise de Malte. L'endroit est desservi par la ligne n°15 depuis la station de bus principale de La Valette.

L'**île Manoel** (Manoel Island) est désormais accessible par un pont. Au XVIIe siècle, du fait de son relatif isolement, elle servit de zone de quarantaine aux chevaliers de Saint-Jean victimes d'épidémie, confinés au **Lazzaretto di San Rocco**, au sud de l'île. Bâti au début du XVIIIe siècle, le **fort Manoel** fut sévèrement bombardé durant la Seconde Guerre mondiale, quand Lazzaretto Creek était une base pour sous-marins. Aujourd'hui partiellement restauré, il n'a plus de rôle militaire.

COMMENT CIRCULER

Il existe plusieurs lignes de bus entre Sliema, Saint Julians, Paceville et le reste de l'île. Citons la n°222 pour Ċirkewwa, avec les ferrys de/vers Gozo (1 heure, toutes les 30 minutes), la X2 depuis l'aéroport (1 heure, toutes les heures), et les n°s 13 et 14 (20 minutes, fréquent) de/vers La Valette.

Valletta Ferry Services assure des traversées en ferry (environ 5 minutes) pour le port de Marsamxett de La Valette.

SAINT JULIANS

Saint Julians, sur l'une des pointes de la péninsule au nord de Sliema, est une cité balnéaire à l'ambiance particulièrement animée. Outre une multitude de restaurants et de bars, elle compte de nombreuses écoles de langue (beaucoup d'étudiants étrangers viennent y apprendre l'anglais dans le cadre de séjours linguistiques) et la plus grande concentration d'hôtels cinq étoiles de Malte. Sa baie avec ses bateaux épars est pittoresque, mais son attrait est érodé par la multiplication des constructions qui semble sans fin. Non loin, la coquette marina de Portomaso, bordée de restaurants et d'appartements de standing, est un lieu prisé pour se détendre, prendre un verre et dîner, tout en admirant le coucher du soleil.

Pour les infos pratiques, voir le Carnet d'adresses p. 86

À SAVOIR

Les gastronomes branchés apprécient ce centre cosmopolite côtier pour la variété de son offre culinaire. Des kiosques en bord de mer y proposent notamment des menus simples et peu onéreux.

De St George's Bay à Spinola Bay

GRANDE EFFERVESCENCE, PETITES PLAGES

Saint Julians offre sans doute le choix de restaurants le plus varié de Malte, avec des menus du monde entier, allant de la cuisine panasiatique aux spécialités sud-américaines. L'ambiance est toujours très vivante dans cette ville jeune, où l'on vient pour voir et être vu. Il fait bon flâner le long de sa promenade populaire, bordée par une route côtière assez empruntée, avant de se mêler à la foule volubile pour un déjeuner au soleil ou un cocktail au bord de l'eau. Hormis une petite plage de sable au fond de St George's Bay, les rares zones de baignade sont accessibles depuis les rochers. Les hôtels cinq étoiles possèdent néanmoins des piscines extérieures, et proposent des clubs de plage et divers sports nautiques moyennant un droit d'entrée.

Un peu en retrait de Spinola Bay se trouve une petite place avec, au sud, le **Palazzo Spinola**, vestige du temps où les Maltais très aisés se retiraient à Saint Julians pour échapper à l'agitation de la capitale, de l'autre côté du port. À l'époque, cette région était encore rurale, et ce palais était l'une des rares habitations d'une telle ampleur. Construit pour le chevalier italien Rafael Spinola, il accueille désormais l'Assemblée parlementaire de la Méditerranée (APM). L'imposante **Villa Dragonara**, un ancien palais aristocratique, fut bâtie en 1870 comme résidence d'été du marquis Scicluna, un riche banquier. Devenue le Dragonara Casino en 1964, elle trône majestueusement sur le promontoire sud de St George's Bay.

COMPLEXE RÉSIDENTIEL ET MARINA DE PORTOMASO

Dominé par l'immense hôtel Hilton, le luxueux ensemble de la marina de Portomaso est bordé de restaurants et de bars. C'est un lieu prisé pour se détendre, prendre un verre et dîner, tout en admirant le soleil se coucher sur l'eau au-delà des bateaux. Au menu : cuisine italienne, thaïe et japonaise, sans oublier des cocktails (www.themarinarestaurants.com).

VOIR
1 Palazzo Spinola
2 St George's Bay
3 Tour de Saint-Georges
4 Tour de Saint-Julians
5 Villa Dragonara

Tours de Saint-Julians et de Saint-Georges

LE RÉSEAU DE TOURS DE GUET DU LITTORAL

Les chevaliers de Saint-Jean concentrèrent leurs défenses sur les Trois Cités et La Valette. Jusqu'au XIXe siècle, seules les deux anciennes capitales – Mdina, à Malte, et Victoria, à Gozo – étaient fortifiées ; elles restaient pourtant assez mal protégées. Les fermiers aux alentours de ces villes pouvaient venir s'y réfugier, mais les villageois plus éloignés devaient se défendre eux-mêmes.

Les tours de guet de Malte remontent au XVIIe siècle. Jean-Paul de Lascaris-Castellar, grand maître des hospitaliers de

OÙ SE LOGER À SAINT JULIANS

Hostel Malti
Auberge de jeunesse conviviale, avec vue sur la mer. €

Hotel Juliani
Boutique-hôtel dans une maison avec vue sur Spinola Bay. €€

Inhawi
Hôtel chic dans une ancienne école dominant Balluta Bay. €

ALLARD ONE/SHUTTERSTOCK ©

St Julian's Bay

l'ordre de Malte, en fit bâtir cinq entre 1637 et 1640, et le grand maître Martin de Redin, treize à la périphérie des îles en 1658-1659. Assez solides pour résister à un assaut ponctuel, mais pas à un long siège, ces édifices étaient positionnés de façon que Gozo et Malte puissent s'avertir mutuellement par des feux, des tirs ou des drapeaux si des envahisseurs turcs étaient en vue. Toujours debout, elles vont de simples petites tours de guet à de vraies forteresses miniatures.

L'idéal pour visiter les tours de cette bande côtière est d'emprunter la promenade du littoral à pied ou à vélo. Érigée en 1658 par Redin, la tour de Saint-Julians (Torri ta' San Ġiljan) abrite aujourd'hui le restaurant It-Torri, qui sert poissons, fruits de mer et steaks juteux, et dispose d'une terrasse avec une vue panoramique sur la baie. À environ 5 km de là par le sentier côtier, la tour de Saint-Georges (Torri ta' San Ġorġ), plus petite et de vingt ans plus ancienne, servit aux Britanniques de poste de contrôle d'incendie, puis pour les communications durant la Seconde Guerre mondiale. Elle abrite aujourd'hui un petit musée géré par des bénévoles et offre toujours une vue sur la mer, malgré les bâtiments alentour. À environ 3 km au nord, la **tour de Madliena** (Torri tal-Madliena), en service depuis sa construction en 1658 jusqu'à la Seconde Guerre mondiale, permet de prendre un peu de hauteur pour admirer le paysage côtier.

LES MEILLEURS RESTAURANTS À SAINT JULIANS

Balluta Kiosk
Kiosque en bord de mer près de l'immeuble Balluta. €

Crust Bistro & Bar
Toit-terrasse dominant Spinola Bay, où déguster de délicieux sandwichs et gâteaux. €

Gululu
Classiques de la cuisine familiale maltaise servis au balcon, face à Spinola Bay. €€

Hammett's Mestizo
Très bonne cuisine d'Amérique centrale et du Sud, et excellents cocktails dans ce restaurant de l'hôtel Number 11. €€€

It-Torri
Poissons, fruits de mer et steaks juteux dans la tour de Saint Julians. €€

Shoreditch
Petits-déjeuners, burgers et pancakes extra, ainsi que de très bons desserts. €€

Susurrus
Au bord de l'eau, menus mêlant cuisines méditerranéenne et sud-américaine. €€

COMMENT CIRCULER

Saint Julians peut se visiter à pied.

Se garer est un peu plus difficile qu'à Sliema, où les rues du centre-ville prévoient des zones de stationnement temporaire.

Des bus réguliers circulent le long de la côte, et les lignes n^os^13, 21, 202, 212, 222 et 225, notamment, desservent le centre commercial The Point.

PACEVILLE

Quelques rues à l'ouest de Saint Julians, Paceville regorge de pubs, discothèques et “clubs pour gentlemen”, où des jeunes se retrouvent pour se divertir jusqu'à l'aube. Drainant une population très fêtarde, elle plaît aux adeptes d'ambiance estudiantine débridée. Elle n'est toutefois plus la seule option maltaise pour les noctambules. Si vous préférez des lieux de fête moins intenses, l'idéal est de vous rendre à La Valette, dont la vie nocturne est de plus en plus riche. Les férus d'architecture contemporaine, décalée et parfois décriée, auront le souffle coupé en découvrant l'immense ensemble Mercury Towers au centre de Paceville. Conçu par la célèbre architecte Zaha Hadid, il apporte un certain raffinement à la ville, avec une place bordée de cafés et restaurants.

Pour les infos pratiques, voir le Carnet d'adresses p. 86

À SAVOIR

Paceville n'est pas l'endroit le plus recommandable. Sa vie nocturne engendre beaucoup de bruit et occasionne parfois des rixes violentes, avivées par l'alcool. Nous vous conseillons donc plutôt de loger ailleurs.

VOIR
1 Mercury Towers

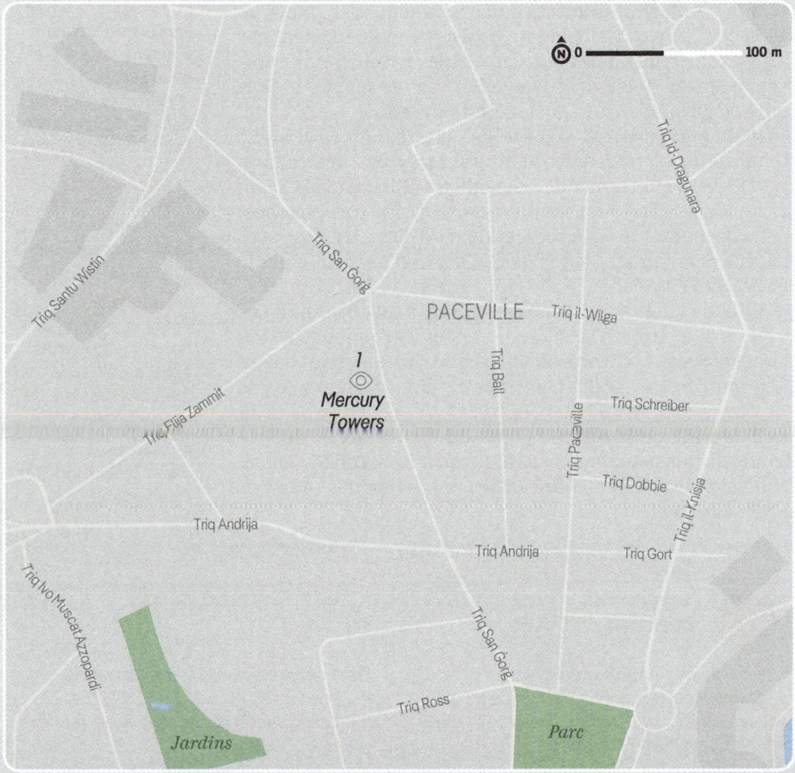

Vie nocturne à Paceville

DES NUITS ENDIABLÉES

Paceville se résume à quelques rues bordées de bars et de clubs, à l'ambiance particulièrement bruyante. C'est un lieu incontournable pour les amateurs de cocktails, slammers, shots et nuits de folie. Outre les bars tapageurs, les "clubs pour gentlemen" – terme impropre s'il en est – transforment la ville en un lieu de débauche que certains apprécieront… et d'autres pas. Vous l'aurez compris, la tranche d'âge est assez jeune et en quête d'émotions fortes. Au-delà de 25 ans, vous vous y sentirez déjà vieux…

LES MEILLEURS BARS À PACEVILLE

Native Bar
Bar tendance latino dans la rue "festive" de Paceville, toujours très animé et ouvert jusqu'à 4h.

The Nordic Bar
Bar populaire de style scandinave au cœur du quartier de la nuit de Paceville.

The Thirsty Barber
Bar à cocktails avec des concerts fréquents.

Mercury House

LA RECONSTRUCTION DU CŒUR DE PACEVILLE

Ceux qui connaissaient déjà la Mercury House seront subjugués ou ahuris par son incroyable transformation. La façade de cette grande maison, bâtie en 1903 sur un site de 1 km^2, a retrouvé sa taille originelle, et les intérieurs historiques ont été rénovés. Elle a toujours la particularité d'être dotée de deux voûtes souterraines datant de la guerre froide. Mais là n'est pas le clou du spectacle. Elle est dorénavant accolée à un immense gratte-ciel de 31 étages en torsion de 12 degrés. Les neuf premiers étages sont constitués d'appartements résidentiels situés juste au-dessus de la structure historique de la Mercury House. Les 19 étages suivants accueillent un hôtel orienté vers la Méditerranée afin de faire profiter aux clients d'une vue imprenable sur l'horizon azuré. Entre les deux volumes empilés, trois étages de transition sont composés d'espaces tels que le hall de réception de l'hôtel et une piscine extérieure. Quant au rez-de-chaussée, vous y trouverez des restaurants et des bars. Une seconde tour accueille, quant à elle, un boutique-hôtel. Nommé **Mercury Towers** (www.mercury.com.mt), l'ensemble architectural sorti de terre en 2023 fut le dernier projet de l'architecte irako-britannique Zaha Hadid, décédée en 2016.

C'est en passant notamment par l'intérieur de la Mercury House que vous aurez accès à ce fascinant complexe, avec une nouvelle place publique dotée de fontaines et d'un pavillon abritant un café. À chacun de juger lors de sa visite !

JOHN BEASLEY/ALAMY STOCK PHOTO ©

Rue de Paceville

COMMENT CIRCULER

Paceville n'est accessible qu'à pied.

Parmi les liaisons de bus directes de/à Saint Julians et Paceville, il y a la 202 pour Ta'Qali Crafts Village, Rabat et Mdina (20 minutes, toutes les heures), la 212 le long de la côte pour Buġibba et St Paul's Bay (34 minutes, toutes les heures), la 222 pour Ċirkewwa (ferry pour Gozo) via Buġibba (1 heure, toutes les heures) et la X2 pour l'aéroport (50 minutes, toutes les heures). De La Valette partent les bus n[os]14, 15 et 16 (25 minutes, fréquent). Parmi les bus de nuit (minuit-3h ou 4h ven-sam), le N11 va à Buġibba, Mellieħa et Ċirkewwa, le N13 à La Valette, et le N10 fait la liaison avec l'aéroport.

Carnet d'adresses

SLIEMA

Granny's Inn Hostel
Voir p. 78 (2 7732 3762 ; www.grannysinn.com ; 152 Blanche Huber Street, Sliema)

Hostel 94
Voir p. 78 (2 9949 7519 ; www.hotelsmaltese.com/hostel-94 ; 94 N Isouard Street, Sliema)

Two Pillows Hostel
Voir p. 78 (2131 7070 ; www.twopillowsmalta.com ; 49-50 Triq San Piju V, Sliema)

Ali Baba
Voir p. 80 (2134 0119 ; www.hanyharb.com ; 9 Triq Ponsonby, Gżira ; 18h-minuit lun-mar, midi-15h et 18h-minuit mer-sam)

Hammett's Gastro Bar
Voir p. 79 (2134 1116 ; www.hammettsgastrobar.com ; 33-34 Tigné Seafront, Sliema ; 17h-23h lun-jeu, midi-23h ven, 11h-23h sam-dim)

L-Ahwa Bakery
Voir p. 78 (120 Triq San Trofimu, Sliema ; 7h-19h lun-sam, 9h-12h dim)

Port 21
Voir p. 80 (2123 6886 ; www.facebook.com/Port21Malta ; ix-Xatt Ta' Xbiex, Ta' Xbiex ; 9h30-22h30)

Sunday in Scotland
Voir p. 79 (9907 5607 ; sundayinscotland.com ; 10 Triq Ix-Xatt, Sliema ; 6h30-21h)

Oakberry
Voir p. 80 (2733 8238 ; www.instagram.com/oakberrymt ; 126 Triq it-Torri, Sliema ; 9h-21h30)

Paradise Exiles
Voir p. 80 (www.facebook.com/paradisexiles ; Triq it-Torri, Sliema ; 9h-1h)

The Point Shopping Mall
Voir p. 78 (2247 0300 ; thepointmalta.com ; Tigné Mall plc, Tigné Point, Sliema ; 10h-19h30 lun-sam, 11h-18h dim)

Sliema (p. 78)

FREDP/STOCK.ADOBE.COM ©

SAINT JULIANS

Hostel Malti
Voir p. 82 (2730 2758 ; hostelmalti.org ; 100 D'Kara Hill, Ta' Giorni, Saint Julians)

Hotel Juliani
Voir p. 82 (2138 8000 ; www.hoteljuliani.com ; 25 Triq San Gorg, Saint Julians)

Inhawi
Voir p. 82 (2138 2554 ; www.inhawi.com ; Triq Telghet, Saint Julians)

Balluta Kiosk
Voir p. 83 (Triq Borg Georg Olivier, Saint Julians ; 9h30-23h)

KARINA MOVSESYAN/STOCK.ADOBE.COM ©

Saint Julians et marina de Portomaso (p. 81)

Crust Bistro & Bar
Voir p. 83 (☎ 9938 0976 ; www.facebook.com/CrustBakeryBarBistro ; Triq il-Mensija, Saint Julians ; 9h30-16h et 17h30-23h30 lun, 9h30-15h et 17h30-23h30 mar-jeu, 9h-15h et 17h30-23h30 ven, 9h-23h45 sam, 9h-23h dim)

Gululu
Voir p. 83 (☎ 2133 3431 ; www.gululu.com.mt ; 133 Ix-Xatt ta'Spinola ; midi-16h et 18h-22h30)

Hammett's Mestizo
Voir p. 83 (☎ 2779 5099 ; www.hammettsmestizo.com ; 11 Triq Schreiber, Saint Julians ; 17h-23h lun-sam, 11h-minuit dim)

It-Torri
Voir p. 83 (☎ 7970 9468 ; ittorri.com ; Triq It-Torri ; 10h-minuit lun-ven, 9h-0h30 sam et dim)

Kuya
Voir p. 80 (☎ 2713 6517 ; www.kuyamalta.com ; 20 Triq San Gorg, Saint Julians ; 10h-15h et 18h-22h)

Shoreditch
Voir p. 83 (☎ 2138 6748 ; www.facebook.com/shoreditchmalta ; 43 Triq il-Wilga, Saint Julians ; 10h-15h et 18h-23h lun et mer-jeu, 10h-22h ven-sam, 10h-23h dim)

Susurrus
Voir p. 83 (☎ 7728 3342 ; susurrus.mt ; Triq San Gorg, Saint Julians ; 18h30-23h lun-sam, midi-16h et 18h30-23h dim)

PACEVILLE

Native Bar
Voir p. 85 (☎ 7745 3905 ; nativemalta.com ; Triq Santa Rita, Saint Julians ; midi-4h)

The Nordic Bar
Voir p. 85 (☎ 2762 1131 ; www.facebook.com/thenordicbarmalta ; Triq Santa Rita, Saint Julians ; 14h-4h lun-jeu, 14h-4h ven-dim)

The Thirsty Barber
Voir p. 85 (☎ 9965 3012 ; www.thethirstybarber.com ; Triq Ball, Saint Julians ; 18h-2h mar-dim)

Village de Popeye (p. 99)

LA CÔTE NORD

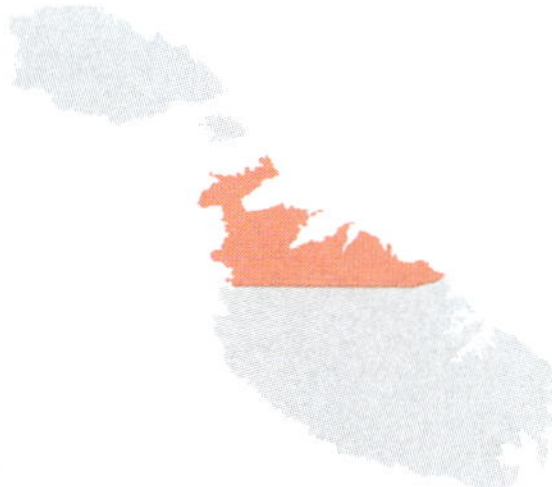

CÔTE SAUVAGE, PLAGES DE SABLE ET BONS RESTAURANTS

Certaines destinations de la côte nord-est sont prisées pour leurs forfaits bon marché, tandis que le pan nord-ouest de Malte demeure sauvage et d'une beauté relativement intacte.

Frangée de petites baies protégées et de criques rocheuses, la côte nord de Malte compte également nombre des plus belles plages de sable de l'île, de Mellieħa Bay, longue bande de sable blanc très facile à rejoindre, avec transats, kiosques et activités, à Għajn Tuffieħa Bay, plus isolée et moins fréquentée, notamment du fait de son accès par un escalier très raide. Ses lieux de villégiature font de la côte septentrionale la première destination de vacances de l'île, et un point de chute idéal pour un séjour actif et ensoleillé, entre sports nautiques, observation des oiseaux et balades, à cheval ou à pied, le long d'un fabuleux littoral. Buġibba, Qawra et St Paul's Bay forment la principale zone balnéaire de Malte. Mentionnons aussi le fantastique aquarium national, sur la très jolie promenade de Qawra. Malgré ses constructions, St Paul's Bay (photo centrale), au nord, reste calme et l'on y trouve quelques excellents restaurants.

NEJDET DUZEN/SHUTTERSTOCK ©

Quitter les sentiers battus ouvre aussi sur de belles surprises, comme la sauvage Selmun Bay, propice à l'aventure, mais dont on fait peu battage, ou la vue splendide depuis les falaises de Ras il-Qammieħ, à la pointe occidentale de Malte. Doté des plus grandes stations balnéaires de l'île, le Nord maltais est également au cœur de sa vie rurale. Ses paysages accidentés sont ponctués de fermes, de tours fortifiées, de petites exploitations agricoles, de vergers et de vignobles.

SITES PRINCIPAUX

CÔTE NORD-OUEST
Meilleures plages de Malte.
p. 94

MELLIEĦA
Station balnéaire en haut d'une colline, près d'une plage de sable.
p. 97

CÔTE NORD-EST
Les stations de Buġibba, St Paul's Bay, Qawra ont les faveurs des voyagistes. **p. 101**

PÉNINSULE DE MARFA
Côte retirée et sauvage, et panoramas.
p. 104

0
2 km
Aħrax Point
Chenal sud de Comino
White Tower Bay
Marfa Point
Ċirkewwa
Ramla Bay
Ramla Tal'Qortin
Marfa
Paradise Bay
Péninsule de Marfa, p. 104
Sentiers et sites secrets, à l'exemple du lagon de Corail, et immenses panoramas côtiers depuis le cap sauvage de Ras il-Qammieħ.
Tour Rouge (tour Sainte-Agathe)
Péninsule de Marfa
Mellieħa Bay
Ras il-Qammieħ
Mellieħa Bay
Mellieħa, p. 97
Village de Popeye avec décors d'époque, paddle et abris antiaériens.
Mellieħa
Sanctuaire Notre-Dame de Mellieħa
Anchor Bay
Xemxija
Parc tal-Majjistral
Golden Bay
Għajn Tuffieħa
Manikata
Għajn Tuffieħa Bay
Côte nord-ouest, p. 94
Meilleures plages de sable de l'île, dont Għajn Tuffieħa Bay et Golden Bay, idéales pour la détente.
Ġnejna Bay
Mġarr
Żebbiegħ

S'orienter

La voiture est le moyen de déplacement le plus commode, mais toutes les localités et plages d'importance sont desservies par des bus climatisés.

BUS

Le Nord est bien desservi par le réseau de bus, surtout les principales stations balnéaires autour de Mellieħa et St Paul's Bay. Il y a aussi deux services de bus à arrêts multiples pour les destinations phares, comme Golden Bay et Mġarr.

BATEAU

Ċirkewwa est le port pour les car-ferries Gozo Channel (www.gozochannel.com) à destination de Gozo (traversée : 25 minutes, 24h/24, 7j/7). Les ferries United Comino (www.cominoferries.com) et Ebsons Comino (www.cominoferryservice.com) pour Comino partent également d'ici.

VOITURE

Le trajet en voiture entre Ċirkewwa (car-ferry pour Gozo) et La Valette prend environ 45 minutes. Comme ailleurs à Malte, le parking est gratuit, mais à durée limitée.

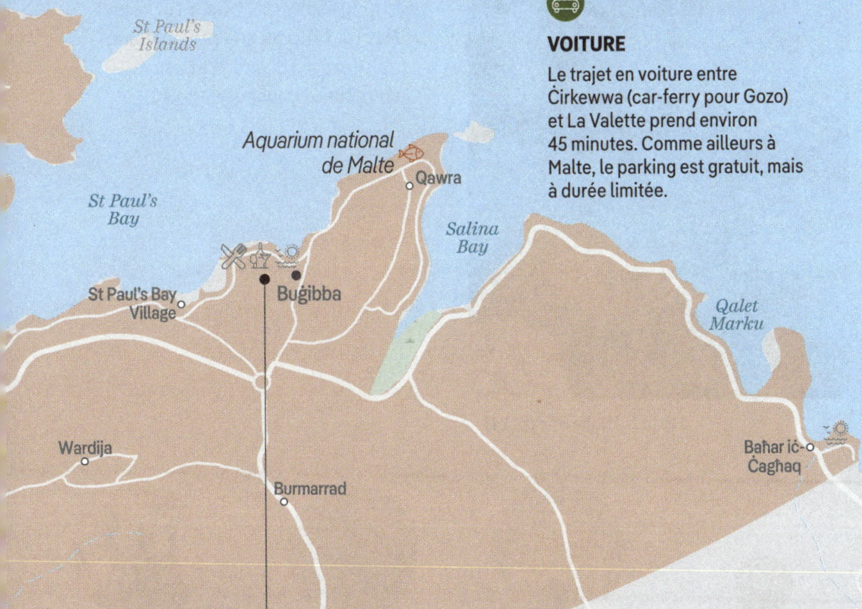

Côte nord-est, p. 101

Excursions en bateau, bières, gastronomie et superbe aquarium national, à Buġibba, St Paul's Bay et Qawra.

Planifier son séjour

Sports nautiques, vues et plages sauvages, restaurants créatifs, écocircuits, etc. : cette région de Malte, très variée, offre largement de quoi faire.

Għajn Tuffieħa Bay (p. 94)

Si vous avez peu de temps

- Vous pourrez partir sur la mer de cobalt en hors-bord depuis la longue et belle plage de **Golden Bay** (p. 94), vous arrêter à des grottes côtières et plonger dans les eaux d'un bleu magique, avant de rejoindre Comino pour une baignade au lagon Bleu et une marche sur les sentiers de cette île, aussi petite que ravissante. De retour à Golden Bay, ne manquez pas de gagner à pied la plage suivante, **Għajn Tuffieħa Bay** (p. 94), pour son promontoire, où se dresse une tour, et son somptueux coucher du soleil.

Au fil des saisons

En juin ou septembre, vous éviterez le pic de fréquentation estival, tout en bénéficiant d'une météo clémente pour la baignade.

AVRIL

Hormis durant la **Semaine sainte** d'avant Pâques, riche en festivités, la moyenne saison est moins chère.

MAI

Malgré les soirées encore un peu fraîches en mai-juin, l'océan reste assez chaud pour la baignade.

JUIN

St Paul's Bay accueille le long **festival Lost and Found**, animé par la DJ Annie Mac.

Si vous avez quelques jours

● Après quelque temps sur les plages de la côte nord-ouest, la **péninsule de Marfa** (p. 104) mérite le détour pour son côté sauvage et isolé, sa tour Rouge et son chemin de crête, fort d'une vue magnifique, en particulier au coucher du soleil. Si vous aimez la plongée et le snorkeling, le paysage sous-marin de cette partie retirée et accidentée de Malte est à couper le souffle. Vous pourrez aussi **monter à cheval** (p. 94) près de Golden Bay et vous régaler ensuite de produits de saison dans un restaurant rustique de **Mellieħa** (p. 97) ou l'un de ceux de **St Paul's Bay** (p. 102) avec vue sur mer.

Si vous avez plus de temps

● Après vous être promené sur la **péninsule de Marfa** (p. 104) pour admirer la vue incroyable sur le canal de Gozo, vous aurez l'occasion d'explorer les plages, aussi superbes que méconnues, de la région, ainsi que divers sites du nord-est, tel l'**Aquarium national de Malte** (p. 101). Vous pourrez également découvrir de l'intérieur la vie locale, notamment dans des fermes et de petites exploitations grâce aux circuits de Merill Eco Tours. Si vous êtes en famille, le charmant **village de Popeye** (p. 99) est incontournable : cet ancien lieu de tournage est devenu un parc à thème, avec des excursions en bateau et la possibilité de jouer dans un film.

JUILLET

Avec la chaleur et le ciel bleu de l'été, l'heure est à la fête dans les bars et les clubs de plage.

AOÛT

C'est la haute saison, avec une fréquentation maximale des plages et stations balnéaires du Nord, en particulier Golden Bay et Mellieħa.

SEPTEMBRE

Le temps est d'ordinaire très chaud, et la température de l'eau, agréable.

OCTOBRE

Les rabais sur les hébergements se multiplient et s'accentuent encore en hiver, hormis à Noël.

CÔTE NORD-OUEST

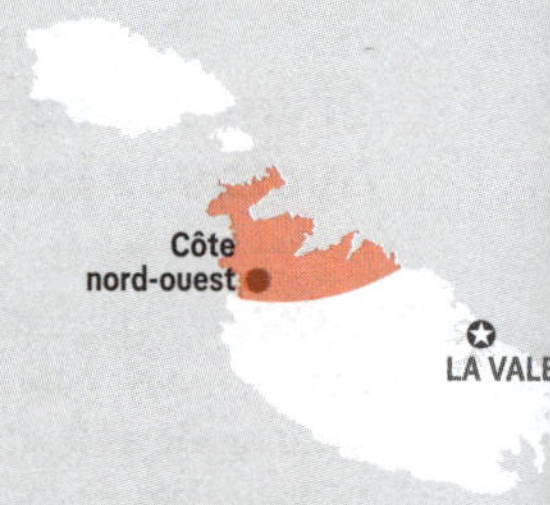

Même si les plages de sable sont bien plus rares que les criques rocheuses à Malte, l'île en compte plusieurs magnifiques, et certaines des plus belles se trouvent sur la côte nord-ouest. Golden Bay, la plus populaire, est envahie d'adeptes du farniente, mais séduit aussi pour les sports nautiques et les excursions en bateau ; l'immense Radisson Blu Resort, qui la domine, en est le seul aménagement notable. La baie suivante, Għajn Tuffieħa Bay, est souvent moins fréquentée, car on y accède par presque 200 marches. Bordée de rochers avec des hangars à bateaux, la plage de Ġnejna Bay a un peu moins de charme et a davantage la faveur des Maltais que des touristes. Tout près, le parc national tal-Majjistral est un excellent lieu de randonnée, avec la côte à perte de vue.

Pour les infos pratiques, voir le Carnet d'adresses p. 106

À SAVOIR

Għajn Tuffieħa Bay ne sera jamais aussi fréquentée que Golden Bay, car son parking est plus éloigné. Il est possible de rallier les deux plages à pied en passant par le cap.

PARC TAL-MAJJISTRAL

À la suite de l'opposition de groupes environnementaux, c'est le parc tal-Majjistral, et non un golf, qui s'étend entre Golden Bay et Anchor Bay. D'octobre à avril, on peut y randonner avec un guide, pour pas cher. Des sorties de snorkeling sont proposées à partir de 9 ans (2 heures 30, juil-sept, env. 10 €). Enfin, des circuits ornithologiques permettent d'observer les oiseaux hivernants, comme le rougequeue noir.

Le bus n°44 de La Valette (55 minutes, toutes les 30 minutes) dessert l'arrêt Tuffieħa, à l'extrême sud du parc.

Golden Bay et Għajn Tuffieħa Bay

MER SCINTILLANTE ET SABLE FIN

Petite anse de sable chatoyant idéale pour se relaxer, Golden Bay est la plage incontournable pour les Maltais en quête de bains de soleil. Il n'y a qu'une grosse construction, un peu en surplomb : le Radisson Blu Resort, établissement cinq étoiles avec piscines, restaurants et panoramas. Vous pourrez y déjeuner même si vous n'y logez pas, ou préférer le café ou le kiosque sur la plage. Celle-ci est entièrement publique, hormis un petit club qui loue des transats et des parasols. Facile d'accès et proche d'un parking, Golden Bay est très fréquentée en été, mais mérite sa popularité, car elle allie excursions en bateau, sports nautiques et farniente.

Si vous décidez de vous baigner, gardez un œil sur le drapeau rouge en cas de courants, car ils peuvent être forts par mauvais temps. Une jolie balade mène à la baie suivante, Għajn Tuffieħa Bay ("la baie de la source des pommes"), dominée par sa **tour**, bâtie sur l'ordre du grand maître Jean-Paul de Lascaris-Castellar au XVIIe siècle pour renforcer les défenses de la côte. Les plages se trouvent dans le **parc tal-Majjistral**, plus vieux parc national naturel et historique de Malte. La huppe et la bondrée apivore font partie des oiseaux qui occupent le fabuleux cap au nord de Golden Bay. Suivre la côte à cheval est une expérience formidable, tout comme le surf, par vent d'est, à Għajn Tuffieħa Bay.

Excursions autour de Mġarr

PLAGE ET PRÉHISTOIRE

Deux kilomètres, à peine, au sud-est de Għajn Tuffieħa, le dôme de la célèbre **Egg Church** domine le village de Mġarr (*m-jarr*).

Cette église de l'Assomption, érigée dans les années 1930, fut baptisée ainsi car sa construction fut financée par les dons des paroissiens, tirés pour l'essentiel de la vente d'œufs (plus de 300 000 selon certaines estimations).

Lui aussi dans le village, l'**abri de Mġarr** servit aux habitants à échapper aux bombardements de la Seconde Guerre mondiale. Certaines pièces en servaient de salles de classe, d'autres d'hôpital. Il faut s'imaginer les longues heures d'angoisse et d'inconfort passées dans cette humidité, à 12 m sous terre ! On y entre par le restaurant Il-Barri, qui sert de généreuses portions de plats maltais.

Tout en bas d'une petite rue du village, près de Triq Fisher, se cache le **site mégalithique Ta'Ħaġrat**. Ce sanctuaire datant de 3600-3300 av. J.-C. se résume à quelques amas de

INCONTOURNABLES
1 Għajn Tuffieħa Bay
2 Golden Bay

VOIR
3 Abri de Mġarr
4 Egg Church
5 Ġnejna Bay
6 Site mégalithique Ta'Ħaġrat
7 Temples de Skorba
8 Tour Għajn Tuffieħa
9 Tour Lippija

QUE FAIRE SUR LA CÔTE NORD-OUEST

Aquamarine Water Sports
Tout type d'activités nautiques à Golden Bay : Jet-Ski, sorties en bateau, paddle...

Charlie's Discovery Speedboat Trips
Sorties en bateau avec le sympathique Charlie.

Golden Bay Horse Riding
Sorties à cheval pour tous niveaux dans des champs surplombant les plages.

GĦAJN TUFFIEĦA BAY

Nichée au bas de 186 marches, Għajn Tuffieħa Bay (*ail-n tou-fi-ha*, "la baie de la source des pommes", p. 94) est une bande de sable cuivré de 250 m d'autant plus ravissante qu'il n'y a pas de construction autour : juste des pentes rocheuses couvertes de salicorne, d'acacias et de tamaris, dominées par une tour de guet du XVIIe siècle dans un parc naturel protégé. Quelques installations permettent de louer transats et pédalos, de se restaurer et boire un verre. Souvent, aux heures d'affluence, un maître-nageur est présent. Un drapeau rouge signifie que la baignade est rendue dangereuse par les courants. Un cap sépare Għajn Tuffieħa de Golden Bay, reliées par un sentier panoramique de quelque 500 m.

Tour Għajn Tuffieħa (p. 94)

pierres, mais il fait partie des doyens de l'île. Les billets d'entrée s'achètent en ligne, sur tout autre site Heritage Malta ou au Mġarr Snack Bar, près de la place du village.

Dans le village voisin de Żebbiegħ, des fouilles ont mis au jour les deux **temples de Skorba** et quelques habitations datant de l'époque de leur construction. D'après certains, elles seraient même plus anciennes et constitueraient les plus vieilles ruines préhistoriques découvertes sur les îles. Là non plus, les billets d'entrée ne s'achètent pas sur place : on peut se les procurer en ligne, sur n'importe quel site Heritage Malta ou au Mġarr Snack Bar.

Ġnejna Bay est la plage la plus proche de Mġarr. Son étendue de sable ocre en pente douce s'adosse à des collines en terrasses avec, d'un côté, des hangars à bateaux construits dans la roche. Au nord, la **tour Lippija**, édifiée en 1637 par les chevaliers de Saint-Jean, fait un joli but de balade.

COMMENT CIRCULER

Le bus n°223 dessert Buġibba (25 minutes, toutes les heures) via St Paul's Bay (10 minutes). Le n°225 assure la liaison depuis/vers Sliema et Saint Julians (1 heure à 1 heure 10, toutes les 30 minutes), et le n°44 depuis/vers La Valette (1 heure, toutes les heures). Le n°101 (5 par jour) rallie Mellieħa (15 minutes) et Ċirkewwa (20 minutes).

Vous pouvez marcher d'une plage à l'autre, et il y a un parking derrière Golden Bay.

MELLIEĦA

Perchée sur la crête entre St Paul's Bay et Mellieħa Bay, la petite ville de Mellieħa (*mé-li-ha*) est une station balnéaire populaire, mais que son relatif éloignement de la plage a préservée de la frénésie immobilière. En dehors du centre-ville, l'atmosphère demeure plutôt paisible et authentique. Malgré ses nombreux complexes hôteliers, Mellieħa garde une certaine élégance et compte son lot de bons restaurants. Un quart d'heure de marche en pente raide mène à Mellieħa Bay (aussi nommée Għadira Bay), une plage de sable blanc sans danger pour les enfants, dont les eaux peu profondes sont idéales pour la baignade. Avec ses restaurants, ses sports nautiques et sa brise de nord-est propice au windsurf, cette baie a vraiment tout pour plaire !

Pour les infos pratiques, voir le Carnet d'adresses p. 106

À SAVOIR

Près de Mellieħa se trouve la réserve naturelle protégée de Għadira, gérée par BirdLife Malta. Ce site fut exploité durant des siècles pour ses *salars*, qui forment aujourd'hui des points d'eau pour divers oiseaux : mouettes, chevaliers guignettes, aigrettes, hérons, etc.

INCONTOURNABLE
1 Sanctuaire Notre-Dame de Mellieħa

VOIR
2 Abris antiaériens de Mellieħa
3 Église Notre-Dame-des-Victoires
4 Grotte de la Vierge

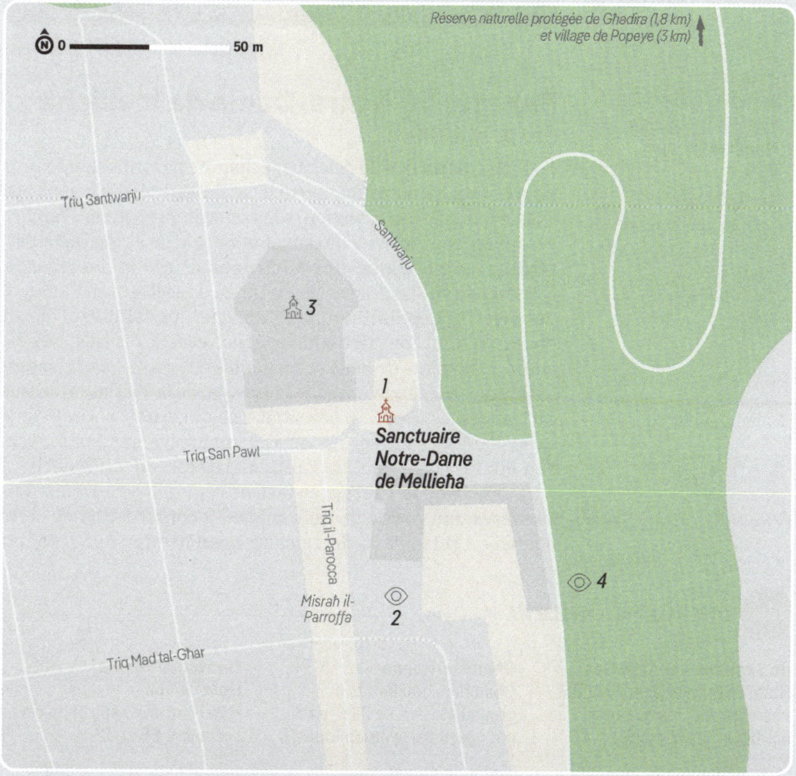

LES MEILLEURS RESTAURANTS À MELLIEĦA

Commando
Cassoulet de porc mijoté et haricots blancs, raviolis de bœuf braisé ou risotto de lapin. **€€€**

Ghaqda Band Club
Ftira et autres produits à petit prix dans ce *Band Club* sur une place tranquille. **€**

Munchies
Ftira (sandwich avec du pain maltais), pizzas et pâtes à déguster avec vue sur la plage et quasiment les pieds dans l'eau. **€€**

Rebekah's
Assiettes copieuses de crevettes géantes et ragoût de lapin. **€€€**

Seaview Cafe
Café en hauteur avec vue exceptionnelle et cocktails, près d'un parc pour enfants. **€**

KARINA MOVSESYAN/SHUTTERSTOCK ©

Église Notre-Dame-des-Victoires

Sanctuaire Notre-Dame de Mellieħa

LIEU DE PÈLERINAGE

Mellieħa est un lieu de pèlerinage dominé par trois sanctuaires importants, témoins du mysticisme du catholicisme maltais. Quelle que soit votre religion, vous serez impressionné. Perchée sur un éperon rocheux qui surplombe la ville et Mellieħa Bay, l'**église Notre-Dame-des-Victoires** attire tous les regards. Elle est liée au sanctuaire Notre-Dame de Mellieħa, où affluent des pèlerins depuis l'époque médiévale, que saint Paul aurait béni, et qui fut consacré comme église vers le Ve siècle. Des ex-voto – vêtements de bébé et moulages en plâtre – en tapissent les murs. La légende veut que la fresque de la Vierge au-dessus de l'autel ait été peinte par saint Luc qui aurait accompagné saint Paul lors du voyage où il fit naufrage sur Malte, vers l'an 60. En fait, l'icône, byzantine, daterait du XIIIe siècle.

La **grotte de la Vierge**, en face de l'église Notre-Dame-des-Victoires, fait partie de l'ensemble. La construction de cette chapelle taillée dans du calcaire brunâtre fut financée par

OÙ SE LOGER À MELLIEĦA

db Seabank Resort & Spa
Hôtel en bord de mer avec des chambres claires au décor nautique, spa et piscines. **€€**

Ghand in-Nanna
Chambres douillettes et originales dans ce B&B géré par des hôtes sympathiques. **€**

Maritim Antonine Hotel & Spa
Hôtel chic avec spa et piscine sur le toit. **€€**

Mario de Vasi, négociant en vins de Catane et dévot marial, qui se rendait fréquemment à Malte. On trouve ici encore plus d'offrandes votives.

Abris antiaériens de Mellieħa

TUNNELS HISTORIQUES DE LA SECONDE GUERRE MONDIALE

Visiter les abris antiaériens de Mellieħa tient d'une expérience fascinante. Creusés à la main, au moyen de pioches, dans la roche calcaire, ces tunnels offrirent un refuge sûr à la population de la ville et des régions environnantes lors des raids aériens de la Seconde Guerre mondiale. Importante base militaire des Alliés, l'île fut en effet l'un des objectifs les plus bombardés du conflit, avec une intensification de l'offensive en 1942, lors du fameux "siège de Malte". De 1941 à 1942, le pays subit plus de 3 000 attaques aériennes germano-italiennes, amenant les îliens à se réfugier sous terre pour survivre.

Profonds de 12 m et longs d'environ 500 m, ces abris figurent parmi les plus grands et les plus évocateurs de Malte. On imagine le sentiment d'oppression de ceux qui s'y réfugiaient. Des mannequins et des meubles montrent comment les habitants et les familles s'organisèrent pour s'adapter à cet environnement où chacun disposait d'un espace d'à peine 60 cm². Dans des vitrines sont exposés des masques à gaz, outils et jouets ayant appartenu aux gens descendus ici. Il ne s'agissait pas là de simples tunnels, mais d'un véritable réseau aménagé, avec un mini-hôpital doté d'une maternité, des pièces privées pour les familles et une salle gardée pour les trésors nationaux. En 2022 furent commémorés les 80 ans de l'octroi de la George Cross, plus haute distinction civile britannique, à l'ensemble de la population de Malte, en hommage à la résistance et au courage dont elle fit preuve durant le conflit, et plus particulièrement pendant ce siège, aussi terrible que décisif.

Village de Popeye

PARC À THÈME RÉTRO

À juste 2 km au nord de Mellieħa, **Anchor Bay**, une jolie petite baie encaissée fut nommée ainsi après la découverte d'ancres romaines dans ses eaux. En 1979 y fut bâti Sweethaven, un village de pêcheurs à l'ancienne, haut en couleur et insolite qui, en 1980, servit de cadre à la comédie musicale hollywoodienne de Robert Altman, *Popeye*, avec Robin Williams. Conçu par Wolf Kroeger, à l'origine créateur de décors d'opéra, ce village semble sorti d'une BD, mais les façades n'en ont rien de factice : 20 maisons robustes ont été construites à partir de rondins

UN RÉGAL MALTAIS

Chef cuisinier de Giuseppi's, à St Paul's Bay, **Michael Diacono** a écrit plusieurs livres de cuisine, dont *Simply Rita*, dans lequel sa mère de 95 ans compile 108 de ses recettes familiales préférées.

"On ne peut pas venir à Malte sans goûter aux spécialités locales. Moi, c'est le *fres* que je préfère, ce pain au levain croustillant recouvert de tomates de la région mûries au soleil, de petits fromages de chèvre, d'un filet d'huile d'olive extra vierge maltaise, de sel de mer et de basilic. Il faut aussi goûter au lapin juste frit avec de l'ail et des feuilles de laurier, ou à la *lampuki pie* (tourte à la daurade coryphène, aux légumes et aux épices), avec, en accompagnement, un délicieux vin local."

QUE FAIRE À MELLIEĦA

Orangeshark H2O
Centre PADI 5 étoiles qui propose aussi du snorkeling.

Seashell Dive Centre
Centre de plongée PADI familial et primé.

SurfingMalta
Surf, windsurf, voile... tout pour les amateurs de vent et de vagues.

UN SECRET BIEN GARDÉ

Hors des axes touristiques, la discrète **Selmun (Imgiebah) Bay** est un formidable endroit pour échapper à la foule. Après avoir mis boissons et parasol dans la voiture, prenez la route de Mellieħa vers le **palais Selmun**. La plage est bien indiquée, mais la dernière partie du trajet est assez malaisée et difficilement praticable avec une voiture normale s'il a beaucoup plu avant. Il y a quelques places de parking au-dessus de la plage, mais mieux vaut se garer avant de bifurquer pour le tronçon final. Vous serez récompensé par une plage sauvage et totalement préservée.

KARINA MOVSESYAN/SHUTTERSTOCK ©

Palais Selmun

importés de Hollande et de bardeaux en bois venus du Canada. Toujours debout, cet ancien décor un peu délabré a résisté, maisons et accessoires, à l'épreuve du temps. Converti en parc à thème rétro, il est devenu l'une des attractions familiales maltaises les plus prisées. Vous y serez accueilli par des comédiens incarnant les personnages de Popeye et pleinement investis dans ce rôle. Au programme : sympathiques spectacles (tantôt kitsch…), balade en bateau, pataugeoires pour les moins de 8 ans, aire de jeux et, à Noël et en été, événements spéciaux et décorations. Le fin du fin consiste à tourner un film avec d'autres visiteurs, où chacun joue un rôle, et à regarder ensuite sa propre première ! Cette possibilité est offerte toute l'année, moyennant un petit supplément.

COMMENT CIRCULER

Les bus n[os]41 et 42 de La Vallette passent par Mellieħa (1 heure) et continuent jusqu'à Ċirkewwa (20 minutes) pour le ferry de Gozo. Le n°221 mène aussi à Ċirkewwa, ainsi qu'à Buġibba (15 minutes). Le n°101 rejoint Golden Bay (15 minutes) et Għajn Tuffieħa (18 minutes).

CÔTE NORD-EST

St Paul's Bay tient son nom du saint qui fit naufrage ici en l'an 60, amenant le christianisme dans les îles. Malgré l'urbanisation, la vue sur les bateaux qui se balancent dans le port n'a rien perdu de son charme, et il y a d'excellents restaurants.

La promenade de Qawra, jalonnée de complexes hôteliers et terminée par l'Aquarium national de Malte, est d'une mémorable beauté. Les restaurants et cafés du front de mer tirent avantage d'une vue panoramique, et il y a des rochers d'où se baigner. Entièrement vouée au tourisme, Buġibba est le secteur le plus construit et le mieux équipé en matière de services.

Destination phare des formules de séjour bon marché à Malte, avec une multitude d'hôtels, de bars et de restaurants, cette zone est toujours bondée et très animée en été. Idéal pour les amateurs de soleil en quête de vacances à petits prix.

Pour les infos pratiques, voir le Carnet d'adresses p. 106

À SAVOIR

Au-delà des stations très fréquentées de Buġibba, Qawra et St Paul's Bay, il existe des endroits plus isolés le long de cette côte où l'on se croirait au bout du monde, comme Selmun Bay et le sentier côtier près de Little Armier Bay.

Aquarium national de Malte

SPLENDEURS SOUS-MARINES, REQUINS ET RÉCIFS

Perché sur le promontoire de Qawra, le bâtiment futuriste de verre et de métal en forme d'étoile de mer de l'Aquarium national de Malte a coûté 15,6 millions d'euros. Depuis cette construction aux lignes pures, on voit la mer à perte de vue. D'immenses aquariums reconstituent l'écosystème marin local – avec une réplique de la statue de bronze sous-marine du Christ des Abysses – et d'autres, comme celui d'eaux tropicales tourbillonnantes avec des pompanos, nasons à éperons bleus et raies *Myliobatis californica*. Dans la zone consacrée à l'époque romaine, des demoiselles, poissons-clowns, crevettes nettoyeuses, etc. évoluent autour de l'épave d'un vieux vaisseau fantôme, avec des reproductions d'anciens vestiges romains et de l'ancre de saint Paul, l'originale découverte en 2005 étant conservée au Musée maritime de Malte. Dans l'espace des reptiles et amphibiens, diverses espèces font frémir, comme les tarentules rouge et blanc du Brésil et les geckos léopards.

Vous pourrez explorer les aquariums de mille et une manières, la plus ludique consistant à emprunter le tunnel sous-marin de 12 m, qui traverse un immense aquarium, ou le plus petit, dans lequel il faut ramper. Chaque jour (horaires à voir sur le site Internet), des séances pédagogiques permettent d'en savoir plus sur l'évolution marine et le programme de conservation des requins, notamment. Il y a aussi une aire de jeux gratuite et La Nave Bistro, restaurant et café extérieur avec une vue superbe.

LE TOP DES RESTAURANTS SUR LA CÔTE NORD-EST

Acqua Marina
Plats simples mais exquis dans ce petit restaurant italien. **€€**

Giuseppi's
Délices de la mer au Salini Resort, à St Paul's Bay. **€€**

LOA
Cadre moderne pour des plats sud-américains délicieux, à St Paul's Bay. **€€**

Lovage
Cuisine de qualité dans ce bistrot d'une petite rue de Buġibba. **€€**

Tarragon Restaurant
Cuisine raffinée et poisson avec vue sur St Paul's Bay. **€€€**

INCONTOURNABLE
1 Aquarium national de Malte

VOIR
2 Catacombes de Salina
3 Église Saint-Paul
4 Malta Classic Car Collection
5 Réserve naturelle de Salina
6 Tour Wignacourt

Buġibba et village de St Paul's Bay

DES VOITURES, DES OISEAUX, UNE TOUR ET UN SAINT

Une fois lassé de la piscine de l'hôtel, des restaurants et des mini-plages, vous pourrez visiter diverses curiosités, aussi intéressantes qu'éclectiques, de ces stations animées, abordables et plutôt gaies.

Non loin de Buġibba, sur le site d'anciens **salars**, la **réserve naturelle de Salina** gérée par BirdLife Malta sert de refuge à des mouettes, sternes, hérons et aigrettes migrant entre l'Afrique et l'Europe, et parfois des flamants roses. Tout près de là, vous pourrez accéder aux **catacombes de Salina** qui semblent pourtant à l'abandon et y voir une table des agapes taillée dans la roche et destinée aux proches du défunt.

QUE FAIRE SUR LA CÔTE NORD-EST

Eco Bikes Malta
Circuits en VTT ou vélo électrique avec deux itinéraires de 4 heures par Mdina et la côte.

Hornblower Cruises
Excursions à la journée au lagon Bleu et à Comino via des grottes (entreprise familiale).

Sea Adventure
Excursion en catamaran à fond de verre avec toboggans et aire de jeux.

Aquarium national de Malte (p. 101)

Bien qu'il fusionne avec Buġibba, l'ancien village de pêcheurs de St Paul's Bay a conservé l'essentiel de son caractère maltais traditionnel. L'**église Saint-Paul** (XVIIe siècle), sur le front de mer au sud de Plajja Tal'Bognor, se trouverait à l'endroit où l'apôtre aurait rejoint la terre ferme. Un feu de joie est allumé devant l'édifice lors de la fête du Naufrage de saint Paul (10 février). À l'ouest se dresse la **tour Wignacourt**, bâtie par le grand maître éponyme en 1609. Elle abrite un minuscule musée sur l'histoire des fortifications locales, où sont notamment exposées des armes à feu et des armures. De son sommet, la vue est magnifique.

Toujours à St Paul's Bay, le musée **Malta Classic Car Collection** expose une multitude de voitures anglaises et italiennes des années 1950-1960, des juke-box vintage et divers objets d'époque. Sa créatrice, Carol Galea, une passionnée morte en 2021, a réuni plus de 90 modèles brillants comme des sous neufs.

SAUVEZ LES REQUINS

L'un des bassins de l'Aquarium national de Malte contient de curieuses poches suspendues. Celles-ci renferment des œufs de requin récupérés à la Pixkerija (ancien marché au poisson) et ainsi sauvés. Certains ont éclos et permis d'en savoir plus sur le développement des requins ovipares.

Ces squales ont souvent mauvaise presse, mais l'ONG maltaise Sharklab (sharklab-malta.org) œuvre à leur protection, tout comme à celle d'autres élasmobranches : les raies. Elle propose notamment des sorties de snorkeling pour observer ces espèces, fait des opérations de sauvetage des œufs à la Pixkerija et relâche des requins dans la mer.

Si vous aspirez à protéger l'un des animaux les plus mal compris au monde, vous pourrez participer à ces actions et/ou signaler en ligne tout requin aperçu.

COMMENT CIRCULER

Buġibba et La Valette sont reliées par le bus n°48 (1 heure), mais aussi le n°31, via Naxxar (30 minutes) et Mosta (40 minutes). Le n°223 circule entre Buġibba et Għajn Tuffieħa Bay (25 minutes) via St Paul's Bay (10 minutes). Le n°221 va de Buġibba à Ċirkewwa pour les ferrys vers Gozo (40 minutes), via Mellieħa (30 minutes) et St Paul's Bay (15 minutes).

PÉNINSULE DE MARFA

À l'extrême nord-est de Malte, la péninsule de Marfa est riche de panoramas renversants sur la mer. De son point culminant, on voit même Gozo et Comino. Le sentier pédestre des tours de guet débute et finit à Mellieħa (Għadira) Bay et passe par la crête de Marfa, les terres agricoles et les fortifications des chevaliers de Saint-Jean. L'itinéraire est disponible sur le site de Visit Malta (visitmalta.com/en/info/watch-towers-walk-malta).

À l'est, des routes étroites mènent à des plages abritées et calmes (en semaine, du moins) et à de superbes points de vue sur Gozo. La région recèle aussi des sentiers côtiers très agréables, avec le lagon de Corail, particulièrement photogénique. À l'extrémité nord-ouest de la péninsule, Ċirkewwa est le point de départ, très fréquenté, des car-ferrys pour Gozo et d'excursions touristiques pour l'île de Comino, beaucoup plus petite, et le lagon Bleu.

Pour les infos pratiques, voir le Carnet d'adresses p. 106

À SAVOIR

Certains des sites de plongée les plus impressionnants de Malte se trouvent au large de la péninsule de Marfa. Citons Marfa Point, Tugboat Rozi, P29 et Ċirkewwa Arch.

INCONTOURNABLE
1 Tour Rouge (tour Sainte-Agathe)

VOIR
2 Ras il-Qammieħ

Tour Rouge

Marfa et la tour Rouge

MINI-FORTERESSE ET POINTS DE VUE GRANDIOSES

La péninsule de Marfa est la touche finale de l'île, qui disparaît ensuite sous les eaux du chenal de Comino. Sa tour Rouge (tour Sainte-Agathe) semble sortie d'un jeu d'échecs. Visible de loin et édifiée en 1649 sur l'ordre du grand maître Lascaris, elle fait partie du chapelet de tours de guet dressées entre La Valette et Gozo pour en surveiller les côtes. Si simple qu'en soit l'aspect, cette forteresse est l'une des tours les plus abouties, et elle hébergea une garnison de 49 hommes. La vue depuis son toit plat est mémorable. La plaque au-dessus de l'entrée indique qu'il ne s'agit pas d'un sanctuaire, malgré la chapelle en son sein. La route qui en part mène au cap occidental sauvage de **Ras il-Qammieħ**, qui culmine à 129 m et abrite une ancienne station radar. Face à des panoramas incroyables sur Gozo, au nord, et sur les falaises de la côte ouest de Malte, au sud, on se sent arrivé au bout du monde.

Quant au Nord rural, le mieux est de le découvrir avec **Merill Eco Tours**. Par des routes de campagne méconnues, cette agence vous emmènera à la rencontre de personnalités locales intéressantes, fermiers et petits producteurs de fromage, vin, olives et conserves. Sans elle, impossible d'accéder à ces exploitations, biologiques et durables pour la plupart.

BAIES DE COBALT ET LAGON DE CRISTAL

Avec son sable blanc, la petite plage préservée de **Paradise Bay** à Ċirkewwa est la plus belle de Marfa. Sur la partie est de la péninsule, vous pouvez vous offrir un repas tranquille, une séance de surf ou un bain de soleil au Baia Beach Club de **Little Armier Bay**, ou rejoindre Aħrax Point depuis **White Tower Bay** pour emprunter le charmant sentier côtier qui mène à une statue de la Vierge à Daħlet ix-Xilep, 1 km au sud. Du promontoire au nord, on aperçoit le **lagon de Corail**, grande piscine naturelle creusée dans la roche. Pour y accéder, l'idéal consiste à louer un kayak chez Tortuga Lido (tortuga.mt), à proximité, à Little Armier Bay. Ne vous avisez pas d'y plonger ou sauter, car l'eau n'est pas assez profonde.

COMMENT CIRCULER

Les bus n^os^41, 42 et 221 (de La Vallette) de/vers Ċirkewwa permettent de se rendre à Ras il-Qammieħ, en descendant à l'arrêt Qammiegħ, sous la tour Rouge. En voiture, vous pourrez vous garer à la station radar ou à la chapelle de l'Immaculée-Conception.

Carnet d'adresses

CÔTE NORD-OUEST

Abri de Mġarr
Voir p. 95 (Mġarr Shelter ; 2157 3235 ; www.il-barri.com.mt ; Triq il-Kbira ; adulte/enfant 3/1,50 € ; 9h-midi mar-dim)

Site mégalithique Ta'Ħaġrat
Voir p. 95 (2158 6264 ; heritagemalta.mt ; Triq San Pietru ; tarif plein/réduit/6-11 ans/1-5 ans 3,50/3/2,50 €/gratuit ; 10h-18h)

Temples de Skorba
Voir p. 96 (2158 0590 ; heritagemalta.mt ; Triq Sant'Anna ; tarif plein/réduit/6-11 ans/1-5 ans 3,50/3/2,50 €/gratuit ; 9h-16h30 mar-dim)

Aquamarine Water Sports
Voir p. 95 (7905 5572 ; www.aquamarine.mt)

Charlie's Discovery Speedboat Trips
Voir p. 95 (9948 6949 ; www.facebook.com/charliesboattrips ; adulte/enfant 12/10 €, Comino 20/12 € ; midi et 14h30, Comino 16h)

Golden Bay Horseriding
Voir p. 95 (2157 3360 ; www.goldenbayhorseriding.com ; balade au crépuscule 45 €)

MELLIEĦA

Abris antiaériens de Mellieħa
Voir p. 99 (Mellieħa Air-Raid Shelters; 7952 1970 ; Triq il-Madonna tal-Għar ; adulte/enfant 2,40/0,70 € ; 9h-15h lun-sam)

Église Notre-Dame-des-Victoires
Voir p. 98 (Church of Our Lady of Victory ; 8h-midi et 17h-19h, messe en anglais 10h dim)

Réserve naturelle protégée de Għadira
Voir p. 97 (Għadira Nature Reserve ; 7955 4347 ; birdlifemalta.org ; Triq il-Marfa ; entrée libre, don apprécié ; 14h-19h lun, mer et ven, 10h-16h sam-dim sept-mai).

Village de Popeye
Voir p. 99 (Popeye Village ; Anchor Bay ; 2152 4782 ; www.popeyemalta.com ; adulte/enfant juil-août 18/14 € ; 9h30-17h30 mars-juin et sept-oct, 10h-18h juil-août, 9h30-16h30 nov-fév)

Orangeshark H2O
Voir p. 99 (7900 1889 ; www.orangeshark.eu ; Radisson Blu Resort & Spa, Golden Bay ; cours à partir de 60 €)

Seashell Dive Centre
Voir p. 99 (9944 2809 ; www.seashelldivingmalta.com ; Adeera Beach Complex, Mellieħa Bay ; baptême de plongée à partir de 50 € ; 8h-17h lun-sam, 8h-14h dim)

SurfingMalta
Voir p. 99 (7975 2108 ; www.surfingmalta.com ; cours de surf adulte/enfant 20/15 € ; 9h-17h30)

db Seabank Hotel & Spa
Voir p. 98 (2289 1000 ; www.dbhotelsresorts.com ; Marfa Road)

Ghand in-Nanna
Voir p. 98 (9928 0860 ; www.ghandin-nanna.com ; Parish Street 35)

Maritim Antonine Hotel & Spa
Voir p. 98 (2289 2000 ; maritim.com.mt ; George Borg Olivier St)

Commando
Voir p. 98 (9967 9555 ; www.commandorestaurant.com ; Misraħ Iz-Żjara tal-Papa ; 18h30-22h mar-sam, 9h30-11h30 et midi-15h dim)

Ghaqda Band Club
Voir p. 98 (2152 3467 ; 7 Parish Square)

Munchies
Voir p. 98 (2157 6416 ; www.facebook.com/munchiesmelliehabay ; Triq il-Marfa, Mellieħa Bay ; 9h-21h lun-ven et dim, 8h-22h sam)

Rebekah's
Voir p. 98 (2152 1145 ; www.rebekahs.com.mt ; 12 Triq it-Tgham ; 18h30-22h lun-jeu et 18h30-22h30 ven-sam)

Seaview Cafe
Voir p. 98 (2704 2230 ; Triq Salvinu Vella ; 9h-20h)

CÔTE NORD-EST

Aquarium national de Malte
Voir p. 101 (Malta National Aquarium ; 2258 8100 ; www.aquarium.com.mt ; Triq it-Trunċiera, Qawra ; tarif plein/réduit/4-12 ans 15,90/12,90/9,90 € ; 10h-20h)

Malta Classic Car Collection
Voir p. 103 (2157 8885 ; www.classiccarsmalta.com ; Tourist Street Saint Paul's Bay ;

LUKASZ JANYST/SHUTTERSTOCK.COM ©

Réserve naturelle protégée de Għadira (p. 97)

adulte/enfant 10/4,50 € ; 9h-17h lun-ven, 9h-14h sam-dim)

Réserve naturelle de Salina
Voir p. 102 (Salina Nature Park ; 2143 3265 ; birdlifemalta.org ; Salina Coast Rd, Naxxar ; entrée libre, don apprécié ; 7h-18h)

Tour Wignacourt
Voir p. 103 (Wignacourt Tower ; 2122 0358 ; www.dinlarthelwa.org ; Triq it-Torri ; adulte 2 €, enfant gratuit ; 10h-13h lun-sam et 1er dim du mois)

Eco Bikes Malta
Voir p. 102 (9947 1627 ; ecosportsltd.com ; Triq il-Imsell ; circuits à partir de 45 €, location vélo/vélo électrique à partir de 15/22 € par jour ; 9h-13h et 15h-17h lun-sam)

Hornblower Cruises
Voir p. 102 (7989 9899 ; hornblowermalta.com ; Triq il-Imsell ; circuits à partir de 45 €, location vélo/vélo électrique à partir de 15/22 € par jour ; 10h-17h lun-sam)

Sea Adventure
Voir p. 102 (9999 9387 ; www.seaadventureexcursions.com ; Buġibba Jetty ; 20-40 €)

Acqua Marina
Voir p. 101 (7705 0952 ; www.facebook.com/acquamarinamalta ; 160 Triq Sant'Antnin ; midi-15h et 18h-23h dim-lun)

Giuseppi's
Voir p. 101 (2157 4882 ; giuseppisrestaurant.com ; Salini Resort, Salina Bay ; 19h-22h lun-mar, midi-15h et 19h-22h mar-jeu et sam, midi-22h ven, 12h30-15h dim)

La Nave Bistro
Voir p. 101 (2258 8100 ; lanavebistro.com ; Aquarium national de Malte, Triq it-Trunċiera, Qawra ; 9h-21h30)

LOA
Voir p. 101 (7979 7203 ; www.loamalta.com ; Triq San Geraldu, San Pawl il-Baħar ; midi-2h)

Lovage
Voir p. 101 (7959 4098 ; www.lovagebistro.com ; 31 Triq l-Imhar ; 19h-23h mar-sam, midi-15h et 19h-23h dim)

Tarragon Restaurant
Voir p. 101 (2157 3759 ; www.tarragonmalta.com ; Triq il-Knisja ; 18h30-23h lun-sam, midi-15h30 sam-dim, fermé dim juil-août)

PÉNINSULE DE MARFA

Tour Rouge (tour Sainte-Agathe)
Voir p. 105 (Red Tower ; 2122 0358 ; www.dinlarthelwa.org ; adulte/enfant 2,50 €/gratuit ; 10h-17h mi-sept à mi-juin, 10h-19h mi-juin à mi-sept)

Merill Eco Tours
Voir p. 105 (9944 3118 ; www.merill.com.mt ; 120 €/pers ; 10h-16h mer)

Tortuga Lido
Voir p. 105 (7799 4488 ; tortuga.mt ; Tortuga Beach, Little Armier Bay)

LE CENTRE

FALAISES, ARCHITECTURE, GROTTES ET CATACOMBES

Le centre de Malte ne manque pas de charme, avec ses falaises abruptes, la seule forêt d'origine de l'île, et son patrimoine architectural.

Tenant, pour l'essentiel, d'un arrière-pays ponctué de villages et de zones boisées, le centre de Malte reste ancré dans un mode de vie traditionnel. Mdina (photo), l'ancienne capitale de l'île, en constitue le principal point d'intérêt. Perchée sur une colline, cette cité fortifiée aux murs de pierre blonde a l'attrait d'une superbe vue sur la côte et la mer. Elle jouxte Rabat (dont le nom vient de *ir-ribat, signifiant* "monastère fortifié"), une ravissante ville historique, dont les trésors sont, pour la plupart, souterrains, à l'exemple des fresques médiévales qui ornent ses catacombes, ou de la grotte où saint Paul aurait prêché durant son séjour maltais. Quelques kilomètres plus loin, dans la campagne proche de la côte, à Clapham Junction, on découvre de mystérieuses ornières préhistoriques, ainsi que des grottes autrefois habitées. Entre autres charmes naturels de cette contrée, mentionnons les falaises de Dingli, où se trouve le point le plus élevé de l'archipel, ainsi que les jardins de Buskett, une étendue boisée comprenant entre autres essences des pins d'Alep, des orangers et des citronniers, ou la baie de sable blanc de Fomm ir-Riħ, d'accès difficile et souvent déserte (l'endroit parfait pour se baigner).

CALIN STAN/SHUTTERSTOCK ©

Fort variée, l'offre d'hébergement et de restauration va de luxueux hôtels cinq étoiles à des restaurants rustiques de village, où une clientèle locale vient se régaler de lapin lors des week-ends de fête, notamment à l'occasion de la traditionnelle L-Imnarja (fête des Illuminations). Mdina et Rabat comptent l'une comme l'autre d'excellents restaurants. La région se prête à un agréable séjour hors des sentiers battus, à la fois proche de la vie locale et de nombreux sites touristiques.

SITES PRINCIPAUX

MDINA
Une cité fortifiée en sommet de colline.
p. 114

RABAT
La cité sœur de Mdina, que distinguent ses catacombes.
p. 119

DINGLI ET JARDINS DE BUSKETT
De hautes falaises et une forêt vallonnée.
p. 124

MOSTA ET NAXXAR
Une église monumentale et de vastes bourgades.
p. 126

JULIA LAV/SHUTTERSTOCK ©

Falaises de Dingli (p. 124)

S'orienter

Comme partout à Malte, les distances sont réduites. Même si les bus desservent toutes les destinations, louer une voiture reste le moyen le plus facile de se déplacer dans le centre de l'île.

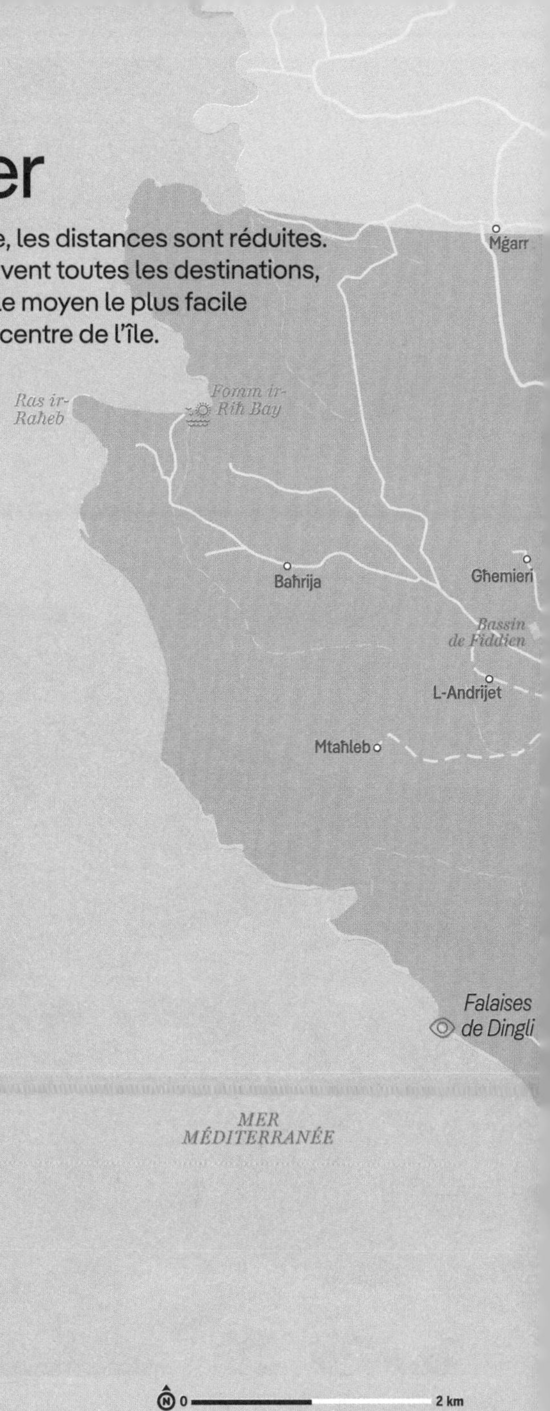

VOITURE

Si vous ne souhaitez pas louer une voiture à l'aéroport, sachez qu'il est possible de le faire à Rabat. Le Rabat Garage (www.rabatgarage.com) dispose d'un choix de véhicules à prix abordable et organise des déplacements en taxi.

BUS

Le centre de Malte est facilement accessible par le réseau public de bus maltais. Les destinations et points d'intérêt les plus populaires de la région sont tous intégrés dans les itinéraires des deux circuits en bus à arrêts multiples.

VÉLO

Si les routes maltaises rendent la pratique du vélo délicate, se déplacer à deux-roues peut être plus aisé sur les routes de campagne. À Mosta, Bike it up! (bikeitup.com.mt) loue et livre VTT, vélos de route et vélos électriques. On trouve également de beaux itinéraires cyclables autour de Dingli ; voir Bike Map (bikemap.net)

Mosta et Naxxar, p. 126

Un des plus grands dômes d'église du monde et une jolie petite ville à l'écart des circuits touristiques.

Mdina, p. 114

Cité fortifiée au sommet d'une colline, cette ancienne capitale résiste admirablement aux outrages du temps.

Rabat, p. 119

Cette cité sœur de Mdina est riche de trésors historiques, qu'il s'agisse de ses fresques souterraines ou de ses catacombes.

Dingli et les jardins de Buskett, p. 124

De magnifiques falaises, avec vue sur la côte et sur la minuscule île de Filfla, ainsi qu'une zone boisée, qui fut autrefois le terrain de chasse des chevaliers de Saint-Jean.

Planifier son séjour

La région du Centre compte certains des sites les plus importants de l'île : leur proximité permet d'en découvrir une grande partie même sur un temps limité.

Falaises de Dingli (p. 124)

Si vous avez peu de temps

- La cité fortifiée de **Mdina** (p. 114) offre un concentré de cette magie propre au centre de l'île. Son dédale de ruelles anciennes renvoie à l'époque où la ville avait rang de capitale, et où l'aristocratie maltaise y résidait. La cité voisine de **Rabat** (p. 119), de l'autre côté des murailles, a beaucoup de charme, mais nombre de ses attraits sont souterrains, à l'exemple de ses **catacombes** labyrinthiques (p. 120) et de la **grotte de Saint-Paul** (p. 121), antre naturel où l'apôtre aurait prêché durant son séjour maltais.

Au fil des saisons

La région du Centre accueille d'importantes manifestations festives, à Mosta et Mdina notamment.

MARS

Le centre de Malte est un bel endroit où assister à la **Semaine sainte**, avec des processions colorées à Rabat et Mosta.

AVRIL

Selon la date de **Pâques**, des processions peuvent avoir lieu. On profite du soleil et du fleurissement de la campagne.

JUIN

Rabat célèbre le Christ Sauveur dans l'Eucharistie (16 juin). Mdina, elle, fête saint Pierre et saint Paul (29 juin).

Si vous avez quelques jours

● Après avoir découvert les ruelles et les demeures de Mdina, partez explorer les catacombes et les musées de **Rabat** (p. 119), puis dînez de produits frais de saison dans l'un de ses restaurants. Prenez le temps de sillonner la campagne alentour. Profitez notamment de la vue depuis les **falaises de Dingli** (p. 124), puis faites une halte pour flâner dans les **jardins de Buskett** (p. 124). Non loin se trouvent les **ornières préhistoriques de Clapham Junction** (p. 125), ainsi que des grottes. Sachez que l'on mange très bien dans le **village de Dingli** (p. 124), où l'on trouve notamment un excellent restaurant *farmhouse*.

Si vous avez plus de temps

● Lorsque vous aurez profité des sites remarquables, des panoramas et des restaurants de Mdina et de Rabat, allez faire un tour à **Ta'Qali** (p. 125), une ancienne base aérienne britannique, non loin de Mdina, devenue aujourd'hui parc national, lieu de festival et village d'artisans. Puis visitez **Mosta** (p. 126), une localité prospère et pleine de caractère, dont l'église, dotée de l'un des plus grands dômes du monde, abrite la copie d'une bombe non explosée, souvenir d'une époque plus mouvementée. Vous aurez également le temps de vous promener jusqu'à **Fomm ir-Riħ** (p. 125), une plage de sable blanc, isolée et particulièrement sauvage, à laquelle il est plus facile d'accéder par bateau.

JUILLET

Jours chauds et manifestations estivales, dont le festival médiéval de Mdina. Saint Georges le martyr est fêté à Rabat le 16 juillet.

AOÛT

Haute saison et fortes chaleurs : étanchez votre soif à l'occasion du **Farsons Beer Festival**, à Attard.

OCTOBRE

Temps plus frais ; courses automobiles et **Biennale d'art contemporain de la cathédrale de Mdina** (tous les deux ans).

NOVEMBRE

Le temps se refroidit et la fréquentation touristique diminue : c'est la période idéale pour explorer le centre préservé de l'île.

MDINA

Coiffant une colline, Mdina, magnifique cité arabe fortifiée aux murs dorés, semble surgie du passé. Une fois traversée la chaussée de pierre jetée par-dessus ses douves herbeuses, on pénètre en effet dans un autre monde. À l'abri d'imposants remparts, ses ruelles cachées offrent un trésor de détails architecturaux.

Siège de la première capitale de Malte, Mdina fut fondée au VIIIe siècle av. J.-C. par les Phéniciens. Après la conquête de l'archipel par les Arabes, en 870, le centre de Mdina fut ceinturé d'une muraille le séparant de son faubourg, Rabat. Dans les siècles qui suivirent, l'aristocratie maltaise s'y installa, mais la ville perdit en importance avec l'arrivée des chevaliers de Saint Jean et la construction de La Valette, après le siège de 1565.

Peut-être aurez-vous l'occasion d'assister à l'une des fêtes qui ponctuent l'année en ville, qu'il s'agisse d'un festival gastronomique, d'une manifestation artistique ou d'un rassemblement d'automobiles anciennes.

Pour les infos pratiques, voir le Carnet d'adresses p. 128

À SAVOIR

Comme bien d'autres manifestations, le Festival international de la gastronomie de Malte déploie ses stands sur les places et pelouses du Mdina Ditch Garden aménagé dans les douves, à l'ombre des remparts de la cité.

TOURNAGES À MDINA

Restée intacte depuis le XIXe siècle, la ville offre un cadre idéal pour des films d'époque. Dans la première saison de la série *Game of Thrones*, la maison close dans laquelle se rend lady Catelyn Stark à Port-Réal se trouve sur la place Mesquita à Mdina. Plus tard, elle fait ses adieux à son époux près de la porte principale. La place Mesquita est aussi le lieu où Jaime Lannister s'en prend à Ned Stark plus tard dans la saison. Mdina, et en particulier la Pjazza San Pawl, a en outre accueilli le tournage de scènes parisiennes du *Napoléon* de Ridley Scott (2023).

Cathédrale Saint-Paul

LA PREMIÈRE CATHÉDRALE DE MALTE

En arrivant d'une ruelle sur la place principale de Mdina, on est saisi par la splendeur de la cathédrale Saint-Paul, édifice baroque, assez sobre, aux murs de pierre blonde. Elle occupe l'emplacement du premier siège épiscopal de Malte (antérieur à la co-cathédrale Saint-Jean). Conçue par Lorenzo Gafà, inspiré par le maître italien Borromini, elle fut construite sur une période de cinq ans et achevée en 1702, pour remplacer l'ancienne cathédrale, de style normand, largement détruite lors du tremblement de terre en 1693. La cathédrale aurait été bâtie sur le site de la villa de Publius, le gouverneur romain de Malte, qui accueillit saint Paul après son naufrage sur les côtes maltaises en l'an 60 et se convertit plus tard au christianisme. Remarquez les motifs de feu et de serpents au sommet des clochers jumeaux, qui symbolisent le premier miracle du saint à Malte. L'entrée se fait sur présentation d'un ticket. Une fois à l'intérieur, vous découvrirez un pavement ponctué de pierres tombales en marbre polychrome de nobles maltais et d'importants membres du clergé, semblable à celui de la co-cathédrale Saint-Jean à La Valette. Sur la voûte sont peintes des scènes de la vie de saint Paul. Le tableau de l'autel, *La Conversion de saint Paul*, de Mattia Preti, a été épargné par le séisme de 1693, tout comme les portes de chêne magnifiquement sculptées qui s'ouvrent sur la sacristie sur le côté nord, et l'abside au-dessus de l'autel, ornée de la fresque *Le Naufrage de saint Paul*.

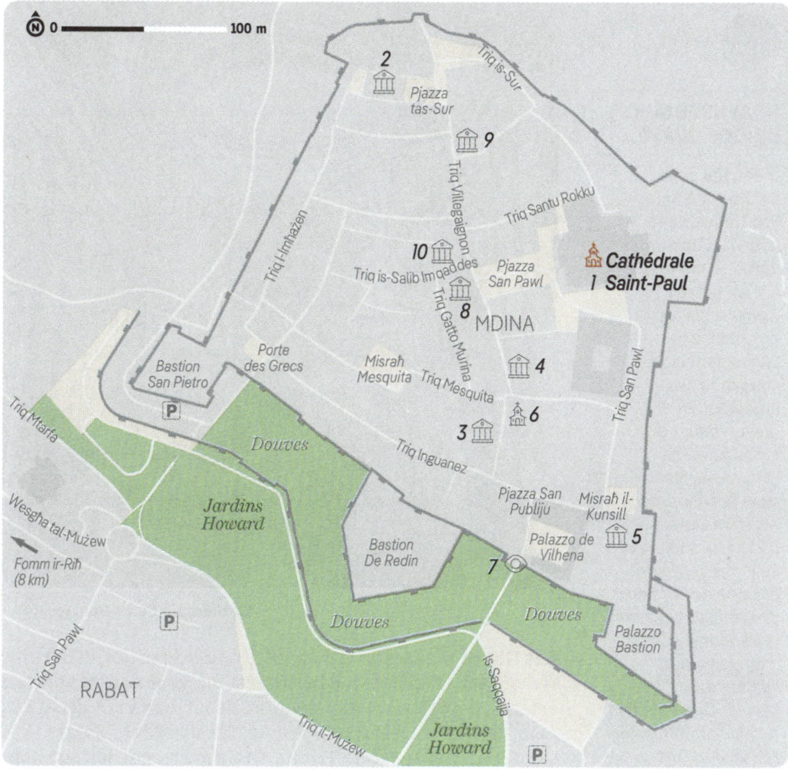

Portes de la ville

UNE ENTRÉE MAJESTUEUSE

On ne saurait mieux faire son entrée dans cette ville que par la **porte de Mdina** (également appelée porte Vilhena, en l'honneur du grand maître António Manoel de Vilhena). On y accède en franchissant un pont de pierre à arches, qui a succédé à l'ancien pont-levis en bois. Richement décorée et ornée d'inscriptions, la porte fut construite suivant les plans de l'ingénieur militaire français, Charles François de Mondion (1681-1733), en remplacement de celle d'origine. Cette dernière, datant du Moyen Âge, se trouvait légèrement à droite de son pendant actuel et a été, depuis, murée. Promenez-vous dans le dédale des ruelles de la cité jusqu'à son autre accès, la **porte**

INCONTOURNABLE
1 Cathédrale Saint-Paul

VOIR
2 Casa Del Tesoriere
3 Casa Inguanez
4 Casa Testaferrata
5 Corte Capitanale
6 Monastère Saint-Pierre
7 Porte de Mdina
8 Palazzo del Prelato
9 Palazzo Falson
10 Palazzo Santa Sofia

OÙ SE LOGER À MDINA

Palazzo Bifora Boutique Hotel
Ravissant hôtel avec parquets, escalier circulaire et bassin de détente. **€€€**

Point de Vue
Maison d'hôtes en face de l'entrée de la ville. Quelques chambres avec vue. **€€**

Xara Palace
Palais du XVIIe siècle renfermant des chambres et suites meublées d'ancien. **€€€**

GRAVURES SUR BOIS DE DÜRER

Le **musée de la Cathédrale Saint-Paul** présente, à côté d'intéressantes séries de monnaies anciennes et d'amulettes égyptiennes, une remarquable collection de lithographies et de gravures sur bois et sur cuivre de l'artiste allemand de la Renaissance, Albrecht Dürer (1471-1528). Elle comprend *La Vie de la Vierge et La Petite Passion*, une série dépeignant la Passion du Christ. Tourmenté dès l'enfance par l'idée de la mort, Dürer était un homme profondément religieux et très attaché aux enseignements de Martin Luther. La collection a été donnée au musée en 1831 par le comte Saverio Marchese, un aristocrate installé à Malte. Le musée est aménagé dans un joli palais baroque du XVIIIe siècle, qui servit jadis de séminaire.

Cathédrale Saint-Paul (p. 114)

des Grecs, plus petite et composée de deux parties, dont l'une, remontant à l'époque médiévale, est intégrée dans un portail externe, de style baroque, ajouté au début du XVIIIe siècle. Les peintures, à l'intérieur, représentent la Vierge et l'Enfant avec sainte Anne et la Sainte Trinité. Cette porte, qui doit son nom à une petite communauté grecque qui vivait autrefois dans le voisinage, était la seule que les esclaves étaient autorisés à emprunter pour pénétrer dans la ville (de nos jours, elle est le seul accès à la vieille ville pour les automobilistes).

Palazzi

LES BELLES DEMEURES DE LA VILLE DU SILENCE

En flânant dans les ruelles de Mdina, vous croiserez de splendides *palazzi*, témoignages de l'époque où y résidait la noblesse maltaise, avant que le pouvoir ne se déplace à La Valette à la fin du XVIe siècle. Après être entré par la porte de Mdina, vous verrez, sur votre droite, la **Corte Capitanale**, ancien palais de justice, conçu, tout comme la porte de Mdina, par le Français Charles François de Mondion. Les statues, sur son balcon représentent la Justice et la Clémence.

OÙ SE RESTAURER À MDINA

Coogi's
Plats d'inspiration italienne servis dans une salle, une cour ou sur une terrasse. **€€**

De Mondion
Restaurant gastronomique aux influences françaises sur le toit-terrasse du Xara Palace. **€€€**

Fior di Latte
Glaces artisanales dans une maison historique, sur la place du Bastion. **€**

En face se trouve le **Xara Palace**, du XVIIe siècle (désormais un hôtel de luxe) ; c'est depuis sa fenêtre que des proclamations étaient autrefois lues. Continuez votre promenade le long de la Triq Inguanez jusqu'à la **Casa Inguanez**, ancien siège de la plus vieille famille aristocratique maltaise, qui y vécut à partir du XIVe siècle. Après avoir tourné dans Triq il-Villegaignon, vous passerez devant le **monastère Saint-Pierre**, du XVe siècle, dont la chapelle abrite un beau retable de Mattia Preti (1682), avant de rejoindre la Casa Testaferrata, la résidence du marquis de San Vincenzo Ferreri, membre de la noblesse maltaise. Le titre, créé par le roi Philippe V d'Espagne (petit-fils de Louis XIV), fut attribué à la famille en 1716. Le **Palazzo del Prelato** est une magnifique maison gothique, sur la place de la cathédrale. Tout près se trouve le plus ancien bâtiment de Mdina : le **Palazzo Santa Sofia**, dont le rez-de-chaussée date de 1233. En vous dirigeant vers le Bastion, d'où vous profiterez d'un beau panorama, vous découvrirez également la **Casa Del Tesoriere**, une maison du XVIe siècle, qu'il est aujourd'hui possible de louer en ligne.

Palazzo Falson

DE RAVISSANTS INTÉRIEURS

Pour comprendre quelle existence menaient les aristocrates derrière les sobres façades élégantes de leurs demeures, visitez le Palazzo Falson. Cet édifice, où résidèrent plusieurs générations de la famille Falson, est antérieur à l'arrivée des chevaliers : il fut construit au Moyen Âge et agrandi au XVIe siècle. Racheté en 1927 par l'artiste et philanthrope Olof Gollcher (1889-1962), il offre un rare aperçu de la vie privée de la haute société de Mdina. Un audioguide accompagne la visite depuis la belle cour en pierre à travers la cuisine, l'atelier, la bibliothèque (4 500 livres), la chambre et la chapelle de Gollcher, le tout décoré de ses 45 collections distinctes d'art, de livres, de documents, d'argenterie, d'armes et d'exceptionnels tapis d'Azerbaïdjan et du Kazakhstan. Les enfants de moins de cinq ans ne sont pas admis.

Remparts

LES DOUVES DE MDINA

Mdina possède d'impressionnants remparts complets, qui, ponctués de bastions à la Vauban, s'étirent autour de la cité d'origine. Présentes dès le Moyen Âge, et développées au XVe siècle, les fortifications furent remaniées par l'architecte militaire français Charles François de Mondion pour

BIENNALE D'ART CONTEMPORAIN DE LA CATHÉDRALE DE MDINA

Tous les deux ans en novembre, de nombreux espaces de la ville sont convertis en lieux d'exposition pour des artistes venus du monde entier lors de cette manifestation dirigée par Giuseppe Schembri Bonaci. C'est le cas des labyrinthiques galeries voûtées sous le musée de la Cathédrale, où se trouve un ancien mur romain, peut-être les vestiges d'une villa jadis habitée par le questeur romain de Malte, Marcus Tullius Cicero (le fameux Cicéron). Le musée lui-même, un ancien séminaire construit en 1734, prête son réfectoire aux voûtes en berceau pour l'organisation d'expositions (mdinabiennale.com).

Scannez ce QR code pour en savoir plus sur la Biennale d'art contemporain de la cathédrale de Mdina.

Fontanella
Une institution maltaise sur les remparts de la ville, servant gâteaux, *pastizzi* et *ftira*. **€**

Medina
Plats maltais, italiens et français servis dans une maison médiévale avec cour. **€€€**

Step 15
Restaurant avec vue servant des spécialités et des vins maltais de grande qualité. **€€€**

MUSÉUM NATIONAL D'HISTOIRE NATURELLE

De style baroque, le Palazzo de Vilhena fut construit en 1726, après le dévastateur tremblement de terre de 1693, par l'architecte français Charles François de Mondion. Il abrite aujourd'hui le Muséum d'histoire naturelle et accueille des expositions aussi variées qu'intéressantes – malgré leur présentation un peu surannée.

Notez la section géologique, qui revient sur les origines du paysage maltais et présente de nombreux fossiles de la région. La dent de mégalodon (*Carcharodon megalodon*, requin préhistorique) de 18 cm laisse songeur : elle appartenait à un monstre d'une vingtaine de mètres, qui rôdait dans les mers du miocène ou du pliocène il y a quelque 30 millions d'années.

Remparts de Mdina

le compte des chevaliers de Saint Jean. Si l'on ne peut se promener sur les remparts comme en d'autres lieux, il est possible en revanche de les longer en profitant d'un parc paysager.

Jusqu'en 2015, cette zone était couverte d'un enchevêtrement de lierre et autres plantes ; plusieurs centaines d'orangers et de citronniers, ainsi que quelques oliviers se dressaient également dans les douves. Dans le cadre d'un projet de restauration, ils furent enlevés ou déplacés, et les bastions rénovés. L'agrumeraie a été remplacée par un jardin aménagé avec pelouses, zones pavées et arbustes en pot. Ce projet suscita des protestations relatives à l'arrachage d'arbres adultes, au manque d'ombre, à l'esthétique austère, ainsi qu'au choix d'une pelouse, gourmande en eau et peu adaptée au climat local. Vous pourrez toutefois apprécier la vue dégagée sur les bastions restaurés et leurs murs dorés. Les douves constituent par ailleurs aujourd'hui un espace pour les festivals, foires gastronomiques et concerts. L'accès principal se fait par les escaliers situés à l'angle sud-ouest des remparts, près du bastion San Pietro.

COMMENT CIRCULER

Si vous êtes en voiture, il y a un parking derrière la porte principale de Mdina.

La gare routière la plus proche se trouve à Rabat, dans Is-Saqqajja, à 200 m au sud de la porte principale de Mdina. De La Valette, prenez les bus n^{os}50, 51, 52 ou 53 (30 minutes). Le bus n°52 va jusqu'à Dingli. Le bus n°202 assure la liaison aller-retour avec Sliema (50 minutes) et Saint Julians (1 heure), et continue jusqu'à Dingli. Le bus express X3 dessert Buġibba (25 minutes) et l'aéroport (55 minutes).

RABAT

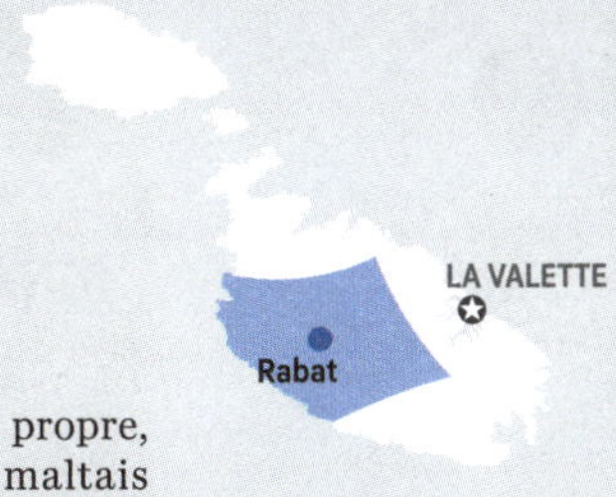

S'étendant au sud de Mdina, Rabat a son charme propre, avec ses ruelles, ses *galerijas* en bois (balcons maltais traditionnels) et sa place centrale, où les habitants aiment à s'attarder, attablés en terrasse d'un café. Cette atmosphère de quartier contraste avec la proximité de remarquables sites et monuments, en particulier en soirée, après le départ des excursionnistes. Les nombreuses catacombes de cette ville de caractère ont servi, au fil des siècles, aussi bien de lieux de sépulture, que de centres religieux, ou d'abris antiaériens durant la Seconde Guerre mondiale. Parmi ses principaux points d'intérêt figurent, outre l'un des plus importants témoignages du séjour de saint Paul à Malte, un très beau musée, ainsi que les vestiges d'une villa romaine aux superbes mosaïques. La scène culinaire de Rabat, en plein essor, vaut aussi à la ville un regain d'attention.

Pour les infos pratiques, voir le Carnet d'adresses p. 128

À SAVOIR

Près de la place principale de Rabat, une boulangerie, ouverte 24 heures sur 24, fournit du pain frais sortant du four, et Parruċċan Confectionery, sur la place, vend des gâteaux et confiseries à base de nougat et de figue, très consommés lors des fêtes de village.

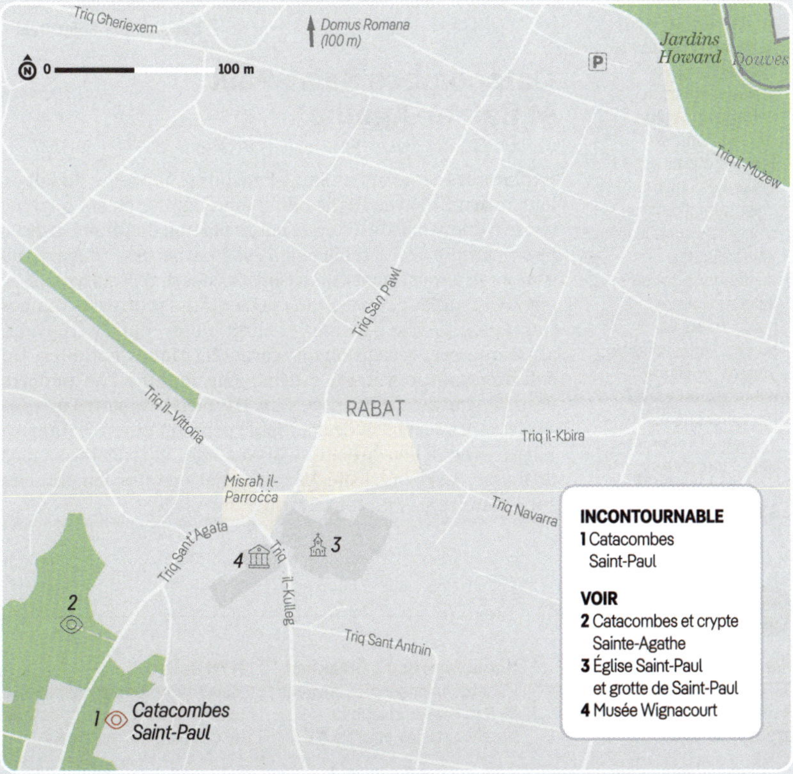

MERVEILLES DU MUSÉE WIGNACOURT

Nommé d'après le grand maître Alof de Wignacourt (1547-1622), ce palais baroque, autrefois la résidence des aumôniers des chevaliers de Malte, est aujourd'hui un musée hétéroclite sur plusieurs niveaux, qui comprend des catacombes des époques punique, romaine et chrétienne, ainsi que des abris antiaériens de la Seconde Guerre mondiale. Ces salles et hypogées quelque peu lugubres sont moins visités que ceux d'autres sites de la région. Au premier étage, est présentée une belle collection d'œuvres d'art, mais aussi le lit et la salle de bains du dernier aumônier ayant résidé sur place. Parmi les pièces d'intérêt figure un autel portatif ayant appartenu aux chevaliers de Saint-Jean, qui l'auraient utilisé lors de leur périple de Rhodes à Malte.

MALTA/ALAMY STOCK PHOTO ©

Catacombes Saint-Paul

Catacombes Saint-Paul et Sainte-Agathe

DEUX RÉSEAUX SOUTERRAINS IMPORTANTS

Explorer les catacombes Saint-Paul (ainsi baptisées du fait de leur proximité avec l'église du même nom) a en soi quelque chose d'une aventure. Chaque petite portion du tunnel dispose de son propre accès, si bien qu'il est possible de s'y engager ou d'en sortir à tout moment. Aux entrées des différents hypogées, ont été installés des panneaux présentant les diverses tombes (puniques, juives, païennes et chrétiennes) qui s'y trouvent, ainsi que les inscriptions et caractéristiques notables. Un éclairage automatique se déclenche lorsque l'on pénètre dans le souterrain. Creusées au IIIe siècle de notre ère, les catacombes servirent de nécropole pendant environ 500 ans. Elles furent un lieu de culte au Moyen Âge, mais devinrent plus tard une réserve agricole. Des informations supplémentaires sur l'histoire du site sont fournies sur place.

OÙ SE LOGER À RABAT

Heritage Boutique
Sur la place principale de Rabat ; réservez la chambre avec terrasse. **€€**

Maple Farm Bed & Breakfast
Hébergement dans les environs de Rabat, avec chambres simples, piscine et jardin. **€€**

MYN Rabat
Maison d'hôtes aux chambres à la décoration moderne, dotées de carrelages à motifs. **€€**

Tout près, se trouvent les catacombes et la crypte de Sainte-Agathe. Moins étendu, ce réseau souterrain abrite une série de fresques remarquables datant du XIIe au XVe siècle. Selon la légende, sainte Agathe s'y refugia après avoir fui la Sicile. De retour en surface, faites un tour au petit musée, qui donne à voir un peu de tout, des fossiles aux minéraux, en passant par des pièces de monnaie, des vêtements ecclésiastiques et des objets étrusques, romains et égyptiens. Des visites de la crypte et des catacombes sont régulièrement organisées.

Grotte de Saint-Paul

SOUS TERRE AVEC SAINT PAUL

La visite de la mystérieuse **grotte de Saint-Paul** est couplée avec celle du musée Wignacourt. Vers l'an 60, saint Paul fit naufrage sur les côtes de l'archipel maltais alors qu'il rejoignait Rome pour y être jugé, à sa demande (à la suite d'accusations portées contre lui en Judée), en tant que citoyen. Cette péripétie joua un rôle majeur dans la conversion de Malte au christianisme. Le saint fut accueilli par le gouverneur romain, Publius, qui devint bientôt le premier responsable provincial de l'Empire à embrasser la nouvelle foi. L'**église Saint-Paul** actuelle fut construite sur des plans de Francesco Buonamici et terminée en 1683 par Lorenzo Gafà. À côté, un escalier descend à la grotte de Saint-Paul, où l'apôtre aurait trouvé refuge et prêché durant son séjour maltais. Il y aurait vécu trois mois avant de repartir vers Rome, en faisant des escales en Sicile et à Naples. Faiblement éclairée, la caverne creusée dans la roche est plutôt sombre. Une statue de saint Paul y fut ajoutée par les chevaliers en 1748, tandis que le navire en argent, que l'on peut voir sur la gauche, fut offert en 1960 pour marquer le mille neuf centième anniversaire du providentiel naufrage. Venez tôt le matin ou en fin d'après-midi, afin d'éviter les groupes de touristes qui encombrent l'espace restreint.

Meilleurs pastizzi de Malte

JUSTE SORTIS DU FOUR

Boutique de *pastizzi* la plus renommée de Malte, **Is-Serkin**, se repère facilement grâce au petit attroupement qui se forme invariablement devant ce commerce, à deux pas des remparts de Mdina. Modeste par la taille, l'endroit a tout d'une *pastizzerija* typique, où l'on peut acheter de croustillants friands de pâte feuilletée en forme de losange. Encas maltais par excellence, le *pastizz* procéderait à la fois du brick arabe

DOMUS ROMANA

À deux pas d'Is-Serkin, cette maison, imitée de l'antique, fut construite dans les années 1920 pour intégrer les vestiges mis au jour d'une grande villa romaine du Ier siècle av. J.-C., dont on pense, du fait de la qualité des statues et de l'ampleur des éléments décoratifs retrouvés, qu'elle devait être le lieu de résidence d'un important dignitaire local. Un musée, certes petit mais fascinant, présente des flacons de parfum et des épingles à cheveux en os de l'époque romaine, ainsi qu'une exposition sur le cimetière musulman qui, au XIe siècle, recouvrait la villa. On peut également découvrir de splendides mosaïques. Au centre du péristyle d'origine, une ancienne cour entourée de colonnes, se trouve un pavement en mosaïque représentant les *Colombes buvant* de Sosos, un motif très apprécié des Romains.

OÙ SE RESTAURER À RABAT

Fork & Cork
Dans une ancienne propriété du XIXe siècle, cuisine de qualité et superbe vue. €€

L'Enoteca
Près de la place principale, adresse prisée des locaux pour ses assiettes de charcuterie. €€

Root 81
Baptisé d'après une ancienne ligne de bus, Root 81 est un bistrot moderne primé. €€

MTARFA, VILLE DE LA BEAUTÉ

Amy Delicata est une "exploratrice curieuse" (*curious explorer*) de Malte pour sa page Facebook *Revealing Malta* : *facebook.com/RevealingMalta*

"Ma ville natale de Mtarfa est appelée "Belt il-Ġmiel", "la ville de la beauté". À partir du XIXe siècle, les Britanniques y ont construit des casernes, un mess pour les officiers, la tour de l'horloge (qui accueille désormais un centre d'interprétation) et l'hôpital Sir David Bruce. J'ai visité plusieurs de ces sites, en particulier l'hôpital, ainsi que l'abri de la Seconde Guerre mondiale et la morgue attenants. L'histoire britannique de Mtarfa est à l'honneur lors de la manifestation Military Mtarfa, qui comprend reconstitutions, expositions et visites."

Pastizzi

et d'influences venues du sud de l'Italie. Cette boutique très populaire est également connue sous l'appellation de "Crystal Palace", nom d'un quartier de la banlieue londonienne. Ce singulier surnom lui vient de l'époque où elle approvisionnait les soldats britanniques, alors que le Crystal Palace londonien était au sommet de sa notoriété. Ouverte 24 heures sur 24 pour la troupe, elle fournissait aussi aux paysans locaux leur collation avant leur journée de travail. Is-Serkin est le nom de la famille qui a géré ce commerce pendant plus de sept décennies – depuis la boutique a changé de direction, mais est restée telle que jadis. Elle ne ferme, aujourd'hui encore, que quelques heures la nuit. Les *pastizzi*, confectionnés nuitamment dans une boulangerie, sont sortis du four sous les yeux des clients, avant d'être glissés dans un sachet. Ici, en plus des traditionnels *pastizzi* fourrés de ricotta ou de purée de petits pois, est proposée une délicieuse variante au poulet. Les Maltais aiment à accompagner ces spécialités d'un *te' fit-tazza* (thé servi dans un verre).

COMMENT CIRCULER

Si vous disposez d'une voiture, il est préférable de la garer dans les ruelles de Rabat plutôt que dans celles de Mdina.

Les bus nos 201 et 202 (1 heure, toutes les heures) desservent Rabat depuis l'aéroport, le bus no 52 (33 minutes, toutes les demi-heures) depuis La Valette. L'arrêt se trouve juste au sud de Mdina.

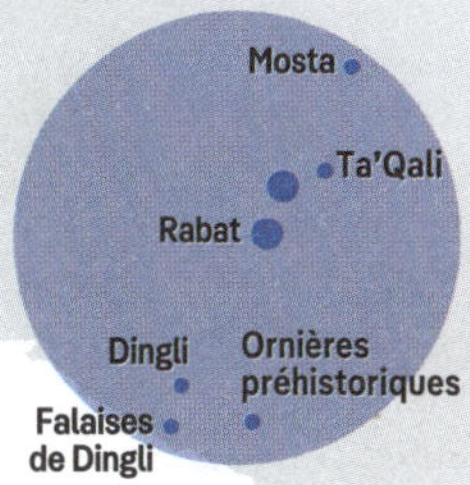

Environs de Mdina et Rabat

La campagne autour de Mdina et Rabat abonde en trésors à découvrir, entre falaises, ornières préhistoriques, jardins d'Attard, artisanat, avions et une plage isolée.

Pour les infos pratiques, voir le Carnet d'adresses p. 128

À SAVOIR

Petit Versailles maltais, le **Palazzo Parisio**, près de Naxxar, a été construit en 1733 par le grand maître António Manoel de Vilhena. On peut manger sur place ou prendre le thé dans les jardins Italiens.

À quelques kilomètres au sud de Mdina et Rabat se déploient les falaises de Dingli, qu'un chemin longe sur 2 km avec, à la clé, une vue impressionnante. À proximité, vous pourrez découvrir des ornières remontant à la préhistoire, ainsi qu'une forêt et des grottes. Plus à l'intérieur des terres, vous pourrez admirer l'aqueduc de Wignacourt (1610-1614), construit pour améliorer l'approvisionnement en eau de La Vallette, ainsi que les Victoria Lines, fortifications datant de l'époque britannique.

Également dans l'arrière-pays s'étend la zone résidentielle des Trois Villages, composée d'Attard, de Balzan et de Lija. Même si ces trois localités ont fusionné lors de leur extension récente, leurs centres historiques ont conservé leurs églises et leurs rues étroites, jalonnées de plusieurs édifices dignes d'intérêt. Attard, en particulier, se distingue par ses demeures et jardins. Non loin, à Mosta, vous pourrez admirer le plus grand dôme de Malte.

Falaises de Dingli (p. 124)

Village d'artisans de Ta'Qali

Falaises de Dingli

LE POINT CULMINANT DE MALTE

À 5 km à peine de Rabat, **Dingli** est un paisible village connu pour son restaurant "de la ferme à la table", Diar il-Bniet. À quelque 1,5 km se trouvent les falaises de Dingli, où un sentier de promenade donne sur une vue à couper le souffle.

Une route étroite rejoint la côte, puis longe la crête des falaises de Dingli, que suit également un chemin. De là, on profite d'un vaste panorama s'étendant de l'abîme à la mer d'un bleu intense. Si vous marchez jusqu'au sommet où se dresse la petite chapelle Sainte-Marie-Madeleine du XVIIe siècle, vous profiterez d'une vue superbe sur une île minuscule perdue au milieu des flots.

Les falaises bordent des champs en terrasses, qui rappellent la vocation agricole du lieu. Elles tirent leur nom soit de l'architecte maltais Tommaso Dingli (1591-1666), soit de son homonyme anglais du XVIe siècle, sir Thomas Dingley,

JARDINS DE BUSKETT

À 20 minutes à pied des falaises de Dingli, vous pourrez profiter des chemins de gravier et de l'ombre des arbres des jardins de Buskett. Leur nom vient de l'italien *boschetto*, qui signifie "petit bois". Plantées par les chevaliers pour servir de terrain de chasse, ces étendues boisées associent pins d'Alep, chênes, oliviers et orangers.

Au sommet d'une colline se trouve le palais Verdala, un relais de chasse construit par Gerolamo Cassar en 1586 pour le grand maître Hugues Loubens de Verdalle. Cet édifice, doté de tours d'angle sans vocation défensive, devint la résidence d'été du gouverneur britannique de Malte, et est aujourd'hui celle du président. Il s'agit d'un autre lieu de tournage de *Games of Thrones* (a savoir, dans la série, la demeure d'Illyrio Mopatis).

OÙ SE RESTAURER DANS LES ENVIRONS DE MDINA ET RABAT

Bahia
Bistrot chic et innovant dans les locaux du majestueux Corinthia Palace à Attard. **€€€**

Barbajean
À Dingli, excellente cuisine maltaise moderne, par le chef Jean-Pierre Dingli. **€€**

Bobbyland
Pour un verre, une pizza ou un plat de pâtes, dans un ancien hangar Nissen. Service lent. **€€**

qui vivait dans les environs. Le village tranquille du même nom, à 1 km de là, compte d'excellents restaurants. On trouve également deux bons établissements où manger près des falaises.

Il y a des places de stationnement en certains points de la route, et des sentiers pédestres bien balisés mènent à la petite chapelle solitaire, en passant près d'une étrange station radar, et continuent jusqu'à **Ta'Żuta**, point culminant de l'archipel (253 m).

Clapham Junction et Għar il-Kbir

ORNIÈRES ET TROGLODYTES

Entre les falaises de Dingli et les jardins de Buskett, on découvre, au milieu d'un paysage rural de rocailles, à quelques pas de la route en suivant de singuliers panneaux "Clapham Junction", l'un des sites maltais les plus mystérieux. Le sol y est strié de profondes rainures parallèles, ressemblant à des traces de roues de charrettes. Mais l'espacement des ornières varie, et leur profondeur est telle (jusqu'à 60 cm) qu'une charrette y resterait probablement bloquée si elle s'y engageait.

Selon une autre théorie, les sillons auraient été creusés par un travois (une sorte de traîneau, formé de deux perches parallèles reliées entre elles par un cadre, et tiré par une bête de somme, semblable à ce qu'utilisaient les Indiens des plaines d'Amérique du Nord). La localisation de ces ornières correspond étroitement à la répartition des villages de l'âge du bronze sur l'île.

Reste à savoir ce qui était transporté. D'après la meilleure hypothèse à ce jour, il s'agirait de terre, acheminée des zones de basse altitude jusqu'aux terrasses à flanc de collines, afin d'augmenter la surface cultivable et nourrir ainsi une population en plein essor. Cependant, ces ornières résultent plus vraisemblablement d'une longue érosion et du changement du niveau de la mer dû à des tremblements de terre : la Méditerranée centrale est en effet une région sismique active et Malte est traversée de failles géologiques.

Quelques pas plus loin, caché par la végétation, se trouve l'ensemble de grottes Għar il-Kbir ("la grande grotte") qui pourrait avoir été habité jusqu'en 1835.

Ta'Qali

ARTISANAT ET AVIATION

En quittant Mdina, dans la direction opposée à celle de Dingli, vous verrez des panneaux indiquant Ta'Qali. Autrefois base

BAIE SAUVAGE DE FOMM IR-RIĦ

Lorsque le temps est mauvais, le gris des pentes d'argile et des rochers calcaires de la baie se confond avec celui des nuages et des eaux troublées de la mer. Mais, en été, c'est un bel endroit, peu fréquenté, où il est agréable de se baigner et faire du snorkeling dans des eaux d'un bleu limpide.

Depuis le parking, faites environ 800 m à pied pour parvenir à la baie. Il faut suivre un sentier instable traversant un lit de rivière et longeant la corniche des falaises (des piquets ont été installés pour éviter que des chevaux ou des vélos n'y accèdent). Un moyen plus simple d'y parvenir est d'y aller en bateau. Charlie's Discovery Speed Boat Trips Malta vous y emmènera depuis Golden Bay.

Diar il-Bniet
Restaurant familial de Dingli s'approvisionnant auprès de producteurs locaux. **€€**

Dingli Band Club
Restaurant de village apprécié de la clientèle locale pour ses plats copieux. **€**

Melita
À Attard, restaurant extérieur servant pizzas, pâtes et burgers. Parfait pour les familles. **€€**

VICTORIA LINES

Ces fortifications furent érigées par les Britanniques à la fin du XIXe siècle un peu au nord du centre de l'île, pour séparer la partie sud, plus importante stratégiquement, de celle du nord, plus vulnérable face aux attaques. Elles n'ont cependant jamais été témoins de la moindre action militaire. Elles portent le nom de la reine Victoria en l'honneur du jubilé de diamant de la souveraine, en 1897.

Cette version maltaise miniature de la Grande Muraille court sur quelque 12 km le long d'un escarpement calcaire abrupt s'étirant de Fomm ir-Riħ à Baħar iċ-Ċagħaq. Leur exploration constitue une belle promenade hors des sentiers battus (www.victorialinesmalta.com).

Trois citadelles (les **forts de Madliena, Mosta et Binġemma**) sont reliées par une série de murailles et de batteries. La section la mieux préservée, les **Dwejra Lines**, se trouve au nord de Mdina.

aérienne de la RAF, cette localité abrite aujourd'hui le National Stadium, stade national de football, un parc national, avec de grands espaces verts, ainsi qu'un **village d'artisans maltais**.

On peut y voir des souffleurs de verre au travail et acheter bijoux en or, argent et filigrane, peintures d'artistes locaux, maroquinerie, dentelle maltaise, meubles, céramiques et verre décoratif. La transformation du site en un centre d'artisanat a débuté en 1967 au moment de la création de l'atelier Mdina Glass par deux entrepreneurs britanniques. Les ateliers de soufflage de verre datent de cette époque. Installés dans des hangars Nissen, les ateliers d'artisanat ont été modernisés il y a quelques années.

Également dans le village, le **musée de l'Aviation de Malte** est un paradis pour passionnés, qui comprend des pièces phares comme un Spitfire Mk IX de la Seconde Guerre mondiale et un Hawker Hurricane IIa, récupéré en 1995 après 54 ans sous l'eau au large de la côte sud-ouest de Malte. Parmi les autres appareils figurent un vieux Flying Flea, un De Havilland Vampire T11, un Fiat G91R et un très vieux Douglas Dakota DC-3 cabossé. Les bus nos 52 et 53 passent toutes les heures par là, sur le trajet entre Rabat et La Valette.

Mosta et Naxxar

UN DÔME ET UNE BOMBE NON EXPLOSÉE

S'étendant sur un plateau, Mosta est une ville animée et prospère, réputée pour sa belle église à dôme. C'est le point de départ idéal pour explorer les Victoria Lines. Connue sous le nom de Rotonde ou de Dôme de Mosta, l'**église paroissiale Sainte-Marie**, conçue par l'architecte maltais Giorgio Grognet de Vassé, fut construite entre 1833 et 1860 grâce aux fonds récoltés par les habitants.

Elle possède un magnifique intérieur bleu, or et blanc, où vous pourrez également voir une reproduction de la bombe tombée sur l'édifice en 1942 alors que 300 paroissiens y assistaient à la messe. Miraculeusement, la bombe n'explosa pas et une reproduction en est encore exposée à gauche de l'autel, dans la sacristie.

AUTRES LIEUX OÙ ACHETER DES OBJETS ARTISANAUX

Le village d'artisans de Ta' Qali est semblable à celui de **Ta'Dbieġi** (p. 162) sur l'île de Gozo. L'un et l'autre vendent des objets artisanaux produits sur les îles, dont des bijoux en filigrane, du verre soufflé, des céramiques, de la maroquinerie et de la dentelle.

OÙ SE RESTAURER DANS LES ENVIRONS DE MDINA ET RABAT

Ta' Marija
Un incontournable de Mosta depuis 1964. Cuisine maltaise et animation. **€€**

The Cliffs
À Dingli, restaurant contemporain servant des plats à base de produits du terroir. **€€**

Villa Corinthia
À Attard, un lieu classique pour prendre un thé accompagné d'en-cas et de petits fours. **€€**

Victoria Lines

Le plan circulaire de l'édifice, doté d'un portique de six colonnes, s'inspire largement du Panthéon de Rome. Son remarquable dôme, d'une hauteur extérieure de 61 m, est visible de presque tous les points de l'île. Son diamètre de 39,60 m en fait l'un des plus grands du monde – sachant qu'il n'est pas aisé de comparer les dômes entre eux. Les paroissiens de la Rotunda de Xewkija sur Gozo affirment que leur église possède un dôme plus grand que celui de l'église de Mosta : certes son diamètre est inférieur (25 m), mais il est plus haut et affiche une capacité volumétrique plus importante.

Au nord-est de Mosta, Naxxar figure en dehors des circuits touristiques malgré des monuments historiques notables, dont l'**église paroissiale de la Nativité-de-la-Vierge**, l'un des plus hauts édifices baroques de Malte.

JARDINS ET PALAIS D'ATTARD

À une distance de 3 km seulement de Ta'Qali se trouvent les ravissants **jardins du palais Saint-Antoine,** où déambulent tortues et paons. Ce palais à colonnade, du début du XVIIe siècle, fut la demeure du grand maître Antoine de Paule, puis la résidence officielle du gouverneur britannique de Malte, avant d'être aujourd'hui celle du président de la République maltais. Ses jolis jardins clos englobent des vergers d'agrumes et d'avocatiers, ainsi qu'une volière. La fontaine de l'Aigle, juste après la grande porte, date des années 1620. La **Villa Bologna** est une demeure baroque à Attard, toujours détenue et habitée par des membres de la famille qui la fit édifier au XVIIIe siècle. Un bassin, ainsi que des éléments décoratifs, furent ajoutés dans les années 1920.

COMMENT CIRCULER

Le bus n°52 circule entre La Valette (45 minutes ; au moins 1/heure) et Dingli. Le n°201 relie Dingli à Rabat (15 minutes ; 1/heure) et, dans l'autre sens, longe la côte jusqu'à Ħaġar Qim (20 minutes), la grotte Bleue et l'aéroport (45 minutes). Pour rejoindre les falaises de Dingli, prenez le bus n°201 jusqu'à l'arrêt Maddalena ou Cliffs.

S'il est préférable de disposer d'une voiture ou d'un scooter pour s'y rendre, il est tout à fait possible de rallier Fomm ir-Riħ en transport public. De Rabat, prenez le bus n°109 pour Baħrija (17 minutes, toutes les heures), puis parcourez environ 2 km à pied jusqu'au parking près de la baie.

Carnet d'adresses

MDINA

Cathédrale Saint-Paul
Voir p. 114 (St Paul's Cathedral ; www.metropolitanchapter.com ; Pjazza San Pawl ; tarif plein/réduit/-12 ans musée de la Cathédrale inclus 10/8 €/gratuit ; 9h30-17h lun-sam, 15h-17h dim)

Monastère Saint-Pierre
Voir p. 117 (Monastery of St Peter's, Monasteru ta 'San Pietru ; 2145 4355 ; Triq Mesquita)

Musée de la Cathédrale
Voir p. 116 (Cathedral Museum ; 2145 4697 ; Pjazza San Pawl ; tarif plein/réduit/-12 ans cathédrale Saint-Paul incluse 10/8 €/gratuit ; 9h30-16h45 lun-sam)

Muséum national d'histoire naturelle
Voir p. 118 (National Museum of Natural History ; 2145 5951 ; www.heritagemalta.org ; Pjazza San Publiju ; tarif plein/réduit/6-11 ans/1-5 ans 5/3,50/2,50 €/gratuit ; 9h-17h mar-dim)

Palazzo Falson
Voir p. 117 (2145 4512 ; www.palazzofalson.com ; Triq Villegaignon ; tarif plein/réduit/6-12 ans 10/5 €/gratuit ; 10h-17h mar-dim, dernière entrée 16h)

Biennale d'art contemporain de la cathédrale de Mdina
Voir p. 117 (Mdina Cathedral Contemporary Art Biennale ; 2145 4697 ; mdinabiennale.com ; adulte/enfant 10/8 € ; 9h30-16h45 lun-ven, 9h30-14h45 sam)

Palazzo Bifora Boutique Hotel
Voir p. 115 (2122 4022 ; palazzobifora.com ; Palazzo Bifora, Number 1, Aragon Alley)

Point de Vue
Voir p. 115 (2145 4117 ; pointdevue-mdina.com ; Is-Saqqajja)

Xara Palace
Voir p. 115 (2145 0560 ; xarapalace.com.mt ; palazzobifora.com ; Misrah il-Kunsill)

Coogi's
Voir p. 116 (2145 9987 ; www.coogis.co ; 5 Wesgħa Ta'Sant'Agata ; 10h30-15h lun-mer, 10h30-22h jeu-sam, 10h30-16h dim)

De Mondion
Voir p. 116 (2145 0560 ; demondion.com ; Misrah il-Kunsill ; 19h-22h mar-jeu, midi-15h et 19h-22h ven-sam)

Fior di Latte
Voir p. 116 (9949 4309 ; www.facebook.com/fiordilattemdinamalta ; 21 Triq Villegaignon ; 10h-18h30)

Fontanella
Voir p. 117 (2145 4264 ; www.fontanellateagarden.com.mt ; Triq is-Sur ; 10h-23h30)

Medina
Voir p. 117 (2145 0560 ; www.medinarestaurantmalta.com ; 7 Triq is-Salib Imqaddes ; 19h-tard mar-sam, midi-14h dim)

Step 15
Voir p. 117 (2145 5799 ; step15.mt ; 22 Telgha Tas-Saqqajja ; midi-14h30 et 18h30-22h lun-sam, midi-15h dim)

RABAT

Catacombes et crypte Sainte-Agathe
Voir p. 120 (St Agatha's Crypt & Catacombs ; 2145 4503 ; stagathamalta.com ; Triq Sant'Agata ; adulte/enfant 5/2 € ; 9h30-16h30 lun-ven, 9h-13h sam)

Catacombes Saint-Paul
Voir p. 120 (St Paul's Catacombs ; 2145 4562 ; www.heritagemalta.org ; Triq Sant'Agata ; tarif plein/réduit/6-11 ans/1-5 ans 6/3,50/2,50 €/gratuit ; 10h-18h)

Domus Romana
Voir p. 121 (2145 4125 ; www.heritagemalta.org ; Wesgħa tal-Mużew ; tarif plein/réduit/6-11 ans/1-5 ans 6/4,50/3 €/gratuit ; 9h-17h mar-dim)

Église Saint-Paul et grotte Saint-Paul
Voir p. 121 (St Paul's Church & the Grotto of St Paul ; Misraħ il-Parroċċa ; tarif plein/réduit/7-11 ans musée Wignacourt inclus 6/3,50/2,50 € ; 9h-18h juin-oct, 9h-17h nov-mai)

Musée Wignacourt
Voir p. 120 (Wignacourt Museum ; 2749 4905 ; Triq il-Kullegg ; tarif plein/réduit/7-11 ans grotte Saint-Paul incluse 5/3,50/2,50 €, audioguide 2 € ; 9h30-17h, dernière entrée 16h)

Heritage Boutique
Voir p. 120 (9987 6612 ; theheritage.mt ; 27 Triq San Kataldu)

Maple Farm Bed & Breakfast
Voir p. 120 (2748 0049 ; www.maplefarmbedandbreakfast.com ; Triq Il-Buskett)

MYN Rabat
Voir p. 120 (9931 8966 ; mynmalta.com ; 17 Arcadia, Triq Bir L-Iljun)

Fork & Cork
Voir p. 121 (☎7904 7043 ; www.forkandcork.com.mt ; 20 Telgħa tas-Saqqajja ; ⏱18h-22h lun et mer-sam)

Is-Serkin
Voir p. 121 (☎2145 3323 ; Triq San Pawl)

L'enoteca
Voir p. 121 (☎7904 7043 ; lenotecamalta.com ; 25 Triq San Kataldu ; ⏱18h-minuit lun, 8h-1h mer-ven, 12h30-1h sam, 12h30-minuit dim)

Parruċċan Confectionery
Voir p. 119 (3 Triq San Kataldu ; ⏱10h-17h lun-sam)

Root 81
Voir p. 121 (☎7949 2083 ; www.root81.mt ; 22A Telgħa tas-Saqqajja ; ⏱midi-14h45 mer-dim, 18h-22h30 lun et mer-sam)

ENVIRONS DE MDINA ET RABAT

Dôme de Mosta
Voir p. 126 (Mosta Dome ; ☎2143 3826 ; www.mostachurch.com ; Pjazza Rotunda, Mosta ; 2 € ; ⏱9h30-17h30 lun-ven, 9h30-16h30 sam, midi-16h30 dim)

Église paroissiale Sainte-Marie
Voir p. 126 (☎2157 2578 ; www.parroccatalimgarr.com ; Triq il-Kbira, l-Imġarr)

Jardins du palais Saint-Antoine
Voir p. 127 (San Anton Palace Gardens ; Triq Birkirkara, Attard ; ⏱7h-18h)

Musée de l'Aviation
Voir p. 126 (☎2141 6095 ; www.maltaaviationmuseum.com ; Ta' Qali ; tarif plein/réduit/3-12 ans 7/6/2 € ; ⏱9h-17h lun-sam, 9h-17h dim oct-mai, 9h-13h dim juin-sept).

Palazzo Parisio
Voir p. 123 (☎2141 2461 ; www.palazzoparisio.com ; Pjazza Vittorja, Naxxar ; adulte/enfant audioguide inclus 15/5 €, jardin seul 5 € ; ⏱9h-17h30 mar-dim)

Rue de Mdina (p. 114)

Villa Bologna
Voir p. 127 (☎2141 7973 ; www.villabologna.com ; Triq Sant'Antnon ; adulte/enfant 6 €/gratuit ; ⏱9h-17h lun-ven, 9h-13h sam)

Village d'artisans de Ta'Qali
Voir p. 126 (Ta'Qali Crafts Village ; ⏱9h-16h lun-ven, 9h-midi sam-dim)

Charlie's Discovery Speed Boat Trips Malta
Voir p. 125 (☎9948 6949 ; www.facebook.com/charliesboattrips ; Golden Bay, Mellieħa ; ⏱9h-17h lun-sam)

Bahia
Voir p. 124 (☎9999 1270 ; www.bahia.com.mt ; Triq Preziosi, Lija ; ⏱19h-22h30 lun-sam)

Barbajean
Voir p. 124 (☎2756 0308 ; www.barbajean.com ; 6 Misrah Frenc Abela, Triq Il-Parroċċa ; ⏱18h30-22h lun et mer-ven, midi-15h sam et 18h30-22h sam, midi-16h dim)

Bobbyland
Voir p. 124 (☎7920 6065 ; Dingli ; ⏱11h-18h mar-dim)

Diar il-Bniet
Voir p. 125 (☎2762 0727 ; www.diarilbniet.com ; 121 Triq il-Kbira, Ħad-Dingli ; ⏱midi-14h30 tlj, 18h30-21h lun-mar et jeu-sam)

Dingli Band Club
Voir p. 125 (☎9993 8915 ; Misraħ Frenċ Abela, Ħad-Dingli)

Melita
Voir p. 125 (☎2074 4145 ; Islet of Saint Mary ; ⏱8h-22h avr-nov)

Ta' Marija
Voir p. 126 (☎2143 4444 ; www.tamarija.com ; Triq il-Kostituzzjoni ; ⏱9h-14h et 18h-23h lun-sam, midi-15h et 18h-22h30 dim)

The Cliffs
Voir p. 126 (☎2145 5470 ; www.thecliffs.com.mt ; Triq Panoramika ; ⏱11h-16h lun-sam, 11h-17h dim, 17h45-tard sam sept-juin, 11h-16h sam-dim, 17h45-tard tlj juin-sept)

Villa Corinthia
Voir p. 126 (☎2544 2732 ; www.corinthia.com ; Vjal de Paule, Corinthia Palace Hotel ; ⏱pour un thé 15h-16h30)

EWG3D/GETTY IMAGES ©

Ci-dessus : Falaises au-dessus de la grotte Bleue (p. 139) ; page ci-contre : Phare de Delimara (p. 145)

LA CÔTE SUD

PRODUITS DE LA MER, BAIGNADE ET TEMPLES MYSTÉRIEUX

Moins touristique que le nord de Malte, le sud-ouest de l'île a pourtant l'attrait de ses sites préhistoriques, d'un excellent marché dominical et de lieux de baignade secrets.

La côte sud-est de Malte est percée de grottes et de piscines naturelles, et ses localités sont voisines de beaux ports. C'est dans cette région qu'une grande partie des Maltais vivent et travaillent, notamment au port franc.

Sites préhistoriques les mieux préservés et les plus évocateurs de Malte, les temples mégalithiques de Ħaġar Qim et de Mnajdra sont perchés sur des falaises balayées par les vents.

Marsaxlokk est la bourgade la plus visitée. Ce port de pêche pittoresque, avec ses bateaux colorés, son marché et ses restaurants, est riche de son histoire. En 1565, les Turcs choisirent sa baie abritée pour débarquer 30 000 soldats, marquant le début du Grand Siège. Quelque deux siècles plus tard, Napoléon y débarqua à son tour, ouvrant une brève parenthèse d'occupation française. En décembre 1989, George H. W. Bush et Mikhaïl Gorbatchev jetèrent l'ancre au large des côtes pour discuter, en pleine tempête, de la fin de la guerre froide.

Le port voisin de Marsaskala n'a peut-être pas autant de charme, mais son atmosphère est plus authentique. C'est aussi une destination culinaire en vue, en particulier le week-end. On trouve, dans les environs, plusieurs sites de baignade, ainsi que de mystérieuses grottes témoignant de la préhistoire de l'île.

SITES PRINCIPAUX

MARSAXLOKK
Marché et produits de la mer.
p. 141

ENVIRONS DE MARSAXLOKK
Restaurants familiaux de Marsaskala et grotte préhistorique.
p. 144

ĦAĠAR QIM ET MNAJDRA
Temples mégalithiques.
p. 136

S'orienter

Aisément accessible depuis La Valette, la côte sud semble pourtant à mille lieues de la capitale. La région s'explore plus aisément en voiture, bien qu'il ne soit pas toujours simple de s'y garer. Des bus desservent les temples, les grottes et les principales localités.

À PIED

Modeste par la taille, Marsaxlokk se visite facilement à pied. Des sentiers longent la côte, et permettent de randonner de Marsaskala à Marsaxlokk (environ 8 km).

BUS

Les principales lignes comprennent le bus X4, entre l'aéroport et Birżebbuġa, le n°119, entre l'aéroport et Marsaskala, et les n^{os}81 et 85, entre La Valette et Marsaxlokk.

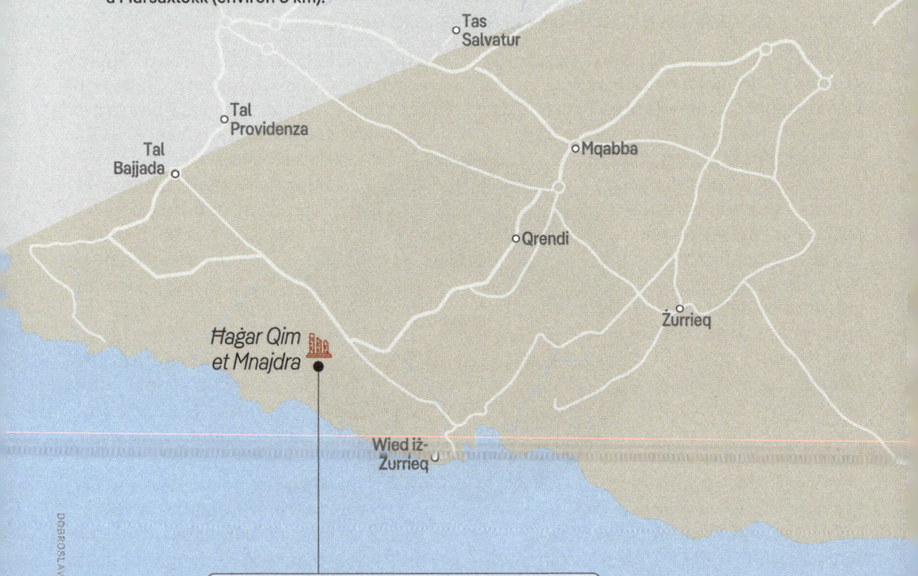

Ħaġar Qim et Mnajdra, p. 136

Des temples mégalithiques dans un cadre superbe, au sommet de falaises.

Marsaxlokk, p. 141
Visitez le marché dominical pour profiter de son animation, de ses poissons frais et de sa vue sur le port.

Environs de Marsaxlokk, p. 144
Les eaux bleu roi scintillantes de la St Peter's Pool invitent aux plongeons dans cette piscine naturelle.

VOITURE
C'est le moyen le plus pratique de se déplacer, mais on peine à trouver une place de stationnement à Marsaxlokk le dimanche.

Planifier son séjour

Bien que moins fréquentée que le nord de Malte, cette région offre beaucoup à découvrir, notamment d'impressionnants sites mégalithiques, de superbes lieux de baignade et de délicieux produits de la mer.

NOWACZYK/SHUTTERSTOCK ©

St Peter's Pool (p. 145)

Si vous avez peu de temps

- Les sites préhistoriques de **Ħaġar Qim** et de **Mnajdra** (p. 136) sont des incontournables. Ces temples mégalithiques, nimbés de mystère, s'inscrivent dans des paysages côtiers sauvages hérissés de cactus, dominant une mer d'un bleu vif. Le **centre d'accueil des visiteurs** est d'excellente facture, et vous pourrez y voir un court-métrage sur les bâtisseurs de temples. Une belle portion de la côte peut aussi se parcourir à pied, le long de sentiers suivant les falaises.

EN BAS, DE GAUCHE À DROITE : FOKKE BAARSSEN/SHUTTERSTOCK ©, STEVE ESTVANIK/SHUTTERSTOCK ©, TILIALUCIDA/SHUTTERSTOCK ©

Au fil des saisons

Portée sur la convivialité, cette région accueille festivals et autres événements.

MAI

Temps printanier et moindre affluence à St Peter's Pool.

JUIN

Le solstice d'été, le 21 juin, est un événement spécial à Ħaġar Qim et Mnajdra (voir Heritage Malta).

JUILLET

Marsaskala célèbre sainte Anne le 30 juillet.

Si vous avez quelques jours

- Après la visite des imposants temples de **Ħaġar Qim** et de **Mnajdra** (p. 136), découvrez d'autres coins de ce pan sud de Malte, qui, malgré sa proximité avec La Valette, attire peu de visiteurs (à l'exception de Marsaxlokk le dimanche). Prévoyez par exemple une excursion en bateau à la **grotte Bleue** (p. 139) et une visite dominicale de **Marsaxlokk** (p. 141) pour flâner sur son célèbre **marché aux poissons** (p. 142), avant de choisir un restaurant où déjeuner de fruits de mer en profitant de la vue sur les flots. Pour vous baigner, gagnez **St Peter's Pool** (p. 145) ou l'une des autres petites criques de la côte.

Si vous avez plus de temps

- Outre les temples préhistoriques de **Ħaġar Qim** et de **Mnajdra** (p. 136), visitez la grotte de **Għar Dalam** (p. 146), où ont été découverts des fossiles de cygnes géants et d'éléphants nains. Régalez-vous de délices de la mer dans les excellents restaurants de **Marsaxlokk** (p. 141) – allez-y le dimanche pour son **marché aux poissons** (p. 142) – et de **Marsaskala** (p. 147). Vous pourrez également vous aventurer, hors des sentiers battus, jusqu'à **Delimara Point** (p. 145) et plonger dans la piscine naturelle de **St Peter's Pool** (p. 145).

AOÛT

Pic annuel d'affluence. Réservez une table dans les meilleurs restaurants en semaine. Marsaxlokk célèbre Notre-Dame-de-Pompéi le 7 août.

SEPTEMBRE

Le 11 septembre, Marsaxlokk accueille le **Mir-Raħal tas-Sajjieda**, la fête de la pêche.

OCTOBRE

La mer est encore assez chaude pour se baigner et le marché dominical de Marsaxlokk est moins fréquenté.

DÉCEMBRE

Un événement spécial est organisé le 22 décembre à Ħaġar Qim et Mnajdra pour le solstice d'hiver.

ĦAĠAR QIM ET MNAJDRA

Classés par l'Unesco, les temples mégalithiques de Ħaġar Qim (*adjar-im* ; "pierres dressées") et de Mnajdra (*mnaï-dra* ; "terrain planté d'arbres" ou "position dominante") sont les sites préhistoriques les mieux préservés de Malte. Perchés au sommet de falaises et livrés aux vents, ils comptent parmi les édifices autoportants les plus anciens du monde. Ils furent érigés entre 3100 et 2200 av. J.-C., au cours de la période tarxienne de la préhistoire maltaise. Orientés, semble-t-il, par rapport au soleil, les temples sont associés à des rituels de fertilité et des traces de sacrifices d'animaux y ont été découvertes.

Sur la falaise au sud-est de Mnajdra, on rejoint une tour de guet du XVIIe siècle, ainsi qu'une stèle à sir Walter Congreve (gouverneur de Malte de 1924 à 1927), dont la dépouille a été immergée en pleine mer. On peut randonner vers l'ouest le long des falaises jusqu'à Għar Lapsi. La petite île inhabitée de Filfla est visible à 5 km au large.

Pour les infos pratiques, voir le Carnet d'adresses p. 148

À SAVOIR

Cela vaut la peine de visiter Marsaxlokk même si vous en manquez le marché dominical ; les restaurants sont moins fréquentés le reste de la semaine et un marché s'y tient du lundi au samedi. Autour des temples, des sentiers écologiques offrent une vue splendide sur la mer.

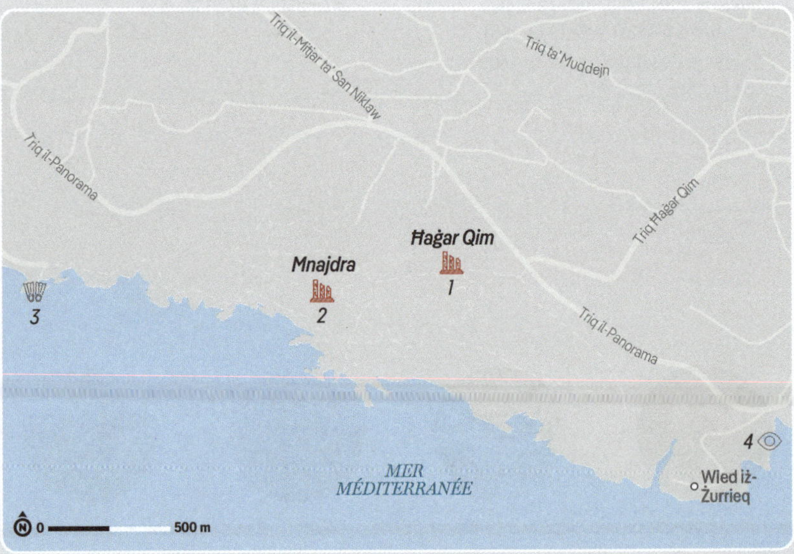

INCONTOURNABLES
1 Ħaġar Qim
2 Mnajdra

VOIR
3 Għar Lapsi
4 Grotte Bleue

Ħaġar Qim

Ħaġar Qim

MAGNIFIQUE TEMPLE DE ROCHE CALCAIRE

Ħaġar Qim est le premier des deux temples mégalithiques que l'on rejoint. Une tente permanente en protège les pierres des éléments.

Le centre d'accueil des visiteurs revient sur le contexte historique du site et diffuse un film d'introduction en 4D, plus immersif qu'instructif. Le temple, fait de calcaire à globigérine, fut mis au jour en 1839. Il est orienté de façon qu'un rayon de soleil passe à travers une ouverture pour illuminer une dalle particulière le premier jour de l'été.

La façade, avec son entrée en trilithe (un linteau de pierre soutenu par deux pierres dressées), a été restaurée, donnant ainsi une idée de son aspect originel. Le temple était à l'origine surmonté d'un toit, sans doute des voûtes de pierre encorbellées, mais il s'est effondré depuis longtemps.

Avant d'entrer, admirez le mégalithe à l'angle sur la droite ; c'est le plus gros du site, pesant plus de 20 tonnes. Le temple se compose d'une série de salles ovales reliées entre elles, sans agencement uniforme ; à la différence des autres temples maltais, il n'est pas conçu sur un plan en forme de trèfle. Dans

VISITE DES TEMPLES

Maria Elena Zammit, conservatrice principale des sites préhistoriques d'Heritage Malta, donne des conseils pour la visite des temples.

"Dans l'idéal, visitez le parc archéologique de Ħaġar Qim et Mnajdra au printemps ou en automne, lorsque les journées sont lumineuses et fraîches. La visite des deux sites mégalithiques prend environ une heure et demie, mais prévoyez suffisamment de temps pour découvrir les sites d'intérêt voisins comme les réservoirs d'Il-Misqa, la stèle à sir Walter Congreve et la tour de Ħamrija, du XVIIe siècle."

OÙ SE LOGER DANS LE SUD DE MALTE

Akwador Guesthouse
Des chambres colorées, du côté sud du port de Marsaskala. **€**

Delimara Lighthouse
Passez la nuit dans l'unique phare de Malte, géré par Din l-Art Ħelwa. **€€**

Talbot & Bons
Des chambres à différents endroits près de Luqa ; pratique pour prendre un vol à l'aube. **€€**

RÉSERVOIRS ANCIENS

À quelque 200 m des temples, on peut voir des ouvertures ovales conduisant à des grottes souterraines, des mares et des sillons creusés dans la roche : ce sont les réservoirs d'**Il-Misqa** ("abreuvoirs"). Bien qu'ils n'aient pu être datés avec précision, on estime qu'ils remontent à la préhistoire. Les agriculteurs des environs utilisent encore l'eau recueillie dans certaines des citernes pour irriguer leurs cultures. Le site offre une vue fantastique jusqu'à la mer, à travers un paysage de broussailles et de cactus.

la première salle sur la gauche se trouve un petit autel décoré de motifs végétaux, et dans la deuxième trônent deux autels sur socle. Les statuettes de déesses et la "Vénus de Malte" qui furent découvertes ici sont exposées au Musée national d'archéologie (p. 47) de La Valette.

Mnajdra

MERVEILLE MÉGALITHIQUE PERCHÉE SUR LES FALAISES

À 700 m en contrebas de Ħaġar Qim, l'ensemble de Mnajdra est plus élaboré et mieux conservé, car fait de calcaire plus dur. Comme Ħaġar Qim, il est resté enfoui jusqu'à sa mise au jour au XIXe siècle. Trois temples sont alignés côte à côte, chacun avec un plan en trèfle et une orientation différente. Le petit sur la droite, aligné vers le sud-ouest et l'île de Filfla, est le plus ancien. Le temple au centre, dirigé vers le sud-est, est le plus récent. Érigé sur une plateforme de roche, il est légèrement surélevé. Tous trois sont datés d'entre 3600 et 3000 av. J.-C.

Dans le temple le plus au sud, l'abside de droite donne accès à une autre salle par une petite porte, avec sur la gauche un "trou d'oracle", ouverture rectangulaire à deux niveaux concentriques taillée avec précision à travers le bloc de calcaire ; on ignore sa fonction.

L'un des trois ensembles présente un alignement solaire particulier. À l'aube des équinoxes de printemps et d'automne, le soleil brille à travers une ouverture elliptique pour éclairer une dalle intérieure. Autour des solstices d'été (juin) et d'hiver (décembre) et des équinoxes de printemps (mars) et d'automne (septembre), Heritage Malta (heritagemalta.org) organise des visites guidées pour découvrir ces phénomènes, mais il faut réserver longtemps à l'avance.

Au sommet de la falaise, au sud-est de Mnajdra, on découvre une tour de guet du XVIIe siècle et une stèle à sir Walter Congreve (gouverneur de Malte de 1924 à 1927), dont le corps fut immergé non loin. D'aucuns en réclament le retrait, tant en raison de son emplacement, sur un site préhistorique, que de la domination étrangère à laquelle elle renvoie.

Vous pourrez marcher vers l'ouest, le long des falaises, jusqu'à Għar Lapsi. La minuscule île déserte de Filfla, à 5 km au large, se distingue aisément.

Għar Lapsi

PISCINE NATURELLE SUR LA CÔTE

Sur la route sinueuse à l'ouest des temples de Ħaġar Qim et de Mnajdra, un embranchement (indiqué) mène à Għar Lapsi. Le site, dont le nom signifie "grotte de l'Ascension", abritait

OÙ SE RESTAURER À GĦAR LAPSI ET PRÈS DE LA GROTTE BLEUE

Alka
Délicieux produits de la mer et vue imprenable sur les flots à Wied iż-Żurrieq. **€€**

Carmen's
Proche de l'eau, ce lieu simple de Għar Lapsi sert d'excellents produits de la mer. **€€**

Coast
Panorama saisissant depuis ce restaurant de poissons prisé de Wied iż-Żurrieq. **€€**

Għar Lapsi

jadis un sanctuaire de pêcheurs. On trouve un parking à côté des restaurants et des hangars à bateaux. On vient ici pour pêcher, pique-niquer et surtout **se baigner** ; une petite crique dans les basses falaises calcaires forme une piscine naturelle, à laquelle ont été ajoutées des marches en pierre et des échelles en fer pour donner accès à l'eau bleue limpide. Les conditions sont idéales en septembre, lorsque l'eau est encore chaude, mais que la foule estivale s'est clairsemée.

Le lieu se prête également à merveille à la **plongée** et au **snorkeling** ; on peut y explorer des réseaux de grottes peu profondes (comprenant une crèche sous-marine), éclairées de trouées de soleil dans la roche. La région est également une destination d'**escalade** prisée ; renseignez-vous auprès du Malta Climbing Club (maltaclimbingclub.org).

Installé sur les rochers juste au-dessus du lieu de baignade, le petit bar-restaurant **Carmen's** n'a rien de raffiné – le mobilier s'y résume à des tables et des chaises en plastique –, mais on y sert de délicieux fruits de mer au bord de l'eau.

Grotte Bleue

EXCURSION EN BATEAU VERS UNE MERVEILLE NATURELLE

La grotte Bleue est en réalité un ensemble de sept grottes côtières sculptées par la mer et les éléments, comprenant notamment la grotte de la Lune de miel ou du Temple, la grotte

UNE CIBLE DEVENUE RÉSERVE

Le site archéologique et toute la côte offrent une vue imprenable sur **Filfla**, la plus petite des cinq îles de l'archipel maltais, à 5 km au sud de la côte de Malte, dont elle fut séparée sous l'effet de la faille de Maghlaq. Son nom fait probablement référence à sa forme, le mot arabe *filfel* signifiant "piment" ou "poivre". L'île servit de cible d'entraînement aux forces armées britanniques, avant d'être déclarée réserve naturelle en 1970.

D'importantes colonies d'oiseaux nichent sur son territoire, notamment 5000 à 8000 couples de pétrels-tempête. L'île abrite aussi un lézard et un escargot endémiques. Elle reste interdite d'accès en raison de la présence d'obus non explosés dans ses eaux.

Il Corsaro
Petit restaurant de Wied iż-Żurrieq avec poisson frais et superbe vue. €€€

La Cucina di Bettina
Cuisine italienne authentique et vue sur les départs pour la grotte Bleue. €€

Step In
Ce restaurant de poisson est parfait pour un verre dans le port de Wied iż-Żurrieq. €€

CHAPELLE D'UN VILLAGE ABANDONNÉ

Une route entre Żurrieq et Mqabba mène au site médiéval de Ħal Millieri, abandonné depuis le XVIIe siècle. Sa **chapelle de l'Annonciation**, entourée d'un joli jardin, date du milieu du XVe siècle et recèle plusieurs fresques de cette époque, seuls exemples d'art médiéval religieux maltais à nous être parvenus. Le lieu n'est ouvert que le matin du premier dimanche du mois. Pour en savoir plus, prenez contact avec le Din l-Art Ħelwa (ou National Trust of Malta), organisme qui s'occupe du site.

À Żurrieq, l'**église paroissiale Sainte-Catherine**, bâtie dans les années 1630, recèle un beau retable de sainte Catherine peint par Mattia Preti (1613-1699) en 1675, lorsqu'il se réfugia dans la bourgade durant une épidémie de peste. Plusieurs moulins à vent des XVIIe et XVIIIe siècles sont aussi à découvrir.

PARILOV/SHUTTERSTOCK ©

Grotte Bleue (p. 139)

du Chat et, la plus belle de toutes, la grotte des Reflets, dont les parois sont habillées de bleu par la lumière de la mer. La visite de cette cathédrale côtière se termine en beauté par une immense arche naturelle.

Le bateau est de loin le meilleur moyen de découvrir les grottes. Les *luzzi* (barques traditionnelles) qui emmènent les visiteurs ajoutent leurs couleurs primaires vives à la palette de teintes bleues, turquoise et violettes qui donnent aux grottes leur nom, rendant l'expérience d'autant plus pittoresque. Visitez le site en milieu de matinée, lorsque la lumière du soleil éclaire l'intérieur des grottes. La grotte Bleue se trouve à 400 m à l'est du hameau côtier de **Wied iż-Żurrieq**, d'où partent les excursions en bateau de 30 minutes. Le site est également prisé pour l'**escalade**, ainsi que pour la **plongée** et le **snorkeling**, permettant d'admirer la flore sous-marine particulièrement colorée.

Port perché, Wied iż-Żurrieq comprend une série de restaurants de poisson et fruits de mer aux terrasses donnant sur la mer qui s'étend à perte de vue.

On peut aussi admirer la grotte Bleue depuis une plateforme jouxtant la route principale, juste à l'est de la bifurcation pour Wied iż-Żurrieq.

COMMENT CIRCULER

Le bus n°201 (50 minutes, toutes les heures) circule entre Rabat et Wied iż-Żurrieq en passant par les falaises de Dingli et Ħaġar Qim, et continue jusqu'à l'aéroport via Żurrieq. Le bus n°71 relie Żurrieq (à 1,5 km de la grotte Bleue) à La Valette (35 minutes, toutes les 20 minutes).

MARSAXLOKK

Vieille bourgade de pêcheurs, Marsaxlokk (prononcez *marsa-chlock* ; de *marsa sirocco*, “port du Sud-Est”), au fond de la baie du même nom, conserve un caractère typiquement maltais, malgré son industrialisation et l’afflux dominical de touristes pour son marché hebdomadaire aux poissons et aux souvenirs.

De vénérables maisons basses bordent le front de mer, tandis que des *luzzi* (bateaux de pêche traditionnels) colorés dansent dans le port. La localité, qui rassemble quelque 70% de la flotte de pêche maltaise, est réputée pour ses restaurants de poisson, où les excursionnistes se mêlent aux habitants.

Une fois l’effervescence du dimanche passée, ce lieu plein de charme redevient une base tranquille pour rayonner dans la région. Fêtards invétérés, passez votre chemin.

Pour les infos pratiques, voir le Carnet d’adresses p. 148

À SAVOIR

Fin juillet, Marsaxlokk célèbre Notre-Dame-de-Pompéi avec des processions, des fanfares, des feux d’artifice et de nombreux stands alimentaires.

Luzzu

HIRAL GOSALIA/GETTY IMAGES ©

LES MEILLEURES TABLES DE MARSAXLOKK

La Capanna
Produits de la mer et bel emplacement sur le port. €€

La Nosta Padrona
Tables en bord de mer et poisson frais. €€

Roots
Un spécialiste des produits de la mer installé dans une ruelle. €€

T'Annamari
Vénérable restaurant maltais. €€

Tartarun
Des versions raffinées des plats de la mer, appréciées des habitants. €€€

Marché aux poissons dominical

ÉTALS SCINTILLANTS SUR LE FRONT DE MER

On pourrait croire que tout Malte se donne rendez-vous, le dimanche, au **marché aux poissons** de Marsaxlokk. Cette fête hebdomadaire se tient sur le joli front de mer de la localité, les étals encadrés par les bateaux de pêche rayés de bleu et de jaune qui tanguent sur la mer.

Les pêcheurs et leurs assistants vendent leurs prises – généralement fraîches du matin – directement à tout acheteur, notamment *lampuka* (daurade coryphène), *qarnita* (poulpe), *tonn* (thon), *pixxispad* (espadon), *cerna* (mérou) et *sargu* (daurade). Le marché commence tôt le matin et les meilleurs produits sont écoulés avant midi. Les étals de poissons et de fruits de mer voisinent avec ceux du marché quotidien, où sont vendus art, artisanat, souvenirs kitsch, vêtements et le genre de bibelots en plastique comme on en retrouve partout ailleurs dans le monde. Cela fait toutefois aussi partie de l'expérience.

La plupart des visiteurs finissent dans l'un des restaurants animés qui bordent le front de mer. À l'heure du déjeuner, tous sont envahis de grands groupes, mais on peut généralement trouver un endroit où manger en faisant un petit tour ; si vous avez une adresse précise en tête, pensez à réserver.

OÙ SE LOGER À MARSAXLOKK

Duncan's Guesthouse
Adresse accueillante au-dessus du Duncan Bar & Restaurant, sur le front de mer. €€

Port View Guesthouse
Grandes chambres en retrait du port. La terrasse du petit-déjeuner donne sur la mer. €€

South Wind Guesthouse
Chambres fraîches près du front de mer, certaines avec vue sur l'eau. €€

Luzzu

BATEAU MALTAIS EMBLÉMATIQUE

Dans le port de Marsaxlokk, des *luzzi* (*louts*-zi), embarcations colorées devenues l'un des symboles nationaux de Malte, pourront vous emmener faire un tour dans la baie pour quelques euros. Autour de Delimara Point, des propriétaires de bateaux vous transporteront également jusqu'à St Peter's Pool, joli lieu de baignade naturel.

Peint en bleu, rouge et jaune, avec l'"œil d'Osiris" sur la proue pour éloigner les mauvais esprits, le *luzzu* est un grand bateau de pêche amphidrome (qui pointe à l'avant comme à l'arrière). Le *kajjik* (*ka*-yik) est similaire en apparence, mais avec un tableau arrière carré (il ne pointe que vers l'avant). La *dgħajsa* (*daï*-sa) est une barque plus petite et d'apparence plus robuste, avec une étrave et un étambot surdimensionnés ; une sorte de gondole maltaise. Ces derniers ne sont pas des bateaux de pêche, mais des bateaux-taxis aux lignes épurées. Fonctionnant jadis à la rame, les *dgħajsas* sont aujourd'hui pour beaucoup dotées d'un moteur hors-bord.

Luzzu (2021), film néoréaliste plusieurs fois primé de l'Américain d'origine maltaise Alex Camilleri, suit les aventures d'un jeune pêcheur qui tente de maintenir à flot l'activité traditionnelle de sa famille, avec les difficultés de la vie moderne en toile de fond. Les rôles principaux sont tenus par de vrais pêcheurs maltais, qui ont improvisé une grande partie des dialogues. C'est le film idéal à regarder avant d'embarquer sur un *luzzu*.

GRANDE CALICO/SHUTTERSTOCK.COM ©

UN PORT CHARGÉ D'HISTOIRE

C'est dans la baie de Marsaxlokk, deuxième port naturel de Malte, que mouilla la flotte turque pendant le Grand Siège de 1565, et que l'armée de Napoléon débarqua lors de l'invasion française de 1798. Dans les années 1930, ses eaux calmes servirent de point de ravitaillement pour les énormes hydravions Short C-Class de l'Imperial Airways britannique, qui lancèrent le transport aérien long courrier à travers l'Empire.

Pendant la Seconde Guerre mondiale, le site fut la base de la Fleet Air Arm ; et, en 1989, le fameux sommet entre Mikhaïl Gorbatchev et George Bush (senior) se déroula à bord de deux navires de guerre, l'un américain, l'autre soviétique, ancrés dans la baie.

Des réservoirs de carburant, une centrale électrique et le port à conteneurs de Kalafrana encadrent aujourd'hui cette portion du littoral, la dénaturant quelque peu.

COMMENT CIRCULER

Les bus n^{os}81 et 85 relient régulièrement La Valette à Marsaxlokk (35 minutes), via Paola. Le bus n°119 circule entre Marsaxlokk et Marsaskala (20 minutes) et continue jusqu'à l'aéroport.

Environs de Marsaxlokk

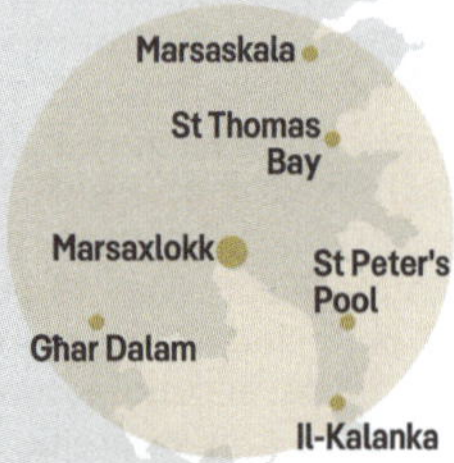

De fabuleux sites de baignade et un joyau préhistorique maltais vous attendent dans les environs de Marsaxlokk.

Pour les infos pratiques, voir le Carnet d'adresses p. 148

Hors des sentiers battus, la région qui entoure Marsaxlokk comprend des itinéraires de balade avec vue et de superbes lieux de baignade comme St Peter's Pool. Ceux-ci, extrêmement prisés des habitants, sont un peu difficiles d'accès. Birżebbuġa (*bir-zeb-bou-ja* ; "puits des oliviers") s'étend sur la rive occidentale de la baie de Marsaxlokk. Cet ancien village de pêcheurs devenu vaste cité-dortoir en raison de la proximité du grand port franc industriel ne reçoit pas beaucoup de touristes malgré sa plage relativement grande (Pretty Bay). Les visiteurs y passent principalement pour gagner les deux grottes préhistoriques voisines, notamment Għar Dalam.

À SAVOIR

Le parc naturel Xrobb l-Għaġin, qui fait partie d'un centre de développement durable consacré aux méthodes de préservation et aux énergies renouvelables, comprend plusieurs sentiers de randonnée le long de la côte.

Birżebbuġa

TRABANTOS/SHUTTERSTOCK ©

BERNHARD RICHTER/SHUTTERSTOCK ©

St Peter's Pool

St Peter's Pool et Il-Kalanka Bay

PISCINES NATURELLES

St Peter's Pool, piscine naturelle dans les rochers avec de vastes étendues plates où prendre le soleil, est un lieu de baignade fantastique. Les adolescents aiment à y sauter de différentes hauteurs. Suivez l'étroite route en direction du phare de Delimara et, juste après la cheminée de la centrale (à environ 1,5 km de la route principale), vous verrez un bâtiment bas sur la gauche au panneau indiquant "Peter's Pool". La piste qui y mène est cahoteuse et les voitures ne peuvent pas s'y croiser.

En continuant sur la même route (Triq Delimara), vous atteindrez Il-Kalanka Bay, plus tranquille (des panneaux indiquent le chemin). Un sentier en escalier d'une cinquantaine de mètres conduit à sa piscine naturelle. Attention toutefois en sautant dans l'eau, car les bords sont plus hauts qu'à St Peter's Pool. L'accès est plus facile depuis le côté droit de la piscine.

Les eaux proches de cette partie de la côte maltaise comprennent des épaves comme le *Blenheim Bomber*

VERS LE PHARE

Langue de terre à environ 5 km de Marsaxlokk, **Delimara Point** donne d'un côté sur une énorme centrale électrique et voisine, de l'autre, avec certains des plus beaux lieux de Malte où se baigner. L'extrémité de la péninsule est marquée par le **phare de Delimara**, que le Din l-Art Ħelwa propose comme location de vacances. Le lieu, fort de plusieurs promenades et sites de baignade pittoresques, semble quelque peu oublié. Du côté de Marsaxlokk trône le **fort Delimara**, bâti par les Britanniques en 1881 et désormais désaffecté.

OÙ SE RESTAURER ET PRENDRE UN VERRE À MARSASKALA

Bongo Nyah
Saveurs moyen-orientales et méditerranéennes, bières artisanales et musique. **€€**

Coffee Circus
Bon café, plats espagnols et sandwichs savoureux. **€**

Grabiel
À la fois restaurant de produits de la mer chic et café en terrasse. **€€**

TOUR SAINT-THOMAS

Cette petite forteresse du XVIIe siècle se dresse à l'extrémité nord de St Thomas Bay. Elle fut construite par les chevaliers de Saint-Jean après le débarquement des Turcs dans la baie de Marsaskala en 1614 et le pillage du village voisin de Żejtun. Entourée de mauvaises herbes et du Jerma Palace Hotel abandonné, la tour aurait besoin d'être restaurée ; on ne peut pas y entrer.

ELENA_SUVOROVA/SHUTTERSTOCK ©

Port de Marsaskala

et *Le Polynésien*. Notez toutefois que la plupart sont réservées aux plongeurs aguerris dans le cadre de sorties guidées et que beaucoup nécessitent un billet délivré par Heritage Malta.

Grotte de Għar Dalam

GROTTE DES TÉNÈBRES

Grotte de calcaire corallien inférieur longue de 145 m, Għar Dalam (*aar-da-lam* ; "grotte des ténèbres") se trouve à 500 m au nord de Birżebbuġa, sur la route principale de La Valette.

Le petit **musée** délicieusement désuet présente l'incroyable moisson d'ossements et de dents fossilisés découverts ici, appartenant notamment à des éléphants nains et à des cygnes géants. Les strates les plus profondes de la grotte, remontant à plus de 500 000 ans, recelaient aussi des restes d'hippopotames, de micromammifères et d'oiseaux.

Ces animaux renvoient tous à des espèces européennes, suggérant que Malte était autrefois rattachée à l'Italie, et non à l'Afrique du Nord. C'est aussi là qu'ont été découverts les plus anciens vestiges d'habitations humaines sur Malte, remontant

OÙ SE RESTAURER ET PRENDRE UN VERRE À MARSASKALA

La Favorita
Adresse prisée des familles pour ses produits de la mer frais. €€

Nargile Lounge
Plats et thés indiens et nord-africains dans un décor de tapis et de guirlandes électriques. €€

Tal-Familja
Une institution locale, servant cuisine maltaise classique et plats de poisson frais. €€

à quelque 7400 ans, des éléments de poteries remontant à 5200 av. J.-C. et même des dents d'homme de Neandertal.

Différentes sections du musée permettent d'en savoir davantage sur le processus de formation de la grotte et la découverte des fossiles, ainsi que sur le développement de ces animaux et leur évolution dans le contexte particulier de l'île. Dans sa partie la plus ancienne, des milliers d'os et de dents pétrifiés sont exposés dans des vitrines. Au-delà du musée, un sentier descend à travers des jardins jusqu'à l'entrée de la grotte, où un passage permet de s'aventurer sur 50 m à l'intérieur, faiblement éclairé. Une colonne de sédiments a été laissée au milieu du sol mis au jour pour en montrer la séquence stratigraphique.

Marsaskala et St Thomas Bay

DESTINATIONS CULINAIRES DES MALTAIS

Regroupée au fond d'une baie longue et étroite, Marsaskala (ou Marsascala) était à l'origine un village de pêcheurs siciliens (son nom signifie "port sicilien"). C'est aujourd'hui une zone résidentielle et une station balnéaire de plus en plus appréciée des Maltais pour ses bons restaurants, son petit port animé et son atmosphère bien locale.

Baie dentelée au sud de Marsaskala, St Thomas Bay est bordée de cabanons en béton et parpaing, et d'une route criblée de nids-de-poule, et entourée de résidences. Sa plage de sable a les faveurs des habitants et des véliplanchistes. Quelques bars s'animent le week-end. St Thomas Bay se trouve à environ 10 minutes à pied de Marsaskala le long de Triq tal-Gardiel. Vous pourrez ensuite continuer à marcher le long de la côte jusqu'à Marsaxlokk (4 km).

GROTTE DU REBELLE

La **grotte de Għar Ħasan**, creusée dans les falaises au sud de Birżebbuġa, aurait servi de cachette à un rebelle sarrasin au XIIe siècle. De Birżebbuġa, suivez la route vers Żurrieq, puis prenez à gauche la petite route en haut de la colline pour atteindre un parking au sommet des falaises, juste avant une zone industrielle. L'entrée de la grotte se trouve en bas des marches à flanc de falaise sur la gauche, mais elle était barrée, au moment de la rédaction de ce guide, pour des raisons de sécurité. Cela vaut quand même la peine de s'y rendre pour la vue sur la côte et le paysage alentour.

COMMENT CIRCULER

Les bus n^os^81 et 85 relient La Valette à Marsaxlokk (35 minutes, toutes les 40 minutes), via Paola. Le bus n°119 circule entre Marsaxlokk et Marsaskala (15 minutes, toutes les heures) et continue jusqu'à l'aéroport. Les bus n^os^91, 92 et 93 relient fréquemment La Valette à Marsaskala (25 minutes, toutes les 15 minutes).

Carnet d'adresses

ĦAĠAR QIM ET MNAJDRA

Chapelle de l'Annonciation
Voir p. 140 (Chapel of the Annunciation ; 2122 5952 ; 9h-midi 1er dim du mois)

Temples de Mnajdra
Voir p. 138 (2142 4231 ; heritagemalta.mt ; 9h-16h30)

Wied iż-Żurrieq
Voir p. 140 (2164 0058, 9945 5347 ; adulte/enfant 8/4 € ; 9h-17h avr-oct, 9h30-15h30 nov-mars)

Akwador Guesthouse
Voir p. 137 (2720 4777 ; Vajrita Street Marsaskala)

Delimara Lighthouse
Voir p. 137 (phare de Delimara ; 2122 5952)

Talbot & Bons
Voir p. 137 (7985 1903 ; talbotbons.com ; 95 Triq Il-Kbira)

Alka
Voir p. 138 (7742 4680 ; 1/3 Triq Congreve, Wied iż-Żurrieq ; midi-15h30 lun, mer-jeu et dim, midi-15h30 et 19h-22h ven-sam)

Carmen's
Voir p. 138 (2146 7305 ; www.carmensgharlapsi.com ; midi-17h et 19h-23h lun et mer-sam, midi-19h dim)

Coast
Voir p. 138 (9920 7911 ; www.facebook.com/coastcassarini ; Triq is-Sajjieda, Wied iż-Żurrieq ; midi-19h lun-mar et jeu, midi-22h ven-sam, midi-17h dim)

Il Corsaro
Voir p. 139 (7725 8895 ; Triq Wied iż-Żurrieq ; midi-15h mar-dim)

La Cucina di Bettina
Voir p. 139 (9976 2516 ; www.facebook.com/bettina.by.bologna ; Triq Congreve, Wied iż-Żurrieq ; 11h-15h et 18h-22h)

Step In
Voir p. 139 (2168 3104 ; www.stepinmalta.com ; Wied Hoxt, Qrendi ; 10h-22h mar-dim)

MARSAXLOKK

Duncan's Guesthouse
Voir p. 142 (7986 3105 ; duncanguesthouse.com ; 5 Duncan St)

Port View Guesthouse
Voir p. 142 (9907 6004 ; portview.com ; Triq il-Luzzu)

South Wind Guesthouse
Voir p. 142 (9957 6257 ; southwindguesthouse.com.mt ; Sant Andrija)

La Capanna
Voir p. 142 (2165 7755 ; www.facebook.com/lacapannarestaurant ; 12h30-15h30 et 19h-22h mar-mer et ven-sam, 19h-22h jeu)

La Nosta Padrona
Voir p. 142 (2766 7720 ; 87 Xatt is-Sajjieda ; midi-22h30 lun et mer-sam, midi-16h dim)

Roots
Voir p. 142 (2165 3205 ; Xatt is-Sajjieda ; midi-15h et 19h-22h mar-ven et dim, midi-15h et 19h-22h30 sam)

T'Annamari
Voir p. 142 (2744 6211 ; www.tannamari.com ; 28 Xatt

Temple de Mnajdra (p. 138)

is-Sajjieda ; midi-15h et 19h-22h30 mer-lun)

Tartarun
Voir p. 142 (2165 8089 ; www.tartarun.com ; Xatt is-Sajjieda ; midi-15h30 et 19h30-22h30 mar-mer et ven-sam, midi-15h dim)

ENVIRONS DE MARSAXLOKK

Grotte et musée de Għar Dalam
Voir p. 146 (Għar Dalam Cave & Museum ; 2165 7419 ; www.heritagemalta.org ; Għar Dalam ; tarif plein/réduit/6-11 ans/1-5 ans 5/3,50/2,50 €/gratuit ; 9h-17h)

Bongo Nyah
Voir p. 145 (9965 9472 ; www.bongonyah.com.mt ; Triq Tal-Gardiel ; 18h30-minuit mar-dim)

Coffee Circus
Voir p. 145 (7923 1717 ; www.facebook.com/coffeecircusmarsaskala ; 29 Triq Ix-Xatt, Marsascala ; 8h-22h)

Grabiel
Voir p. 145 (2163 6368 ; www.grabielrestaurant.com ; 1 Mifsud Bonnici Square, Marsascala ; 9h-22h30)

La Favorita
Voir p. 146 (2163 4113 ; www.facebook.com/LaFavoritaRestaurant ; Triq Tal-Gardiel, Marsascala)

MARCIN JUCHA/STOCK.ADOBE.COM ©

Marsaxlokk (p. 141)

Nargile Lounge
Voir p. 146 (9951 5883 ; www.nargilelounge.com ; Triq Tal-Gardiel, Wied il-Għajn ; 19h-23h lun et mer-sam, 12h30-15h et 19h-23h dim)

Tal-Familja
Voir p. 146 (2163 2161 ; www.talfamiljarestaurant.com ; Triq Tal-Gardiel ; 11h-23h mar-dim)

GOZO ET COMINO

FALAISES, CRIQUES, PAYSAGES CHAMPÊTRES ET SITES DE CARACTÈRE

Gozo, île de caractère à 5 km au nord de Malte, présente un magnifique littoral ; entre les deux, la petite Comino attire les visiteurs avec son sublime lagon Bleu.

Les paysages idylliques de Gozo – Għawdex (*aow-dech*) en maltais – fascinent d'emblée. Ils ont notamment inspiré le pape du *nonsense*, le poète et illustrateur Edward Lear (1812-1888), qui s'est plu à inventer des mots abracadabrants pour les décrire : "*pomskizillious*" ou "*gromphibberous*" qualifient ainsi ses petits monts coiffés d'altières églises, ses criques aux reflets envoûtants et ses falaises ciselées.

Le rythme, ici, n'a rien à voir avec celui de la grande île, trois fois plus vaste et surtout dix fois plus peuplée. Gozo ne compte en effet que quelque 32 000 habitants – principalement des Gozitains, mais aussi des Maltais. Où que vous séjourniez sur ce territoire, sa modeste taille vous permettra de rejoindre facilement ses plages de sable, ses criques rocheuses, ses excellents sites de snorkeling et de plongée sous-marine, ainsi que ses fabuleux vestiges historiques – des temples mégalithiques aux fortifications médiévales. Et les gastronomes ne seront pas en reste, entre visite de vignobles et festins de poisson sur le front de mer. Enfin, les eaux translucides du superbe lagon Bleu de l'île de Comino, toute proche, ne sont qu'à une courte traversée en bateau.

SITES PRINCIPAUX

VICTORIA
Citadelle capitale de Gozo. p. 156

NORD DE GOZO
L'impressionnante Dwejra, un temple préhistorique et des marais salants. p. 159

SUD DE GOZO
Port, baies et falaises de Ta'Ċenċ. p. 167

COMINO
Petite île baignée par le lagon Bleu. p. 172

SDEBONO/SHUTTERSTOCK ©

Wied il-Għasri (p. 163)

BUS

Les bus de Gozo sont climatisés et fiables, mais ils peuvent être lents et peu fréquents, surtout dans les petites localités. Ils sont exploités par Malta Public Transport (www.publictransport.com.mt) ; vous pouvez donc utiliser les mêmes cartes et billets qu'à Malte.

VÉLO

Gozo est bien plus agréable à explorer à vélo que Malte, mais méfiez-vous de la chaleur estivale. Les vélos électriques sont une bonne option ; on peut en louer auprès de Mġarr Tourist Services (www.gozomgarrtouristservice.com) ou de Gozo Segway Tours (www.gozosegway.com).

VOITURE

On peut louer une voiture à Gozo, ou bien à Malte avant de l'embarquer sur le ferry. En haute saison, mieux vaut réserver quelques semaines à l'avance. Toutes les villes ont des zones de stationnement à durée limitée gratuites, mais il peut être difficile de trouver une place durant la période estivale.

S'orienter

On peut facilement rejoindre Gozo en car-ferry Gozo Channel depuis Ċirkewwa (30 minutes). Un bateau de passagers rapide relie également Gozo à La Valette (45 minutes).

Comino, p. 172
Cette petite île ne compte que trois résidents permanents, mais les visiteurs y affluent, attirés par son lumineux lagon Bleu.

Sud de Gozo, p. 167
Des formations rocheuses spectaculaires et des criques cachées à découvrir.

Planifier son séjour

Où que vous résidiez (la plupart des hébergements se trouvent dans les petites localités), vous pourrez explorer une grande partie de Gozo en quelques jours, surtout si vous disposez d'un véhicule ; cela dit, l'île s'apprécie davantage en prenant son temps. On visite généralement Comino dans la journée (depuis Gozo ou Malte), mais on peut y passer la nuit.

Ramla Bay (p. 164)

Si vous avez peu de temps

- La taille modeste de Gozo permet de découvrir beaucoup de choses en peu de temps ; mais si vous êtes vraiment pressé, gagnez d'emblée les **temples de Ġgantija** (p. 165), un ensemble mégalithique bien préservé au sommet d'une colline. À quelques kilomètres de là, vous pourrez vous détendre sur le sable ocre et dans les eaux scintillantes des baies de **San Blas** (p. 165) et de **Ramla** (p. 164).

Au fil des saisons

L'affluence est maximale en été. La saison d'opéra et le festival Mediterranea en automne font partie des temps forts de l'agenda culturel.

AVRIL

Processions et célébrations de la **Semaine sainte**.

MAI

Moins de visiteurs et beau temps printanier.

JUIN

Musique et théâtre animent Victoria à partir de la mi-juin durant les cinq semaines de l'**International Arts Festival** (viaf.org.mt).

Si vous avez quelques jours

● Vous pourrez visiter de nombreux sites en quelques jours, même en vous déplaçant en bus. Ne manquez pas les superbes **temples de Ġgantija** (p. 165), qui surplombent une colline offrant une vue imprenable sur Gozo, et **Il-Kastell** (p. 157) de Victoria. Laissez-vous tenter par un bain de mer à **Wied il-Għasri** (p. 163), une petite crique isolée, tapissée de galets, ou allongez-vous sur le sable rouge de la baie de **San Blas** (p. 165), l'une des plages les plus appréciées de Gozo pour la baignade et le snorkeling. Vous pouvez également faire une excursion à **Comino** (p. 172) pour profiter d'une vue à 360° depuis le sommet de cette minuscule île et nager dans le **lagon Bleu** (p. 173).

Si vous avez plus de temps

● Vous découvrirez plus amplement les richesses de Gozo en prenant votre temps. Ajoutez à votre programme la minuscule baie de **Mġarr ix-Xini** (p. 169), que vous rejoindrez de préférence en bateau pour y déguster un déjeuner de poisson. L'étendue côtière au nord de **Marsalforn** (p. 162), où les marais salants historiques de Gozo sont frappés par les vagues et scintillent au soleil, compte parmi les joyaux de l'île. Vous pouvez également découvrir certaines des excellentes tables de Gozo, longer les bastions d'**Il-Kastell** (p. 157), la citadelle restaurée, et vous dégourdir les jambes à l'occasion d'une belle randonnée côtière, par exemple de Mġarr à Xlendi.

JUILLET

Les fêtards se rassemblent en plein air, notamment au très populaire lagon Bleu de Comino. Fête villageoise à San Lawrenz le 30.

AOÛT

La fête continue, et Victoria célèbre l'Assomption le 15.

SEPTEMBRE

Xagħra célèbre la **Nativité de la Vierge Marie** le 8.

OCTOBRE

Moindre affluence au lagon Bleu et festival culturel **Mediterranea** (www.mediterranea.com.mt) à partir de la mi-octobre.

VICTORIA

Toutes les routes de Gozo semblent mener à son chef-lieu, dominant le centre de l'île du haut d'une colline. Victoria est en effet le passage obligé pour rallier les différents points d'intérêt gozitains. Sa citadelle, Il-Kastell, qui s'élève sur un affleurement rocheux, est visible de toutes parts. À l'intérieur de celle-ci, les bâtiments, soigneusement restaurés, abritent de nombreux musées intéressants.

Initialement nommée Rabat – et toujours désignée ainsi par nombre d'insulaires –, Victoria prit son nom actuel en 1897, à l'occasion du jubilé de diamant de la souveraine britannique. Concentrant l'essentiel des activités commerciales et des services de Gozo, elle se situe à seulement 6 km de la gare maritime de Mġarr et 3,5 km de la station balnéaire de Marsalforn. Il-Borgo (la vieille ville) est un lieu très agréable qui mérite que l'on s'y attarde.

Pour les infos pratiques, voir le carnet d'adresses p. 174

À SAVOIR

L'Heritage Malta Multisite Pass (heritagemalta.mt) et le Malta Pass (maltapass.com.mt) donnent accès aux sites de la citadelle, à l'exception de la cathédrale Notre-Dame-de-l'Assomption et de son musée (www.gozocathedral.mt) ; achetez vos billets directement à la billetterie de la cathédrale.

Il-Kastell

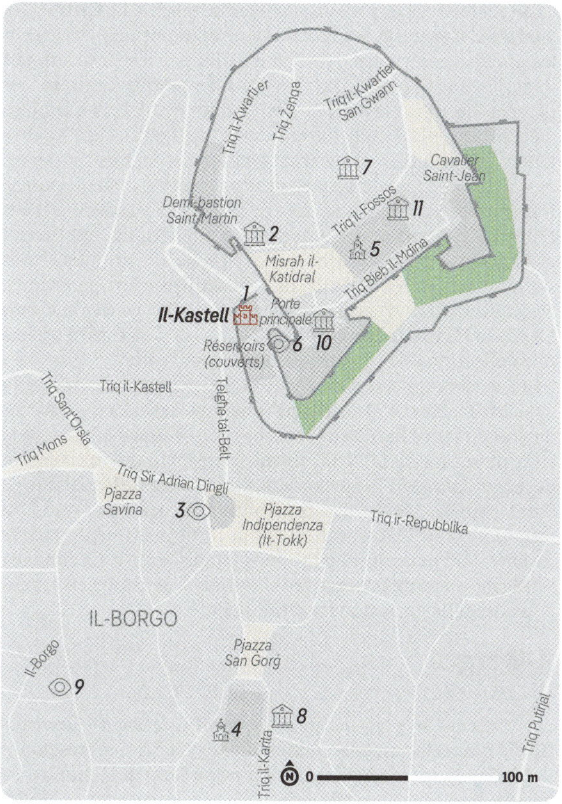

INCONTOURNABLE
1 Il-Kastell

VOIR
2 Ancienne prison
3 Banca Giuratale
4 Basilique Saint-Georges
5 Cathédrale Notre-Dame-de-l'Assomption
6 Cittadella Visitors' Centre
7 Gran Castello Historic House
8 Heart of Gozo (Il-Ħaġar)
9 Il-Borgo
10 Musée archéologique
11 Musée de la Cathédrale

Il-Kastell

MUSÉES HISTORIQUES ET VUE PANORAMIQUE

Le chemin de ronde qui coiffe les murailles du XVe siècle d'Il-Kastell, petite citadelle perchée sur un promontoire rocheux haut de 140 m, permet de faire quasiment le tour de Victoria, offrant une vue imprenable sur Gozo et les flots. Sur la base de fortifications qui surmontent le plateau rocheux depuis l'âge de bronze, les Phéniciens ont largement contribué à l'édification de la citadelle, avant qu'elle ne devienne cité romaine. Après de terribles raids des Turcs sur Gozo, les familles de toute l'île prirent l'habitude de passer la nuit à Il-Kastell, pratique qui perdura jusqu'au XVIIe siècle.

À L'ASSAUT D'IL-KASTELL

Charlie Sacco
dirige la Santa Marija House, à Victoria.
santamarijahouse.com

"Il y a tant à voir. La vallée d'Il-Lunzjata voisine était autrefois le terrain de chasse des chevaliers.
Ne manquez pas le Kafe' San Gorg pour ses *pastizzi* locaux. De la place Saint-Georges, continuez à monter jusqu'à Il-Kastell. Entre ses murs, la cathédrale Notre-Dame-de-l'Assomption possède une spectaculaire coupole en trompe-l'œil. Du sommet d'Il-Kastell, la vue embrasse toute l'île."

OÙ SE LOGER À VICTORIA

Casa Gemelli
La vue sur Il-Kastell depuis cette demeure de 1890 justifie d'y mettre le prix. **€€€**

Maria Townhouse
Plusieurs chambres et un appartement indépendant gérés par Joe et Gina. **€€**

Santa Marija House
Une maison d'hôtes aux chambres hautes de plafond, de bon rapport qualité-prix. **€€**

LES MEILLEURS RESTAURANTS ET BARS DE VICTORIA

Grapes Bistro
Des assiettes maltaises traditionnelles, sur la place de la basilique Saint-Georges. €€

Neolitik Kitchen
Dans une ruelle de la vieille ville, excellent risotto et plats locaux à la touche moyen-orientale. €€

Panzier Restaurant
Cuisine sicilienne familiale à base de produits frais, avec de bons plats de poisson. €€

Tapie's
Bar à l'ancienne dont les tables extérieures réunissent Gozitains, expatriés et touristes ; bière bon marché. €

Ta'Rikardu
De délicieux plats gozitains, sur la place principale d'Il-Kastell. €€

Vanilla +
Glaces artisanales parmi les meilleures de l'île, avec choix sans gluten et végane ; près de la gare routière. €

La citadelle renferme plusieurs petits musées. Le **Cittadella Visitors' Centre** et ses installations audiovisuelles occupent les anciens réservoirs d'eau construits par les Britanniques dans les années 1870. Dans le **Musée archéologique**, les déesses fécondes (les "*fat ladies*") exhumées dans les temples mégalithiques (IIIe millénaire av. J.-C.) de Ġgantija et à Xagħra jouent les vedettes. On y trouve aussi des ancres romaines, des jarres de l'âge du bronze et des amulettes phéniciennes. L'**ancienne prison** fut utilisée de la fin du XVIe siècle à 1904. L'Ordre y enferma certains de ses chevaliers, dont Jean Parisot de La Valette, qui y séjourna quelques mois. Les graffitis gravés sur les murs par les détenus sont particulièrement émouvants. Dans un dédale d'escaliers, de pièces et de cours, la **Gran Castello Historic House** évoque la vie rurale à Gozo à travers une collection d'outils domestiques et agricoles.

Cet ensemble est dominé par l'élégante façade de la **cathédrale Notre-Dame-de-l'Assomption**, décorée des écus du grand maître Ramón de Perellós et de l'évêque Palmieri. À la suite du séisme de 1693 qui détruisit le sanctuaire initial, il fut décidé de confier à Lorenzo Gafà, l'architecte de la cathédrale Saint-Paul de Mdina, la construction de celle de Gozo, qui dura de 1697 à 1711. Faute d'argent, il fut peint un astucieux trompe-l'œil pour simuler le dôme, jamais réalisé. La citadelle renferme aussi de pittoresques boutiques de bijoux en argent et de dentelle gozitaine traditionnelle.

Il-Borgo

AU CŒUR DE LA VIEILLE VILLE ANIMÉE DE VICTORIA

Les visiteurs se pressent dans la **basilique Saint-Georges** (1678), qui recèle un beau retable de Mattia Preti représentant *Saint Georges et le dragon*. La Pjazza San Ġorġ qui l'entoure est bordée de restaurants et de cafés. Non loin, le petit musée **Heart of Gozo** (Il-Ħaġar, "Cœur de Gozo") est le fruit du travail de la Fondazzjoni Belt Victoria pour retracer le passé de l'île. Y sont exposés des objets d'art sacré provenant de la basilique, ainsi que des objets de la vie quotidienne ayant traversé les siècles.

Un marché s'installe chaque jour (6h30-14h) sur la Pjazza Indipendenza, appelée **It-Tokk** ("le lieu de rendez-vous"). À l'extrémité ouest de celle-ci, la **Banca Giuratale**, bâtiment baroque semi-circulaire construit en 1733 pour le conseil municipal, accueille des expositions. Ville de culture, Victoria possède deux théâtres dans sa rue principale, Aurora et Astra, où est organisé le **Victoria International Arts Festival** (viaf.org.mt), durant cinq semaines chaque année en juin et juillet.

COMMENT CIRCULER

Victoria se trouve à 7 km du port de Mġarr.

La plupart des bus de Gozo passent par la gare routière de Victoria.

Près de celle-ci, on peut se garer gratuitement et sans limite de temps au grand Victoria Car Park ; ailleurs, la durée de stationnement est limitée.

Gozo Segway Tours (www.gozosegway.com), à Victoria, loue des vélos électriques (réservation conseillée).

NORD DE GOZO

Les paysages vallonnés et surréalistes de cette partie de l'île sont dominés par les deux temples préhistoriques du site de Ġgantija, juste en dehors de Xagħra. Le nom Ġgantija renvoie à la taille gigantesque des temples, et on a longtemps cru qu'ils avaient été érigés par des géants. Le littoral est d'une beauté époustouflante, ponctué par la crique de galets de Wied il-Għasri, les rochers sculptés par le vent de Dwejra, le sable roux doré des baies de San Blas et de Ramla – la grotte où Ulysse aurait été retenu prisonnier par la nymphe Calypso. Dans les marais salants étincelants, les familles locales continuent de récolter le sel comme leurs ancêtres l'ont fait pendant des siècles. La région compte également de délicieux restaurants, d'anciennes boulangeries et un bar à bière artisanale qui vaut le détour.

Pour les infos pratiques, voir le Carnet d'adresses p. 174

À SAVOIR

Plusieurs centres de plongée de Marsalforn permettent d'explorer les superbes sites de Gozo, parmi lesquels Atlantis, Bubbles, Calypso et Nautic Team – ce dernier proposant des formules pour les personnes handicapées.

Inland Sea (p. 161)

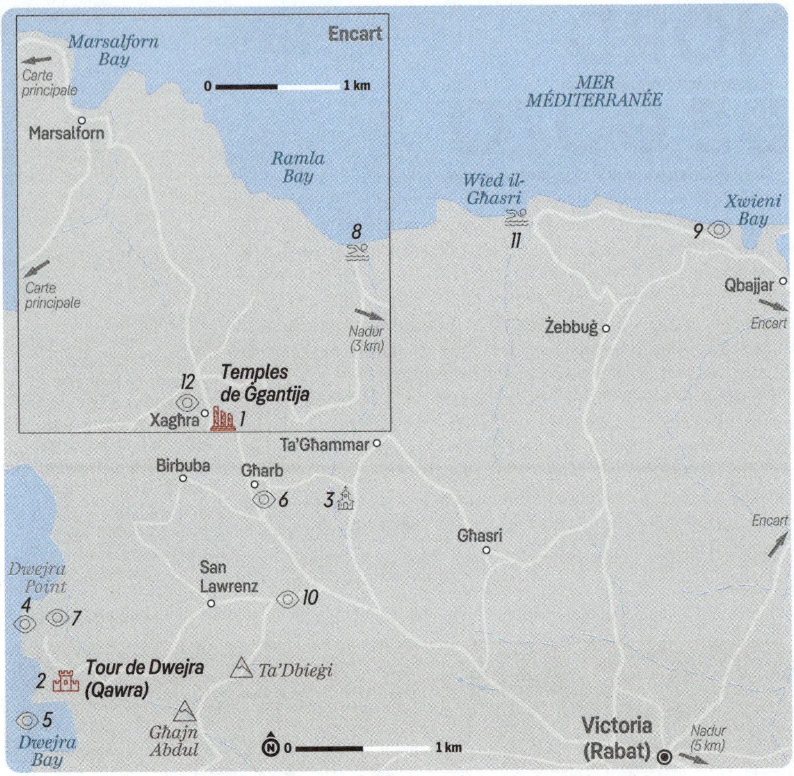

INCONTOURNABLES
1 Temples de Ġgantija
2 Tour de Dwejra (Qawra)

VOIR
3 Basilique de Ta'Pinu
voir 6 Église de la Visitation (Għarb)
voir 12 Église Notre-Dame-de-la-Victoire (Xagħra)
4 Fenêtre d'azur
5 Fungus Rock
6 Għarb
voir 12 Grotte de Ninu
voir 12 Grotte de Xerri
7 Inland Sea
voir 12 Moulin à vent de Ta'Kola
voir 6 Musée du Folklore (Għarb)
voir 12 Musée du Jouet Pomskizillious
8 Ramla Bay
9 Salines
10 Village d'artisans de Ta'Dbieġi
11 Wied il-Għasri
12 Xagħra

OÙ SE LOGER ET SE RESTAURER À SAN LAWRENZ

Kempinski Hotel
Une retraite chic au milieu d'un paysage luxuriant, avec spa et restaurants. **€€€**

Mood Farmhouse
Adresse rustique cosy avec piscine, dans une ferme quatre fois centenaire. **€€**

Tatitas
L'ancien poste de police de San Lawrenz propose tables extérieures et plats gozitains. **€€**

Dwejra

FORMATIONS ROCHEUSES SPECTACULAIRES

La géologie et la mer se sont alliées pour créer de spectaculaires paysages côtiers à Dwejra, sur la côte ouest. L'effondrement de deux vastes grottes calcaires souterraines a créé deux dépressions circulaires aujourd'hui occupées par la Dwejra Bay et l'Inland Sea. La **Fenêtre d'azur** (Azure Window), une immense arche naturelle dans les falaises qui attirait des foules de touristes, s'est écroulée en mars 2017 du fait de l'érosion naturelle et au sortir d'une tempête. Des excursions en bateau de 15 minutes permettent d'en voir de gros fragments immergés et d'admirer le paysage côtier environnant, qui n'a rien perdu de sa beauté sauvage. On trouve ici d'excellents sites de **plongée** et de **snorkeling**, notamment les célèbres **Blue Hole** (trou Bleu) – une cheminée naturelle creusée dans le calcaire, de 10 m de diamètre et de 25 m de profondeur – et **Coral Gardens** (jardins de Corail).

Lagon cerné de falaises, l'**Inland Sea** (mer intérieure) est reliée à la haute mer par un tunnel qui traverse sur 100 m le promontoire de Dwejra Bay. Assez large pour laisser passer de petits bateaux par temps calme, ce tunnel a fait de la mer intérieure un port de pêche pendant des siècles. Aujourd'hui, les pêcheurs complètent leurs revenus en proposant des excursions en bateau sous cette voute calcaire.

À l'entrée de Dwejra Bay émerge de la mer un immense rocher, **Fungus Rock** (rocher des Champignons) ou Il-Ġebla tal-Ġeneral (le rocher du Général). Les chevaliers de Saint-Jean cueillaient en son sommet une plante rare, le *Cynomorium coccineum*. Cette plante parasite brun foncé en forme de massue, poussant jusqu'à environ 18 cm, ressemble à un champignon, d'où le nom donné au rocher.

La petite **chapelle de Dwejra**, consacrée à sainte Anne, a été construite en 1963 sur le site d'une église beaucoup plus ancienne. Plus haut sur la côte, la **tour de Dwejra (Qawra)** vaut le détour pour sa vue somptueuse (si le drapeau est hissé, elle est ouverte).

Għarb et San Lawrenz

PAISIBLES VILLAGES RICHES EN ARTISANAT

À l'intérieur des terres, à environ 5 ou 6 km de Dwejra, le village de Għarb (prononcez *aarb*, "ouest") abrite l'**église de la Visitation**, l'une des plus belles de l'archipel, ainsi qu'un **musée du Folklore**, aménagé dans une maison du XVIIIe siècle. Elle fut autrefois habitée par Frenc Mercieca, un sage local qui avait

PATTI ET GIUSEPPE PIAZZI

Patti et Giuseppe Piazzi, propriétaires du boutique-hôtel Thirtyseven Gozo à Għarb.

"Savourer de petits plaisirs simples est l'un des luxes qu'offre la vie à Gozo. J'aime par exemple admirer les couchers de soleil, plus beaux les uns que les autres. Pour nous, les meilleurs sites pour le faire sont les falaises de Sanap et Dwejra (où le premier *Game of Thrones* a été tourné). Apportez une bouteille de vin mousseux et asseyez-vous sur un rocher pour voir le soleil se mettre à danser."

OÙ SE LOGER À MARSALFORN

Maria Giovanna Guesthouse
Quinze chambres de style rustique, aux lits en fonte ou en bois originaux. **€€**

Murella Living
Chambres et suites décorées de peintures murales et d'œuvres d'art modernes. **€€**

The Lantern
Des chambres avec salle de bains propres et cosy ; bonne pizzeria au rez-de-chaussée. **€€**

PÈLERINAGE À TA'PINU

Depuis Għarb, une marche de 3 km mène à la **basilique de Ta'Pinu**, un sanctuaire national dédié à la Vierge Marie, qui est un important lieu de pèlerinage. Cette immense église a été bâtie dans les années 1920 sur le site d'une chapelle où la Vierge aurait, en 1883, parlé à une Gozitaine appelée Carmela Grima – on peut visiter sa maison à Għarb.

Il fut décidé de remplacer la chapelle par cette majestueuse basilique de style roman, avec un campanile à l'italienne et un intérieur en pierre blond doré. Derrière l'autel sont conservées une partie de la chapelle d'origine et la tombe de Carmela Grima. Le nom "Ta'Pinu" fait référence à Filippino Gauci, qui s'occupait de l'ancienne église. Une tenue appropriée est requise pour la visite.

En face de la basilique, un chemin de croix jalonné de statues monte jusqu'au sommet de la colline de **Ta'Għammar**.

– à ce que l'on dit – le don de guérir les malades. Les 28 pièces sont remplies d'objets d'une grande richesse amassés par l'actuel propriétaire depuis de nombreuses années ; entre autres un corbillard pour enfants, des outils agricoles, du matériel de pêche et un petit atelier de cordonnier. Appelez à l'avance pour connaître les heures d'ouverture. L'autre **musée** de Għarb, plus petit, est consacré à la vie rurale. Il occupe l'ancienne maison de Carmela Grima, la paysanne dont les visions ont conduit à la construction de la **basilique de Ta' Pinu**, haut lieu de pèlerinage, en dehors du village.

Juste à côté de Għarb se trouve le village tout aussi charmant de San Lawrenz, où le romancier Nicholas Monsarrat (1910-1979) vécut et travailla pendant quatre ans au début des années 1970. Sa passion pour les îles maltaises apparaît dans son roman *Don Salvatore, chapelain de Malte.*

Entre San Lawrenz et Santa Lucija, visitez le **village d'artisans de Ta'Dbieġi**, autrefois un camp de l'armée britannique, pour acheter tapis, verreries, poteries et dentelles, assister à des démonstrations et déguster des produits locaux, notamment fromages, confitures et liqueurs. Les chats résidents sont extrêmement dociles. Le bus n°312 s'arrête ici.

Marsalforn

TRANQUILLE STATION BALNÉAIRE

Ancien village de pêcheurs, Marsalforn est la principale station balnéaire de Gozo. Fort agréable à vivre de par sa taille modeste et ses constructions basses (hôtels et appartements), elle possède une jolie promenade jalonnée de restaurants. Si le lieu est très fréquenté en été, il semble quasi abandonné le reste de l'année.

On trouve au fond de la baie de Marsalforn une minuscule étendue de sable, mais il vaut mieux se baigner et bronzer sur les rochers à l'ouest. Marchez quelques kilomètres vers l'est, au-delà de la colline, et vous atteindrez la **grotte de Calypso** et **Ramla Bay**.

En venant de Victoria, vous apercevrez à l'orée du village une colline (96 m) surmontée d'une effigie du Christ que les habitants appellent **Tas-Salvatur** (le Rédempteur). Elle a été érigée dans les années 1970, remplaçant des statues préexistantes et une croix en bois datant des années 1900.

Vers l'ouest, à environ 1,5 km de Marsalforn, **Xwieni Bay** est séparée de **Qbajjar Bay** par un promontoire couronné d'un fortin. Sa plage de sable aux eaux peu profondes invitent à la baignade. Des kiosques y proposent boissons et nourriture simple. Un peu plus loin débutent les fascinants marais salants

OÙ SE RESTAURER À MARSALFORN

Arzella
Adresse prisée des habitants, avec terrasse couverte donnant sur la mer. **€€**

Crab Shell Kiosk
Kiosque de plage avec carte simple de pizzas, burgers et bières. Espèces uniquement. **€**

Otters Bistro
Superbe terrasse ombragée en bord de mer et délicieuses spécialités gozitaines. **€€**

Salines près de Marsalforn

de Gozo. Plusieurs familles y cultivent encore le sel. C'est un bel endroit où se balader, à pied ou à VTT, le long des formations rocheuses en dents de scie.

GORGE CÔTIÈRE TURQUOISE

Depuis Marsalforn, une marche de 5 km vers l'ouest le long de la côte mène à l'étroite crique bordée de falaises de **Wied il-Għasri** (vous pouvez également vous garer près du sommet, puis descendre jusqu'à la baie). Un escalier taillé dans la roche conduit à une toute petite plage de galets à l'entrée de la crique. C'est un endroit délicieusement pittoresque, mais mieux vaut éviter de s'y baigner par temps agité, lorsque les vagues viennent s'écraser sur les rochers.

Salines

CULTURES DE SEL SCINTILLANTES

Juste après un virage de l'étroite route côtière, vous découvrirez en contrebas un damier d'eau qui brille sous un ciel généralement bleu. Si d'autres marais salants émaillent le littoral des îles, ceux-ci, juste en dehors de Marsalforn, sont de loin les plus spectaculaires. Avec ses étendues plates de calcaire qui s'effrite à la main, la côte nord de Gozo se prêtait idéalement à la production saline, l'eau de mer pénétrant dans ces bassins peu profonds, puis le vent et le soleil faisant le reste. L'exploitation de ces marais remonte selon toute vraisemblance aux époques romaine et phénicienne. Le sel, utilisé pour la conservation de la viande et du poisson avant l'invention de la réfrigération, était très demandé.

Le sel était stocké dans de petites grottes creusées dans la roche. Chargés des récoltes, les chevaliers de Saint-Jean condamnaient à une amende quiconque produisait du sel

Qbajjar
Vue sur l'océan et excellents produits de la mer à environ 1 km à l'ouest de Marsalforn. **€€**

Ta' Frenc
À environ 1,5 km au sud de Marsalforn, grandiose ferme deux fois centenaire. **€€€**

Ta' Mena Winery
Bon vin et grand choix de produits fermiers. Circuits culinaires et œnologiques. **€**

RAMLA BAY

Long arc de sable roux doré, Ramla Bay est l'une des plus belles plages de sable de Gozo. Aucun hôtel ou immeuble d'appartements ne vient gâcher la vue, et seuls quelques restaurants sont installés sur le sable. Les maigres vestiges d'une villa romaine se cachent au milieu des bambous derrière la plage, et, à l'ouest, la grotte de Calypso est visible au sommet de la colline. On peut louer chaises longues et parasols, ainsi que du matériel de snorkeling. Ramla Bay est aussi une valeur sûre pour les surfeurs, mais mieux vaut éviter la haute saison. À pied, comptez 20 minutes de Nadur ou 30 minutes de Xagħra.

Moulin à vent de Ta'Kola

sans autorisation. Plus tard, les Britanniques relancèrent la production de sel, offrant des concessions à ceux qui choisissaient de cultiver les marais salants.

Le sel est toujours récolté de nos jours, entre mai et septembre. Les marais salants sont répartis entre trois familles depuis plusieurs générations. Sous la force des flots et du vent, les falaises alentour ont pris des formes singulières. L'itinéraire côtier à VTT de Żebbuġ passe le long des marais salants.

Xagħra

DES GROTTES, DES JOUETS ET UN MOULIN À VENT

Xagħra (*chaa*-ra), l'un des plus grands villages de Gozo, s'étend sur un plateau au sommet d'une colline à l'est de Victoria. Malgré la proximité du premier site touristique de Gozo, les temples préhistoriques de Ġgantija, la localité a conservé une atmosphère locale tranquille, ce qui en fait un lieu de séjour agréable. L'**église Notre-Dame-de-la-Victoire** (XIXe siècle) domine la place du village, la **Pjazza Vittorja**, où les anciens aiment à venir bavarder à l'ombre des lauriers roses ; une camionnette de fruits et légumes s'y arrête chaque jour pour sa tournée.

OÙ SE LOGER À XAGĦRA

Cornucopia
Ancienne ferme transformée en hôtel, avec un choix de logements indépendants. **€€**

Georges Boutique Hotel
Chambres impeccables avec, pour certaines, des poutres apparentes. **€€**

Il-Logga
Des chambres colorées avec balcon, un restaurant et une piscine sur le toit. **€€**

Xagħra recèle dans ses ruelles d'autres lieux d'intérêt. Le **musée du Jouet Pomskizillious** présente des maisons miniatures, des soldats de plomb et des poupées de porcelaine. Une partie est consacrée au poète de l'absurde Edward Lear, qui inventa le mot *pomskizillious* pour décrire les paysages gozitains.

Le village comprend également un moulin à vent, **Ta'Kola**, érigé en 1725 à l'instigation des chevaliers, qui en bâtirent à travers les îles pour encourager la production de farine (c'est l'un des rares qui subsistent). Le bâtiment abrite aujourd'hui un joli musée sur la vie rurale, qui montre outils et pièces à vivre d'époque, mais le plus intéressant vous attend en haut des escaliers étroits : les énormes meules de la minoterie d'origine.

Les autres sites d'intérêt de Xagħra sont souterrains, mais on y accède curieusement par des maisons de particuliers. La vaste **grotte de Xerri** s'étend sous la propriété d'Antonio Xerri, qui la découvrit en creusant un puits et décida alors d'exploiter cette manne touristique. Cachée sous une autre maison, la **grotte de Ninu** fut mise au jour en 1888 par le grand-père de l'actuel propriétaire. Les deux grottes sont hérissées de stalactites et de stalagmites.

SAN BLAS BAY

Un peu plus loin sur la côte se trouve San Blas, minuscule baie parsemée de rochers avec des poches de gros sable couleur rouille, entourée de champs en terrasses abruptes avec des haies de figuiers de Barbarie. Une piste très étroite et pentue y mène depuis le parking qui ne peut accueillir que quelques voitures ; des jeeps font la navette pour une modique somme.

Site archéologique de Ġgantija

TEMPLES DES GÉANTS

Dressés sur l'arête de la colline au sud de Xagħra, les temples de Ġgantija offrent une vue magnifique sur presque tout le sud de Gozo. Ce sont les plus grands temples mégalithiques des îles maltaises (*ġgantija*, prononcé *djé-gan-ti-ya*, signifie "géante") ; ils s'étendent sur 40 m et leurs murs s'élèvent à plus de 6 m de haut.

Un très bon centre d'accueil des visiteurs apporte des éclairages sur le contexte historique au néolithique, ainsi que sur les objets mis au jour durant les fouilles, notamment les sculptures dites des "*fat ladies*" découvertes sur le site et conservées au Musée archéologique d'Il-Kastell.

Datés entre 3600 et 3200 av. J.-C., ces deux temples sont, avec ceux de Ta'Ħaġrat et de Skorba à Malte, les plus anciens de l'archipel. Orientés au sud-est, ils comprennent chacun cinq niches semi-circulaires. Le temple sud (à gauche) est le plus ancien. Pour y pénétrer, on marche sur une immense dalle faisant office de seuil. Les quatre trous percés dans le sol servaient probablement aux libations, ces offrandes rituelles au cours desquelles coulaient le sang

AUTRES MERVEILLES PRÉHISTORIQUES

Malte compte des sites préhistoriques comme Ħaġar Qim et Mnajdra (p. 136), l'hypogée de Ħal Saflieni et Tarxien (p. 65). Les musées archéologiques de Victoria (p. 158) et de La Valette (p. 47) valent la visite.

OÙ SE RESTAURER ET PRENDRE UN VERRE À XAGĦRA

73 In the Square
Bar à vins animé sur la jolie place principale de Xagħra. €

Il-Logga
Restaurant de l'hôtel éponyme à la salle rustique, où s'offrir un repas élaboré. €€€

Oleander
Adresse très appréciée, sur la jolie place de Xagħra, à la cuisine maltaise raffinée. €€

LES MEILLEURES ACTIVITÉS À GOZO

Gozo Adventures
Kayak de mer, randonnée, VTT, escalade et descente en rappel.

Gozo Fun
Sorties en paddle et surf.

Gozo SegwayTours
Circuits guidés à Segway, notamment le long des salines de Marsalforn. Vélos électriques également disponibles.

Kayak Gozo
Excursions en canoë-kayak autour de Gozo et de Comino.

Lino Stables
L'une des nombreuses écuries de Xagħra.

Sea Kayak Malta
Excursions en kayak de mer d'une journée ou plus.

Xlendi Pleasure Cruises
Excursions privées ou en groupe en bateau de Mġarr à Xlendi.

ROBNAW/STOCK.ADOBE.COM ©

Temples de Ġgantija (p. 165)

ou l'eau. La première niche sur la droite abrite un autel décoré de spirales. Elle contenait également un pilier sculpté d'un motif de serpent, désormais conservé au Musée archéologique de Victoria. La niche sur la gauche dans la salle intérieure renferme un autel en trilithe bien conservé ; sur la droite se trouvent un foyer circulaire en pierre et un autel en forme de banc.

La taille du mur extérieur du temple nord, plus tardif, est impressionnante. Le plus grand des mégalithes mesure 6 m sur 4 m et pèse environ 57 tonnes. On pense que le mur d'origine atteignait 16 m de hauteur ; difficile d'imaginer comment ces énormes pierres ont été installées. Les murs extérieurs sont faits de calcaire corallien, plus résistant, ceux de l'intérieur de calcaire à globigérine, plus léger, extrait à 1 km de là.

COMMENT CIRCULER

Le bus n°311 relie Victoria à Dwejra (16 minutes, toutes les heures). Vous pouvez également prendre le bus n°312 jusqu'à San Lawrenz (10 minutes) et marcher 1,5 km jusqu'à la baie.

Le bus n°310 circule entre Victoria et Marsalforn (17 minutes, toutes les heures). Le bus n°322 dessert Mġarr (38 minutes, toutes les heures et demie) via Ramla Bay (20 minutes) et Xagħra (14 minutes). On 2 Wheels Gozo loue scooters et vélos. Si vous avez une voiture, garez-vous au sud de la baie, le long de Triq il-Wied.

Le bus n°307 relie Victoria à Xagħra (35 minutes, toutes les heures). Le bus n°322 relie la ville à Marsalforn (13 minutes, toutes les 1 heure 30), Ramla Bay (10 minutes) et Mġarr (25 minutes). Pour la place principale de Xagħra et le moulin à vent de Ta'Kola, mieux vaut se garer près des temples de Ġgantija et marcher.

Pour Nadur, prenez le bus n°322, qui au départ de Mġarr (7 minutes) dessert Ramla Bay (8 minutes), Xagħra (18 minutes) et Marsalforn (21 minutes).

SUD DE GOZO

Le sud de Gozo est émaillé de paisibles villages, d'itinéraires de randonnée à flanc de falaise, de magnifiques petites baies et de belles églises. Les occasions de se régaler de plats savoureux préparés à base d'ingrédients locaux y sont légion : vous apprécierez le port de Mġarr et le village voisin de Għajnsielem pour leurs restaurants traditionnels de poisson ; vous déjeunerez tranquillement dans la petite crique de Mġarr ix-Xini en contemplant la mer, les pieds dans l'eau, avant de vous autoriser une petite sieste, bercé par le ressac... Mais vous pourrez également vous promener sur les falaises isolées de Ta'Ċenċ au coucher du soleil, découvrir l'artisanat et le charme de Għarb, et profiter de la baie, des sites de plongée et des restaurants de poisson de Xlendi.

Pour les infos pratiques, voir le Carnet d'adresses p. 174

À SAVOIR

Du port de Mġarr aux plus hautes falaises de Gozo, la côte sud de l'île offre des panoramas éblouissants et une vie locale tranquille. Le Gleneagles Bar est au cœur de la vie sociale de Mġarr et de Għajnsielem.

VOIR
1 Église Notre-Dame-de-Lourdes (Mġarr)
voir 6 Église Saint-Pierre-et-Saint-Paul (Nadur)
2 Falaises de Ta'Ċenċ
3 Fort Chambray
4 Gnien Blankas
5 Mġarr ix-Xini
voir 6 Musée maritime Kelinu Grima
6 Nadur
7 Rotunda
8 Tombes de l'âge du bronze

LES MEILLEURES ADRESSES DE SANNAT

Beppe's
Grill haut de gamme avec cuisine ouverte ; tables à l'intérieur et à l'extérieur. €€

Hotel Quaint
Petit boutique-hôtel dans le village, avec chambres contemporaines et bon restaurant. €€

Hotel Ta'Ċenċ
Chambres simples mais élégantes aménagées dans des trulli (bâtiments de forme conique) dans un domaine de 160 ha, sur un plateau isolé juste à l'est de Sannat. Spa, piscines et plage privée. €€€

Mġarr ix-Xini

Mġarr

DÉLICES DE LA MER SUR LE PRINCIPAL PORT DE GOZO

Débarcadère des ferrys, Mġarr s'étend sur les basses collines. Si les possibilités d'hébergement y sont quasi nulles, les restaurants de poisson et de fruits de mer se succèdent sur le front de mer et dans ses environs. L'**église Notre-Dame-de-Lourdes**, édifice néogothique du XXe siècle, semble suspendue au-dessus du village. Sa construction, entreprise en 1924, ne fut achevée que dans les années 1970 en raison du manque de moyens. Sur les hauteurs se profilent les remparts du **fort Chambray**, bâti par les chevaliers de Saint-Jean au début du XVIIIe siècle. À l'origine destiné à supplanter la citadelle de Victoria, il devait contenir entre ses murs un réseau de rues semblable à celui de La Valette. Le projet n'a cependant pas abouti à cause du déclin de l'Ordre à la fin du XVIIIe siècle. Le fort servit de garnison, puis d'hôpital psychiatrique. Une partie a aujourd'hui été transformée en appartements de luxe.

Un petit nombre de restaurants font de Mġarr une halte agréable. En suivant Triq iż-Żewwiega, on atteint un **point de vue** au sud de Qala. L'effort – 1,8 km de montée depuis le port – en vaut la peine ; le panorama sur Gozo et la mer est superbe.

En quittant Mġarr, au premier rond-point sur votre droite, vous découvrirez le village de la Nativité recréant Bethléem grandeur nature. Il prend tout son sens en décembre, lorsque 150 comédiens y rejouent la naissance du Christ.

OÙ SE RESTAURER À MĠARR

Country Terrace
Adresse pour une occasion spéciale, avec vue sur le port et plats marins gozitains. €€

Sammy's – Il-Kcina Tal-Barrakka
La terrasse de ce restaurant prisé est toujours bondée. €€

Sicilia Bella
La famille sicilienne en cuisine garantit des plats authentiquement siciliens. €€

Mġarr ix-Xini

PROMENADE CÔTIÈRE ET DÉJEUNER DE FRUITS DE MER

L'étroite crique bordée de falaises de Mġarr ix-Xini ("port des galères") était autrefois le port principal des chevaliers de Saint-Jean à Gozo. L'une de leurs **tours de guet** du XVIIe siècle en garde toujours l'entrée. On peut rejoindre le site à pied depuis Mġarr en suivant l'itinéraire du Gozo Coastal Walk, qui offre de superbes points de vue sur la mer. Lorsque l'on atteint la petite crique, on a l'impression que peu de choses ont changé depuis que l'amiral turc Dragut Reis y débarqua, en 1551, pour attaquer l'île et réduire en esclavage la plupart des insulaires. Dans un registre plus léger, la baie fut en 2015 le lieu de tournage de *Vue sur mer*, un film avec Angelina Jolie et Brad Pitt (le lieu étant censé évoquer la Côte d'Azur). La baie, aujourd'hui très prisée, accueille de nombreux bateaux de visiteurs le week-end.

Au fond de la crique, on trouve une minuscule **plage de galets** et une aire pavée où touristes et Gozitains viennent lézarder au soleil. C'est un cadre magnifique pour nager et faire du snorkeling, de surcroît exempt de monde en semaine et hors saison. Uniquement ouvert pour le déjeuner, le **Sandra & Noel's Fish Shack** sert notamment poisson, calamars et crevettes (paiement en espèces uniquement).

Nadur

DEUXIÈME "VILLE" DE GOZO

Nadur ("poste d'observation") s'étend le long d'une haute crête à l'est de Victoria. Pleine de charme et pourtant peu visitée, c'est un bon endroit où s'imprégner de l'atmosphère locale. À l'extrémité ouest de la crête, une tour de guet du XVIIe siècle surveille les voies maritimes de Comino. L'**église Saint-Pierre-et-Saint-Paul** de Nadur, datant de la fin du XVIIIe siècle, doit son surnom local – iż-Żewġ ("la paire") – aux statues blanches des deux saints qui en flanquent l'escalier d'accès. L'intérieur est richement décoré de sculptures en marbre et 150 peintures recouvrent la voûte. Un grand **marché** se tient près de l'église le mercredi d'environ 7h à 11h. Cela vaut la peine de visiter le **musée maritime Kelinu Grima**, dont la collection a été constituée par une institutrice locale pendant 65 ans.

Ce village paisible est réputé pour ses deux boulangeries anciennes, **Maxokk** et **Mekren's**, qui vendent des *ftira* (pains maltais) et des pizzas traditionnelles cuits dans un four à pain, ainsi que de la bière artisanale locale. Sur la place principale, **Gebuba** fait partie des meilleurs bars de Gozo, avec plus de 300 bières maltaises et étrangères.

LIEUX DE BAIGNADE SECRETS

À environ 2 km de Nadur, **Daħlet Qorrot** est fréquenté par les Gozitains le week-end. On y trouve une plage de galets, mais la plupart des baigneurs s'installent sur les rochers, à côté des rangées de petits hangars à bateaux taillés dans la roche, aux portes peintes de couleurs vives ; il y a généralement beaucoup de place pour se garer. À environ 5 km au sud de Nadur, on découvre **Ħondoq ir-Rummien** ("fossé aux grenades"), crique prisée pour sa petite plage de sable, ses échelles de baignade et sa vue sur Comino.

OÙ SE LOGER À XLENDI

San Andrea Hotel
Une adresse appréciée, avec des chambres aux balcons donnant sur la mer. €€

San Antonio
Grandes chambres lumineuses, jardin et piscine avec vue pour un prix raisonnable. €€

Thirtyseven Gozo
Superbe boutique-hôtel réparti dans plusieurs fermes, avec piscine. €€€

ESCALADE À GOZO

Non contente d'avoir initié la pratique de l'escalade sur Gozo et sur Comino dans les années 1950 et 1960, l'armée britannique a même édité un guide des voies sur l'archipel. Oublié après l'indépendance, ce sport a été redécouvert ces dernières années. On dénombre aujourd'hui plus de 300 voies sur 12 sites de l'île, dans des emplacements superbes et très accessibles. Dwejra possède une roche de bonne qualité et quelques voies magnifiques, mais les grimpeurs ne doivent pas déranger les oiseaux qui y nichent au printemps. Entre Xlendi et Munxar, un autre site majeur rassemble 21 voies équipées dans une gorge du littoral. Les débutants peuvent apprendre à grimper, et les experts en quête de défis trouveront des voies de niveau 7 à 8. Pour plus de renseignements, consultez **Gozo Climbing** (www.gozo-climbing.com).

Xewkija

ARCHITECTURE ET POINT DE VUE MAJESTUEUX

L'immense dôme de l'**église paroissiale Saint-Jean-Baptiste**, plus connue sous le nom de **Rotunda**, domine le village de Xewkija – et une grande partie du sud de Gozo. Bâtie autour de la vieille église du XVIIe siècle devenue trop petite, la Rotunda peut accueillir trois fois la population du village. L'intérieur austère impressionne par ses dimensions. Des scènes de la vie de saint Jean-Baptiste décorent les six chapelles latérales, et les sculptures baroques et reliques du sanctuaire antérieur sont conservées à gauche de l'autel. Il aura fallu vingt ans (1951-1971) aux paroissiens bénévoles pour construire ce lieu de culte avec l'apport de dons locaux. L'ouvrage tient de l'exploit, car son dôme, qui s'élève à 74 m, est le troisième au monde par la taille, devant celui de la cathédrale Saint-Paul de Londres.

Un petit ascenseur conduit à la galerie entourant la coupole d'où les visiteurs jouissent d'un panorama somptueux.

Falaises de Ta'Ċenċ

VUE VERTIGINEUSE ET VESTIGES PRÉHISTORIQUES

À quelques kilomètres au sud de Victoria, le haut plateau de Ta'Ċenċ descend à pic jusqu'à la mer, offrant une vue vertigineuse sur Victoria, Xewkija et Xagħra vers le nord. Autour du plateau, des pistes serpentent vers de mystérieux vestiges préhistoriques.

Les spectaculaires rochers calcaires, aussi appelés "falaises de Sanap", culminent à plus de 130 m. Ce fut longtemps un lieu de nidification du faucon pèlerin maltais. L'espèce, chassée jusqu'à son extinction, avait disparu de l'île dans les années 1980, mais trois couples reproducteurs y ont été observés depuis 2015.

Près du sommet des falaises, vous pourrez voir des *cart ruts* (ornières préhistoriques), comme dans le **Gnien Blankas**, petit jardin public en périphérie de Xewkija. Un peu en retrait du bord des falaises, près de l'Hotel Ta'Ċenċ, on trouve trois **tombes de l'âge du bronze**, dont un dolmen préhistorique. Il n'y a pas de panneau ; ouvrez l'œil pour le repérer.

On accède au plateau de Ta'Ċenċ depuis **Sannat**, paisible village à 2 km au sud de Victoria, autrefois réputé pour sa dentelle. Sur la place du village, des panneaux indiquent la direction de l'**Hotel Ta'Ċenċ**, l'un des établissements les plus chics de Gozo, qui possède une plage privée et un bar parfait pour un verre en soirée.

OÙ SE RESTAURER À XLENDI

Boathouse
Un restaurant très réputé, avec terrasse donnant sur la mer. €€

Ic-Cima
Les produits de la mer sont excellents, de même que les pizzas. En montant la colline. €€

Ta'Karolina
Terrasse et délicieuses spécialités gozitaines. €€

JAROSLAV MORAVCIK/SHUTTERSTOCK ©

Xlendi

Xlendi

PARADIS DES PLONGEURS ET DES RANDONNEURS

Ancien village de pêcheurs, Xlendi est aujourd'hui une station balnéaire prisée. Cette crique abritée était utilisée comme port certainement depuis l'époque romaine, comme en témoignent les nombreuses amphores découvertes dans ses eaux. Le récif au large a provoqué de nombreux naufrages ; une épave phénicienne vieille de 3 000 ans a été mise au jour ces dernières années. À quelque 110 m de profondeur, elle n'est pas accessible par une plongée classique ; consultez underwatermalta.org.

Si les hôtels, peu élevés, ne gâchent pas la vue, les projets d'immeubles d'habitation en plein essor affecteront inévitablement les charmes de la baie. Cette partie du littoral reste cependant magnifique, attirant les Maltais le week-end et de nombreux touristes par ses sites de **baignade**, de **snorkeling** et de **plongée**. Les abords se prêtent à de belles **randonnées** le long du littoral. Wied ix-Xlendi (vallée de Xlendi), vers l'intérieur des terres, offre des voies d'**escalade** palpitantes.

Au XIXe siècle, Xlendi était appelé "port des femmes", car seule la gent féminine pouvait s'y baigner. À l'extrémité de la baie, au-delà de la falaise qui domine le petit port de pêche, des marches conduisent à une minuscule crique dans les rochers où l'on peut se baigner à l'abri des regards, comme le faisaient, dit-on, les religieuses d'un couvent proche.

SUR LES SENTIERS CÔTIERS DE XLENDI

Depuis Xlendi, d'agréables randonnées existent le long de la côte dans un sens comme dans l'autre. Enfilez de bonnes chaussures et ne vous approchez pas des bords abrupts. Des cartes sont disponibles sur greatwalksmalta.com.

Vers le nord, marchez jusqu'à **Wardija Point** et **Dwejra Bay** (environ 8 km), mais le chemin disparaît presque par endroits. Vers le sud, un sentier serpente jusqu'à une tour de guet du XVIIe siècle, **Torri ta'Xlendi**, à Ras il-Bajjada. Les **marais salants** en contrebas offrent un fantastique point de vue. De là, on vous pourrez continuer vers l'est jusqu'aux falaises de Sanap. Le **Xlendi Walk**, itinéraire de 12 km en grande partie côtier, relie Xlendi au port de Mġarr, passant par la crique de Mġarr ix-Xini et le long des falaises de Ta'Ċenċ.

COMMENT CIRCULER

La ligne de bus circulaire n°306 relie Victoria à Xlendi (25 minutes, toutes les heures). Le bus n°305 circule entre Victoria et Ta'Ċenċ (10 minutes, toutes les heures).

En voiture depuis Victoria, suivez les panneaux à partir du rond-point à l'extrémité sud de Triq Putirjal. On trouve un parking gratuit (à durée limitée) derrière le port de Xlendi.

COMINO

Embarquez sur un bateau à destination de Comino (en maltais *Kemmuna*, “cumin”), îlot de calcaire d’à peine 2,5 km sur 1,5 km, entouré d’eaux cobalt et turquoise. C’était autrefois un repaire de pirates et de contrebandiers, et son isolement lui valut de servir de zone de quarantaine pour les malades du choléra et de la peste au début du XIXe siècle. Cette île presque déserte – son unique hôtel est en cours de reconstruction – et ceinte de grottes et de falaises est sublime. Elle est baignée par le lagon Bleu, l’un des sites naturels les plus saisissants et les plus visités de l’archipel. Comino est une réserve naturelle et ornithologique, sans voitures.

Pour les infos pratiques, voir le Carnet d’adresses p. 174

À SAVOIR

En été, le lagon Bleu est envahi d’excursionnistes ; vous aurez de plus grandes chances de profiter de ses eaux étincelantes hors saison.

INCONTOURNABLE
1 Lagon Bleu

VOIR
2 Batterie de canons
3 Chapelle Notre-Dame-du-Retour-d’Égypte
4 Santa Marija Bay
5 Tour Sainte-Marie

CRISTIAN ZAMFIR/SHUTTERSTOCK ©

Lagon Bleu

Randonnée à Comino

SENTIERS ET POINTS DE VUE HISTORIQUES

Depuis le **lagon Bleu**, suivez le sentier jusqu'à la **tour Sainte-Marie**. Érigée par les chevaliers en 1618, celle-ci faisait autrefois partie du système de communication et de défense entre Mdina (Malte) et la citadelle de Gozo. Flanquée à l'origine de quatre tourelles, elle fut la seule à résister à l'épreuve du temps. Les Britanniques la transformèrent en hôpital de quarantaine, tandis que sa partie basse servit d'étable. Restaurée en 2004, la tour est aujourd'hui ouverte au public ; montez les marches pour profiter de la vue. Plus loin, la **batterie de canons** du XVIIIe siècle servait à protéger le canal de Gozo.

Une demi-heure de marche dans l'autre direction mène à **Santa Marija Bay**, une belle petite plage abritée, bien moins fréquentée que le lagon Bleu. Vous passerez devant la simple mais charmante **chapelle Notre-Dame-du-Retour-d'Égypte**, bâtie par les chevaliers en 1618.

Prévoyez de l'eau, de bonnes chaussures et un chapeau, surtout en été. On peut passer la nuit dans le petit camping Tal Ful, mais l'hôtel historique de Comino a fermé. Il sera remplacé par un hôtel Hili Ventures ; ce projet controversé comprendra 19 bungalows et bâtiments hôteliers dans les baies San Niklaw et Santa Marija.

LAGON BLEU

Crique abritée entre l'extrémité ouest de l'île et l'îlot inhabité de Cominotto (*Kemmunett* en maltais), le superbe **lagon Bleu** (Blue Lagoon) est l'attrait phare de Comino, avec son fond marin de sable blanc et ses eaux claires. Le bleu est si intense que l'on a l'impression d'entrer dans une photo de carte postale surexposée.

La pointe sud du lagon est délimitée par une corde pour interdire l'accès aux bateaux. Le site est idéal pour la baignade et le snorkeling, et l'on peut nager jusqu'à Cominotto. Plusieurs kiosques vendent boissons et en-cas, et louent des chaises longues.

Hélas, la surfréquentation du lagon Bleu, principalement en été, nuit à son charme. Pour éviter la foule, cherchez d'autres endroits où vous baigner ; les plages de San Niklaw et de Santa Marija sont moins fréquentées.

COMMENT CIRCULER

De nombreux tour-opérateurs proposent des excursions à Comino au départ de Mġarr, comprenant généralement une brève balade aux grottes de l'île.

Des excursions au lagon Bleu partent aussi de lieux touristiques comme Sliema, Buġibba et Golden Bay à Malte, et Xlendi et Marsalforn à Gozo. Pour visiter le lagon Bleu sans la foule, organisez une excursion privée depuis Malte en fin d'après-midi. Une fois à Comino, vous pourrez explorer l'île à pied.

Carnet d'adresses

VICTORIA

Ancienne prison
Voir p. 158 (2156 5988 ; heritagemalta.mt ; Triq il-Kwartier San Martin ; tarif plein/réduit/6-11 ans/1-5 ans 5/3,50/2,50 €/gratuit Visitors' Centre et 4 musées inclus ; 9h-17h mar-dim)

Banca Giuratale
Voir p. 158 (2156 3344 ; www.victoria.org.mt ; Pjazza l-Indipendenza ; 8h-minuit lun-ven, 9h-22h sam)

Basilique Saint-Georges
Voir p. 158 (2155 6377 ; www.stgeorge.org.mt ; Pjazza San Ġorġ ; 4h-12h30 et 14h30-19h30)

Cathédrale Notre-Dame-de-l'Assomption
Voir p. 158 (Cathedral of the Assumption ; gozodiocese.org/churches/parishes/katidral ; Misraħ il-Katidral ; adulte/enfant musée inclus 5/2 € ; 5h30-19h15)

Ċittadella Visitors' Centre
Voir p. 158 (2215 6507/2215 6452 ; www.visitgozo.com ; Telgħa tal-Belt ; 4 musées tarif plein/réduit/6-11 ans 5/3,50/2,50 € ; 9h-17h mar-dim)

Gran Castello Historic House
Voir p. 158 (2156 1929 ; www.visitgozo.com ; Triq Bernardo DeOpuo ; tarif plein/réduit/6-11 ans 5/3,50/2,50 € ; 9h-17h mar-dim)

Heart of Gozo
Voir p. 158 (Il-Ħaġar ; 2155 7504 ; www.heartofgozo.org.mt ; Triq il-Karita ; don apprécié ; 9h-17h)

Il-Kastell
Voir p. 157 (Ċittadella ; tarif plein/réduit/6-11 ans 5/3,50/2,50 €)

Musée archéologique
Voir p. 158 (2155 6144 ; heritagemalta.mt ; Triq Bieb il-Mdina ; Visitors' Centre et 4 musées inclus tarif plein/réduit/6-11 ans/1-5 ans 5/3,50/2,50 €/gratuit ; 9h-17h mar-dim)

Musée de la Cathédrale
Voir p. 158 (2155 6087 ; Triq il-Fossos ; adulte/enfant cathédrale incluse 7/2 € ; 10h-13h et 13h30-16h30 lun-sam)

Victoria International Arts Festival
Voir p. 158 (7970 2613 ; viaf.org.mt ; St George's Square ; juin-juill)

Casa Gemelli
Voir p. 157 (2155 9067 ; 21 Triq ir-Repubblika)

Maria Townhouse
Voir p. 157 (7702 6498 ; 107 Triq Karita)

Santa Marija House
Voir p. 157 (9902 0170 ; 90 Triq il Karita)

Grapes Bistro
Voir p. 158 (7947 3536 ; www.facebook.com/GrapesWineBarGozo ; St George's Square ; 14h-21h lun-jeu et sam-dim et 8h-22h ven)

Kafe' San Gorg
Voir p. 157 (2156 5432 ; Pjazza San Ġorġ ; 8h-23h)

Neolitik Kitchen
Voir p. 158 (2156 4092 ; www.facebook.com/neolitikgozo ; 14 Triq is-Suq ; 18h30-22h mer, midi-15h et 18h30-22h jeu-dim)

Panzier Restaurant
Voir p. 158 (2155 9979 ; www.facebook.com/ilpanzier ; 39 Charity Street ; midi-14h30 et 18h30-20h30)

Tapie's
Voir p. 158 (2156 0093 ; San George Square ; 8h30-22h30)

Ta'Rikardu
Voir p. 158 (2155 5953 ; 4 Triq il-Fossos ; 11h-19h)

Vanilla +
Voir p. 158 (7900 7547 ; www.facebook.com/VanillaPlusGozo ; Triq Taħt Putirjal ; 11h-20h30 lun-jeu et dim, 11h-21h30 ven-sam)

NORD DE GOZO

Basilique de Ta'Pinu
Voir p. 162 (Basilica of Ta'Pinu ; 2155 6187 ; www.tapinu.org ; Triq ta'Pinu ; 7h-19h lun-sam, 6h-midi et 13h-18h30 dim)

Grotte de Ninu
Voir p. 165 (Ninu's Cave ; Triq Jannar, Xagħra ; don apprécié ; 8h30-16h)

Grotte de Xerri
Voir p. 165 (Xerri's Grotto ; 2755 2733 ; www.facebook.com/XerrisGrotto ; l'Għar ta'Xerri, Xagħra ; adulte/enfant 2,50/1 € ; 10h-16h30 sept-mai, 10h-18h juin-août)

Moulin à vent de Ta'Kola
Voir p. 165 (Ta'Kola Windmill ; 2156 1071 ; heritagemalta.

mt ; Triq il-Bambina, Xagħra ; tarif plein/réduit/6-11 ans/1-5 ans temples de Ġgantija inclus 10/8/6 €/gratuit ; 10h-18h)

Musée du Folklore
Voir p. 161 (Folklore Museum ; 2156 1929 ; 99 Church Square, Gharb ; 9h-16h lun-sam, 9h-13h dim)

Musée du Jouet Pomskizillious
Voir p. 165 (Pomskizillious Museum of Toys ; 2156 2489 ; Triq Ġnien Xibla, Xagħra ; adulte/enfant 2,80/1,50 € ; 10h30-13h jeu-sam avr et nov, 10h30-13h lun-sam mai-oct, 10h30-13h sam fév-mars et déc)

Temples de Ġgantija
Voir p. 165 (2155 3194 ; heritagemalta.mt ; accès depuis Triq l-Imqades ; tarif plein/réduit/6-11 ans/1-5 ans moulin à vent de Ta'Kola inclus 9/7/5 €/gratuit ; 9h-18h juin-oct, 9h-17h nov-mai)

Tour de Dwejra (Qawra)
Voir p. 161 (Dwejra Tower ; www.dinlarthelwa.org ; adulte/enfant 2 €/gratuit ; 10h30-12h30 et 13h15-15h30 dim-ven et lorsque le drapeau est hissé)

Village d'artisans de Ta'Dbieġi
Voir p. 162 (2156 1482 ; Triq Franġisk Portelli, Kerċem ; 10h30-16h lun-sam)

Atlantis
Voir p. 159 (2155 4685 ; www.atlantisgozo.com ; Atlantis Hotel, Triq il-Qolla ; baptême à partir de 40 € ; 7h30-18h30)

Bubbles
Voir p. 159 (2702 8299 ; www.diving-gozo.com ; 17 Triq il-Forn ; baptême à partir de 40 € ; 8h-18h)

Calypso
Voir p. 159 (2156 1757 ; www.calypsodivers.com ; Triq il-Port ; baptême à partir de 40 €)

Nautic Team
Voir p. 159 (2155 8507 ; www.nauticteam.com ; Triq il-Vulcan ; plongée d'initiation à partir de 38 €)

Cornucopia
Voir p. 164 (2155 6486 ; www.vjborg.com/cornucopia/cornucopia-hotel ; 10 Gnien Imriek St, Xagħra)

Georges Boutique Hotel
Voir p. 164 (2700 7700 ; georgesgozoliving.com ; 154 Triq Il Knisja, Xagħra)

Il-Logga
Voir p. 164 (7994 4738 ; illogga.com ; 16 Church St, Xagħra)

Kempinski Hotel
Voir p. 160 (2211 5250 ; www.kempinski.com ; Triq ir-Rokon, San Lawrenz)

Maria Giovanna Guesthouse
Voir p. 161 (2155 3630 ; www.tamariagozo.com ; Triq Ir-Rabat, Iż-Żebbuġ)

Mood Farmhouse
Voir p. 160 (9955 9808 ; www.moodfarmhouse.com ; Razzett Virtu, Triq il-Madonna Tal-Virtut, San Lawrenz)

Murella Living
Voir p. 161 (2155 0340 ; www.murellaliving.com.mt ; 19 Triq Il-Forn, Marsalforn)

The Lantern
Voir p. 161 (7956 6271 ; lanterngozo.com ; Qbajjar Rd, Marsalforn)

Basilique de Ta'Pinu (p. 162)

FREDP/STOCK.ADOBE.COM ©

Mġarr (p. 168)

Arzella
Voir p. 162 (2155 4662 ; www.facebook.com/ristorantearzella ; Triq Għar Qawqla, Marsalforn ; 11h-15h lun et mer-jeu, 11h-15h et 19h-23h ven-dim)

Crab Shell Kiosk
Voir p. 162 (2099 2037 ; Xwejni Rd, Marsalforn ; 9h-22h)

Il-Logga
Voir p. 164 (2155 1210 ; illogga.com ; 16 Church St, Xagħra)

Oleander
Voir p. 165 (2155 7230 ; www.facebook.com/OleanderRestaurant ; Pjazza Vittorja, Xagħra ; midi-14h30 et 18h30-22h30 lun-sam, midi-14h30 et 18h30-21h30 dim)

Otters Bistro
Voir p. 162 (2156 6606 ; ottersgozo.com ; Triq Santa Marijan, Marsalforn ; 11h-22h30)

Qbajjar
Voir p. 163 (2155 1124 ; www.qbajjarrestaurant.com ; Triq ix-Xwejni, Marsalforn ; 10h30-15h30 et 17h30-22h30 mer-lun)

Ta' Frenc
Voir p. 163 (7901 3864 ; www.tafrenc.mt ; Daħla ta' Għajn Damma, Xagħra ; 18h30-21h lun et mer, midi-13h30 et 18h30-21h jeu-sam, 12h-13h30 dim)

Tatitas
Voir p. 160 (7921 0430 ; www.facebook.com/tatitas2 ; Pjazza San Lawrenz, San Lawrenz ; 18h15-minuit mer-lun)

73 in the Square
Voir p. 165 (7788 9966 ; www.facebook.com/73inthesquare ; 73 Pjazza Vittorja, Xagħra ; 11h-21h lun-mar et jeu, 11h-23h ven-dim).

Ta' Mena Winery
Voir p. 163 (2156 4939 ; tamena-gozo.com ; 3000 Triq L-Industrija, Xewkija ; 9h-16h lun-ven)

SUD DE GOZO

Église Notre-Dame-de-Lourdes
Voir p. 168 (Church of Our Lady of Lourdes ; 2166 6537 ; Triq Lourdes, Mġarr)

Église Saint-Pierre-et-Saint-Paul
Voir p. 169 (Church of Sts Peter & Paul ; 2155 6187 ; www.nadurparish.com ; Pjazza San Pietru u San Pawl, Nadur)

Musée maritime Kelinu Grima
Voir p. 169 (Kelinu Grima Maritime Museum ; 2156 5226 ; Dun B Haber, In-Nadur ; 9h-16h jeu et sam)

Rotunda
Voir p. 170 (Parish Church of St John the Baptist ; 2155 6793 ; Xewkija ; 5h-midi et 15h-20h)

Gozo Adventures
Voir p. 166 (9999 4592 ; www.gozoadventures.com)

Gozo Fun
Voir p. 166 (9981 5857 ; www.gozofun.com ; adulte/enfant 40/30 €)

Gozo Segway Tours
Voir p. 166 (9944 8901 ; www.gozosegway.com ; circuits à partir de 20 €)

Kayak Gozo
Voir p. 166 (9900 4696 ; www.kayakgozo.com ; circuits à partir de 47 €)

Lino Stables
Voir p. 166 (7926 2280 ; 15h-19h lun-jeu, 16h-19h sam, 8h-midi et 15h-19h dim)

Sea Kayak Malta
Voir p. 166 (9900 4697 ; www.seakayakmalta.com ; excursions 62 €)

Xlendi Pleasure Cruises
Voir p. 166 (9911 1909 ; www.xlendicruises.com ; c/o Mġarr Tourits Services ; avr-oct).

Hotel Quaint
Voir p. 168 (2156 1076 ; quainthotelsgozo.com ; Pjazza Santa Margherita, Quaint)

Hotel Ta'Ċenċ
Voir p. 170 (2219 1000 ; www.vjborg.com/ta-cenc/ta-cenc-hotel-spa ; Triq Ta Cenc, Sannat)

San Andrea Hotel
Voir p. 169 (2156 5555 ; www.hotelsanandrea.com ; Xatt Ix Xlendi, Il-Munxar)

San Antonio
Voir p. 169 (☎ 2158 3434 ; www.dbhotelsresorts.com ; Triq it-Turisti, Saint Paul's Bay)

Thirtyseven Gozo
Voir p. 169 (☎ 7937 3707 ; www.thirtysevengozo.com ; 37 Triq Munxar, Munxa)

Beppe's
Voir p. 168 (☎ 2750 0567 ; www.facebook.com/beppessannat ; 13 Triq Ta Xamghan, Sannat ; 18h30-22h lun-mar et jeu-sam, midi-14h dim)

Boathouse
Voir p. 170 (☎ 2156 9153 ; www.theboathousegozo.com ; Xatt ix-Xlendi, Xlendi ; midi-22h30)

Country Terrace
Voir p. 168 (☎ 2155 0248 ; www.country-terrace.com ; Triq Iz Zewwieqa, Mġarr ; midi-14h30 et 18h-22h mar-dim)

Ic-Cima
Voir p. 170 (☎ 2155 8407 ; www.cimarestaurant.com ; Triq San Xmun, Xlendi ; midi-14h30 et 18h30-22h30 mer-dim)

Maxokk Bakery
Voir p. 169 (☎ 2155 0014 ; www.maxokkbakery.com ; Triq San Ġakbu, Nadur ; 10h30-19h lun-sam, 13h-19h dim)

Mekren's Bakery
Voir p. 169 (☎ 2155 2342 ; www.facebook.com/mekrensbakery ; Triq tal-Hanaq, Nadur ; 9h-21h30)

Sammy's – Il-Kcina Tal-Barrakka
Voir p. 168 (☎ 7959 2952 ; 28 Manoel de Vilhena St, Mġarr)

Sicilia Bella
Voir p. 168 (☎ 2156 3588 ; www.facebook.com/SiciliaBellaMgarr ; Triq Manoel de Vilhena, Mġarr ; midi-15h et 18h-21h30 mar-dim)

Ta'Karolina
Voir p. 170 (☎ 2155 9675 ; www.karolinarestaurant.com ; Triq Marina, Xlendi ; midi-15h et 18h30-22h30 lun-sam, midi-15h dim)

Gebuba
Voir p. 169 (☎ 7947 0141 ; www.facebook.com/gebuba ; Triq il-Knisja, Nadur ; 18h-2h lun-jeu, 18h-3h ven-sam)

Gleneagles Bar
Voir p. 167 (☎ 2155 6543 ; 10 Triq Il-Vittorja ; 15h-minuit dim-jeu, 15h-2h ven-sam)

COMINO

Tour Sainte-Marie
Voir p. 173 (St Mary's Tower ; ☎ 2122 5952 ; www.dinlarthelwa.org ; 2 € ; 10h30-15h mer, ven-dim avr-oct et quand le drapeau est hissé)

CARNET PRATIQUE

Ce chapitre présente toutes les informations pratiques essentielles dont vous aurez besoin pour voyager à Malte et Gozo.

Comino (p. 172)

FUNKYFROGSTOCK/SHUTTERSTOCK ©

Arriver à Malte et Gozo

La plupart des visiteurs arrivent à Malte en avion. L'aéroport international de Malte, à 8 km au sud de La Valette, est le seul de l'archipel. On y trouve un office du tourisme ouvert 7 jours sur 7, ainsi que des bus fréquents et bon marché desservant les villes principales de Malte, et le ferry pour Gozo. Malta Public Transport vend des cartes de bus et de ferry valables dans tout l'archipel ; vous pouvez aussi acheter des billets pour un trajet simple à bord des bus.

Visas
Malte fait partie de l'espace Schengen. Les ressortissants des pays de l'UE et de l'EEE n'ont pas besoin de visa pour entrer à Malte. Pour les autres nationalités, consultez identitymalta.com/schengen.

Argent
Les DAB sont nombreux dans les villes. Les cartes bancaires sont acceptées dans les grands hôtels et les restaurants haut de gamme, mais certains établissements plus modestes n'acceptent que les espèces.

Wi-Fi
Malte bénéficie d'une bonne couverture Wi-Fi – la plupart des villes et villages ont un *hotspot* sur la place principale. La connexion, de qualité variable, est généralement gratuite dans les hôtels, cafés, bars et restaurants.

Électricité
Les visiteurs non européens auront peut-être besoin d'un convertisseur de tension pour brancher leurs appareils à Malte (240 V) – ce n'est généralement pas nécessaire pour les ordinateurs portables.

Depuis/vers l'aéroport

	La Valette	Saint Julians	Mellieħa
BUS	35 min 2 €	35 min 2 €	56 min 2 €
TAXI	16 min 17 €	20 min 20 €	35 min 43 €
UBER/BOLT	16 min 15 €	20 min 17 €	35 min 26 €

DE NOUVEAUX BUS

Quel dommage que les vieux bus couleur locale de Malte ne bringuebalent plus à des vitesses terrifiantes sur les routes pleines de nids-de-poule de l'île ! Gérés de façon indépendante par leurs chauffeurs et amoureusement customisés, ils portaient le nom de *xarabank*, déformation de "char à banc", ancien transport en commun tiré par des chevaux.

D'un autre côté, ils contribuaient aussi à la densité du trafic de Malte, l'une des plus élevées d'Europe. Lorsque le réseau de bus fut confié à Arriva, en 2011, l'entreprise importa de Londres des bus articulés, pas toujours faciles à manœuvrer sur les routes étroites des îles. Le réseau de bus est désormais moins pittoresque, mais bien plus efficace.

Comment circuler

Malte est une petite île dotée d'un bon réseau de bus, mais vous gagnerez beaucoup de temps en louant une voiture. Des ferrys font des navettes fréquentes entre Malte et Gozo, d'autres sillonnent les ports de La Valette.

BUDGET

Location de voiture **à partir de 20 €/jour**

Carburant **1,34 €/litre**

Ticket de bus **journée/nuit 2/3 €**

Ferry pour Gozo (passagers à pied) **à partir de 4,65 €**

Location de voiture

Les tarifs de location de voiture à Malte sont parmi les plus bas d'Europe. Si vous louez une voiture à Malte, vous pouvez l'embarquer sur le ferry pour Gozo. Renseignez-vous sur ce qui est inclus dans le prix, et prenez une assurance couvrant les vols et les collisions.

État des routes

Les routes principales sont bien entretenues, mais les routes secondaires sont souvent en piètre état, et dépourvues de marquage au sol. L'hiver, les petites routes sont parfois bloquées à cause d'inondations. La signalisation est variable. Un GPS ou une carte détaillée s'avèrent utiles.

À SAVOIR

De nombreux hébergements proposent d'organiser la location de voiture. La plupart livrent et récupèrent les voitures contre un petit supplément.

CONDUIRE À L'OMBRE

Les Maltais se plaisent à raconter qu'ils ne conduisent ni à gauche ni à droite, mais "à l'ombre". De nombreuses routes sont en piètre état ; attendez-vous à ce que ça secoue. Les Maltais roulent à gauche. Autrement, le code de la route est similaire aux autres pays d'Europe. Préparez-vous à croiser des conducteurs qui doublent par la gauche, ignorent feux tricolores et limitations de vitesse ou encore vous collent s'ils trouvent que vous n'allez pas assez vite.

CODE DE LA ROUTE

Roulez à gauche.

50

Les limitations de vitesse sont de 80 km/h sur route et de 50 km/h en zone urbaine.

.08

La limite d'alcool dans le sang autorisée au volant est de 0,08%.

Conducteurs

Il faut généralement avoir entre 21 et 70 ans pour louer une voiture, mais les conducteurs âgés de 21 à 25 ans devront parfois s'acquitter d'un supplément pouvant aller jusqu'à 10 € par jour. Vous devrez être en possession d'un permis de conduire valide depuis au moins un an.

Stationnement

Il est parfois difficile de se garer à Sliema-Saint Julians, Buġibba-Qawra, La Valette et Victoria. Ailleurs, le stationnement est souvent gratuit, mais à durée limitée – indiquez votre heure d'arrivée en posant un disque de stationnement sur le tableau de bord.

Bus

Le réseau de bus est géré par Malta Public Transport (publictransport.com.mt). De nombreuses lignes partent de la gare routière de La Valette vers toutes les localités de l'île, d'autres contournent la capitale. Le temps d'attente varie de 10 minutes à 1 heure.

Argent

DEVISE : **EURO (€)**

Cartes bancaires

Les DAB sont répandus, mais vérifiez les frais de transaction. Les cartes Visa, MasterCard et Amex sont généralement acceptées dans les hôtels, restaurants et magasins, mais certains petits commerces n'acceptent que les règlements en espèces. Les cartes sont acceptées dans les agences de voyages et de location de voitures.

TVA

La TVA a été introduite à Malte en 1999. Un taux de 5% (généralement compris dans le prix affiché) s'applique aux hébergements, un taux de 18% aux autres biens et services. Les ressortissants de pays non membres de l'UE peuvent se faire rembourser la TVA en quittant l'Union européenne.

Pourboires

Restaurants Si le service n'est pas compris, laissez 10% de l'addition pour un service correct.

Bars Laissez de la petite monnaie si vous payez en espèces.

Taxis Le pourboire n'est pas d'usage, mais vous pouvez arrondir à l'euro supérieur ou laisser un petit supplément (jusqu'à 10%).

COMBIEN COÛTE…

un café
1,60 €

un verre de vin
3-5 €

un *pastizz*
0,50 €

un ticket de bus
2 €

BONS PLANS…

Économisez grâce au Heritage Malta Multisite Pass, qui donne accès à 23 sites d'Heritage Malta, ainsi qu'au centre d'accueil des visiteurs d'Il-Kastel et à l'Aquarium national de Malte.

Le Malta Pass, quant à lui, comprend la visite de plus de 40 sites, une croisière dans le port et une visite en bus découvert.

Les étudiants et les plus de 60 ans bénéficient de tarifs réduits.

Scannez ce code QR pour obtenir un Heritage Malta Mutlisite Pass.

L'EURO À MALTE

Malte a abandonné la lire au profit de l'euro (€) le 1er janvier 2008. Pour empêcher les commerçants d'en profiter pour gonfler les prix, le taux de change a été fixé à 1 Lm = 2,33 €, ce qui explique que vous verrez souvent des prix correspondant à des fractions ou des multiples de 2,33. Les euros maltais arborent des symboles de l'archipel (la croix maltaise, par exemple).

À SAVOIR

Heritage Malta propose également un pass famille, qui permet d'économiser si vous prévoyez de visiter plusieurs sites de Heritage Malta avec des enfants.

Hébergement

Boutique-hôtels

Maisons de villes et appartements restaurés sont des hébergements prisés, notamment à La Valette et dans une moindre mesure à Mdina. Ces maisons traditionnelles converties en hôtels sont souvent magnifiques, avec un décor à l'ancienne incluant baignoires sur pied, mobilier ancien et petites piscines sur les terrasses ou les toits. Les établissements haut de gamme n'acceptent souvent pas les jeunes enfants.

Hôtels balnéaires

Des hôtels balnéaires de tailles variées jalonnent le littoral nord ensoleillé de Malte. Souvent "tout compris" (*all included*), ils disposent de nombreux équipements, dont des piscines couvertes et extérieures, des restaurants, des clubs pour enfants et des divertissements. Les chambres ont souvent des balcons avec vue sur la mer. Ces établissements sont généralement d'un excellent rapport qualité-prix, notamment hors saison.

Farmhouses traditionnelles

À Gozo, les *farmhouses* ne sont pas perdues en pleine campagne, comme le nom pourrait le suggérer, mais sont de vastes maisons au cœur des bourgs de l'île, idéales pour les familles et les groupes. Elles sont particulièrement agréables en été car elles sont souvent dotées de piscines.

COMBIEN COÛTE UNE NUIT DANS…

une *farmhouse*
80 €

un dortoir d'auberge de jeunesse
25 €

un hôtel
100 €

Auberges de jeunesse

Malte compte d'excellentes auberges de jeunesse haut de gamme, notamment à Sliema et Saint Julians, où les nombreuses écoles pour apprendre l'anglais attirent des foules de jeunes gens qui logent en auberge de jeunesse. Ces auberges sont au-dessus du lot, avec des dortoirs lumineux et des chambres dans de superbes édifices historiques, et des extras comme des rooftops ou des cours de yoga.

B&B

Ce mode d'hébergement familial est populaire dans les villes situées à l'intérieur des terres, comme Naxxar et Rabat, ainsi que dans les stations balnéaires de Gozo et à Victoria, la capitale de Gozo. Les petits-déjeuners sont variables, allant de croissants industriels accompagnés de thé ou de café à préparer soi-même dans la chambre, à des festins de fruits et de pâtisseries (souvent contre un supplément).

L'IMPACT DU TOURISME

D'après les chiffres du National Statistics Office de Malte, près d'un million de touristes ont visité Malte en 2021, dont environ 20% en provenance du Royaume-Uni. Si cela fait du bien à l'économie, le tourisme a également un impact sur les infrastructures. Airbnb est apprécié des visiteurs, avec environ 8500 propriétés en location sur le site, des locations de court terme qui suscitent les mêmes inquiétudes qu'ailleurs. Cependant, avec 21000 chambres d'hôtel et bien d'autres en construction, les effets du surdéveloppement commercial semblent représenter une menace plus importante pour le quotidien des Maltais dans ces petites îles.

Avec des enfants

Malte et Gozo sont une destination idéale pour un voyage en famille. Tout est à portée de main et il y a une foule de choses à voir et à faire pour les enfants : soleil, plage, croisières, snorkeling, balades dans la campagne, grottes, forts et châteaux. Les centres-villes sont piétonnisés, les habitants sont sympathiques ; il y a de nombreux restaurants en plein air et les distances sont courtes.

Visites

La Valette se prête bien à une visite avec des enfants, entre rues piétonnes, *piazzas*, forts – notamment ceux des Trois Cités –, fontaines, Musée national de la guerre et spots de baignade. Les plus belles plages de Malte sont sur la côte nord, tout comme l'Aquarium national de Malte. Les enfants apprécieront aussi une excursion à Gozo, avec des plages à foison, la citadelle fortifiée et les temples de Ġgantija ; le lagon Bleu de Comino les enchantera.

Activités

En dépit de leur petite taille, les îles concentrent nombre d'activités adaptées aux enfants. Au village de Popeye, vous pourrez faire une balade en bateau, réaliser un film et explorer les décors. Des croisières en bateau à fond de verre partent de Buġibba, Qawra et Mellieħa, où l'on peut aussi batifoler au Buġibba Water Park ou faire du paddle, tandis que l'ensemble du littoral de l'archipel invite à la plongée. Sur les hauteurs, escalade et circuits à VTT enchanteront les plus aventureux.

NOTRE SÉLECTION

Aquarium national de Malte (p. 101)
Au nord de Malte, à Qawra, un aperçu fantastique du monde marin.

Village de Popeye (p. 99)
Le décor du film *Popeye* (1980), à Mellieħa, a été transformé en parc d'attractions.

Fort Saint-Elme (p. 43)
Terrain de manœuvres, reconstitutions historiques en costumes et Musée national de la guerre, à La Valette.

Fort Saint-Ange (p. 61)
À Vittoriosa, beaux panoramas, installations inventives et reconstitutions historiques.

Se déplacer

Le bus est gratuit pour les enfants de moins de 4 ans. Au-delà, il y a des réductions pour les pass hebdomadaires, mais pas sur les billets aller simple. Le centre de La Valette étant piétonnisé, il est facile à explorer avec des enfants.

Au restaurant

Les restaurants de Malte ont généralement des menus très fournis, incluant pizzas et pâtes ; même les enfants les plus difficiles trouveront un mets à leur goût. Les plats sont souvent copieux : pensez à commander des demi-portions ou à partager. Le choix est vaste à la halle de La Valette.

LA PLAGE EN FAMILLE

Les plages de sable de Malte, comme Golden Bay, Għajn Tuffieħa et Mellieħa Bay à Malte, et les baies de Ramla et San Blas à Gozo, sont idéales pour les jeunes enfants car il y a toujours une zone de baignade peu profonde et l'on y accède généralement sans difficulté. Les plus touristiques ont des équipements de sports nautiques. Par contre, les criques rocheuses émaillant la côte sont plus le domaine des adultes et des enfants sachant déjà bien nager. La piscine naturelle de Għar Lapsi, à Malte, fait exception, son accès étant assez aisé. Certaines des piscines creusées dans la roche du Sliema Waterfront sont adaptées aux jeunes enfants.

PIXEL-SHOT/SHUTTERSTOCK ©

Bon à savoir

HEURES D'OUVERTURE

Les horaires ci-dessous correspondent à la saison haute ; ils sont parfois réduits en basse saison (novembre à mars).

Banques 8h30-12h30 du lundi au vendredi (parfois 8h-14h le vendredi), 8h30-midi le samedi

Bars 20h-4h

Cafés 9h-22h

Restaurants midi-15h et 19h-23h, généralement fermés le dimanche ou le lundi

Magasins 9h-13h et 16h-19h du lundi au samedi

Téléphones portables

Malte utilise le réseau de téléphonie mobile GSM 900, compatible avec le reste de l'Europe, mais pas avec le GSM 1900 canadien. Si vous achetez une carte SIM sur place (avec un numéro maltais), des cartes de crédit téléphonique prépayées sont en vente dans de nombreux magasins et kiosques à travers Malte.

Cigarettes

Il est interdit de fumer dans les lieux clos, publics ou privés, sauf dans les espaces prévus à cet effet. En extérieur, on peut fumer librement.

Eau

Bien que potable, l'eau du robinet a un goût désagréable en raison d'un taux élevé de chlorure et de sodium ; il est préférable d'opter pour de l'eau en bouteille.

EN BREF

Heure locale
GMT + 1

Indicatif du pays
+ 356

Urgences
112

Population
538 200 habitants

Électricité

230 V/50 Hz

JOURS FÉRIÉS

Il y a 14 jours fériés à Malte ; peu de restaurants et sites sont alors ouverts, et les bus sont moins fréquents.

Jour de l'An 1er janvier

Fête du Naufrage de saint Paul 10 février

Saint-Joseph 19 mars

Vendredi saint Mars/avril

Freedom Day 31 mars

Fête du Travail 1er mai

Commémoration des émeutes pour l'indépendance de 1919 7 juin

Solennité des saints Pierre et Paul (festival L-Imnarja) 29 juin

Assomption 15 août

Victory Day 8 septembre

Fête de l'Indépendance 21 septembre

Fête de l'Immaculée Conception 8 décembre

Fête de la République 13 décembre

Noël 25 décembre

Malte est une destination relativement sûre pour les femmes qui voyagent seules, même s'il convient de prendre les mêmes précautions que partout ailleurs. Il est facile de faire des rencontres, notamment si vous logez dans l'une des auberges de jeunesse de Sliema.

Manger, boire et sortir

Les repas

Petit-déjeuner Habituellement composé d'un café ou d'un thé avec des biscuits, des croissants, des céréales ou des *pastizzi*.

Déjeuner Entre 13h et 15h. La plupart des Maltais ne rentrent pas chez eux pour déjeuner, se contentant d'un sandwich. Les déjeuners dominicaux sont plus consistants.

Dîner Généralement le repas principal de la journée, à partir de 20h. De nombreux restaurants ferment le dimanche ou le lundi soir.

COMPRENDRE LA CARTE

Ħobż Pain levé traditionnel
Ftira Pain traditionnel maltais cuit sous forme de disque plat
Ġbejniet Petit fromage blanc à pâte dure à base de lait cru de brebis ou de chèvre
Ravjul/ravjuletti Raviolis
Timpana Tourte contenant macaronis, fromage, œufs, bœuf haché, tomates, ail et oignons
Fenek Lapin
Lampuka Daurade coryphène
Ċerna Mérou
Pagru Daurade
Dentiċi Denti
Spnotta Bar
Bakkaljaw Morue
Qubbajt Nougat maltais
Kapunata Version maltaise de la ratatouille
Minestra Minestrone (soupe de légumes)
Soppa tal-Armla La "soupe du veuf", composée de légumes verts ou blancs
Braġioli "Olives de bœuf", sortes de paupiettes – fines tranches de bœuf enveloppant une farce savoureuse – nappées d'une épaisse sauce tomate
Zalzett tal-Malti Saucisses maltaises épicées
Aljotta Soupe de poisson riche en tomates, comme une bouillabaisse en plus légère

Boissons alcoolisées

L'archipel a une longue tradition de brasserie, introduite par les Britanniques. La Cisk Lager et l'Hopleaf Ale sont les bières locales les plus communes.

Lord Chambray, une brasserie artisanale installée sur Gozo, fabrique notamment les bières San Blas (IPA), Blue Lagoon (bière au blé) et Fungus Rock (stout). Dans la même veine, citons les brasseries Stretta, du nom italien de Strait St, et Huskie Brewing.

Les principaux acteurs de la scène viticole maltaise sont Camilleri Wines, Emmanuel Delicata, Marsovin, Meridiana et Maria Rosa Winery.

L'ART DE... se rafraîchir comme les Maltais

Kinnie, le soda maltais par excellence, est produit depuis 1952. C'est une boisson acidulée à base d'oranges amères et d'un mélange secret d'herbes aromatiques comprenant notamment du ginseng et de l'armoise. Son goût évoque les apéritifs sans alcool italiens.

La plupart des cafés et bars servent des cafés à l'italienne corrects (les cafés crèmes contiennent souvent plus de lait que de café) et du thé bien fort à l'anglaise.

Les *pastizzi* se dégustent généralement avec un thé au lait servi dans un verre.

À Malte, le smoothie a la cote, et les boutiques proposant ces boissons à base de fruits fraîchement pressés abondent dans les stations balnéaires.

DE GAUCHE À DROITE : ANDYD/GETTY IMAGES ©, FANFO/SHUTTERSTOCK ©

COMBIEN COÛTE...

un *pastizz*
0,50 €

un *ftira*
4,50 €

un expresso
1 €

un déjeuner dans un kiosque
8-10 €

un dîner dans un restaurant étoilé au Michelin
200 €

une bière
1,50 € le demi, 3 € la pinte

un verre de vin
3-5 €

L'ART DE... festoyer

Les Maltais apprécient les longs festins en famille, notamment le dimanche à l'heure du déjeuner. Pour un repas dominical de produits de la mer, le mieux est d'aller à Marsaxlokk ou Marsaskala, ports du sud de Malte réputés pour leur poisson frais.

Chaque ville et village possède son club de fanfare. Ces clubs sont également des lieux sociaux où l'on peut se restaurer en compagnie des habitants rassemblés autour du bar. La cuisine y est simple et bon marché. Le rapport qualité-prix est également au rendez-vous dans les kiosques, qui servent des repas basiques (burgers, sandwichs, *fish and chips*) et ont souvent de belles terrasses avec vue.

Les fêtes de village sont autant d'occasions de festin culinaire à la maltaise. Chaque ville et village célèbre son saint patron en fanfare, une tradition instaurée par les chevaliers de Saint-Jean pendant le règne du grand maître Emmanuel de Rohan (1775-1797). La plupart ont lieu entre mai et septembre.

Lors de ces *festas*, on déguste des douceurs sucrées, le plus souvent d'origine arabe, comme l'*imqaret*, un beignet frit aux dattes. Le nougat maltais, ou *qubbajt*, est également présent, de même que l'*helwa tat-Tork*, qui combine nougat et halva. Il y a aussi les *Festa karamelli*, des caramels mous, et les *ghaghaq tal-ghasel* ("cercles de miel"), des beignets typiques fourrés au miel.

Festin dans les bois

L'Imnarja fil-Buskett est l'une des plus anciennes fêtes du pays. Le 29 juin, les familles se retrouvent dans les jardins de Buskett, au centre de Malte, pour se délecter de spécialités de *fenek* (lapin).

VIE NOCTURNE

Les bars et clubs de Paceville, à côté de Saint Julians, sont le lieu de rendez-vous principal des fêtards de Malte. Cette enclave attire surtout les jeunes, et l'ambiance y est souvent tapageuse, voire chaotique. Si vous préférez un cadre plus apaisé, optez pour les bars de La Valette (dont certains donnent sur des ruelles débouchant sur le Grand Port), qui se spécialisent dans le vin, le gin, la bière artisanale, ou même le mezcal. L'été, de nombreux bars accueillent des concerts, et les sonos se répondent à travers la ville. Pour prendre un verre en fin de journée, vous pouvez aussi essayer les cafés et bars autour de Spinola Bay et Balluta Bay, à Saint Julians.

L'archipel compte également une poignée de night-clubs estivaux mythiques, notamment le club en plein air Uno at Ta'Qali, à Malte, et La Grotta et Flamingo, à Gozo. Vous trouverez de nombreux bars à Buġibba et Qawra, dont les meilleurs ont vue sur la mer. En été, les festivals de musique et de danse sont légion, avec du jazz, de l'electro, de la pop et de la house.

Pour des concerts de jazz ou de blues, entre autres styles, rendez-vous dans les bars de Strait St de La Valette et dans quelques établissements de Saint Julians. Pour découvrir la musique traditionnelle maltaise, le mieux est de participer à une *festa* de village. En juin, celle de Għanafest, dans le jardin Argotti de Floriana, propose trois jours de concerts traditionnels, tandis qu'en juillet, le Malta Arts Festival combine musique, danse et théâtre.

Voyage responsable

Voyage et changement climatique

Voyager n'est pas sans effets sur l'environnement, et il est important de tout faire pour minimiser cet impact. Lonely Planet encourage les voyageurs à prendre en compte leur empreinte carbone. De nombreux calculateurs en ligne permettent d'estimer les émissions de carbone générées par votre voyage, dont resurgence.org/resources/carbon-calculator.html. Certains sites de réservation et compagnies aériennes proposent aux voyageurs de compenser leurs émissions de gaz à effet de serre par des contributions à des initiatives écologiques dans le monde entier. Lonely Planet continue de s'efforcer à compenser l'empreinte carbone de ses auteurs, tout en reconnaissant que cela constitue un moindre mal plutôt qu'une solution définitive.

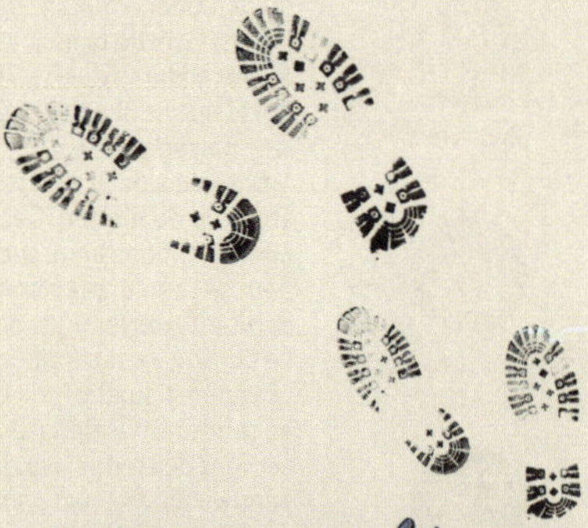

Daphne Caruana Galizia

Pour mieux comprendre le meurtre de la journaliste maltaise en 2017 et ses investigations concernant des affaires de corruption en haut lieu, citons le film documentaire *Malte, au nom de Daphne*, les livres *Murder on the Malta Express* et *In the Name of the Mother*, ainsi que les podcasts *My Mother's Murder* et *Who Killed Daphne* (en anglais). Plus d'infos p. 51.

Artisanat

Les artisans de Malte et de Gozo fabriquent des bijoux et objets décoratifs typiques en filigrane d'argent, ainsi que des objets en verre soufflé et bien d'autres choses encore. Achetez directement auprès des créateurs dans les villages d'artisans de Ta'Qali à Malte et de Ta'Dbiegi à Gozo.

L'archipel maltais souffre d'un manque de ressources en eau, que le pays compense grâce à la désalinisation. Surveillez votre consommation et ne laissez pas couler inutilement l'eau du robinet.

Malte est un endroit idéal pour se déplacer en véhicule électrique (en location sur place), les distances étant relativement courtes. Consultez Place to Plug (placetoplug.com) pour trouver des bornes de recharge.

Le Din l-Art Ħelwa (National Trust of Malta en anglais) a pour but de protéger et d'entretenir de nombreux monuments de l'archipel, en particulier les tours fortifiées. Soutenez l'organisation en visitant les monuments, ou même en logeant dans le phare de Delimara.

DE HAUT EN BAS : OB PRODUCTION/SHUTTERSTOCK ©, WIRESTOCK CREATORS/SHUTTERSTOCK ©, CARON BADKIN/SHUTTERSTOCK ©, À DROITE : OSTILL IS FRANCK CAMHI/SHUTTERSTOCK ©

Malte est une étape importante pour les oiseaux migrateurs. La chasse à la caille est autorisée en avril, mais de nombreux autres oiseaux sont victimes de balles perdues. BirdLife Malta milite pour un changement d'attitude à l'égard des oiseaux maltais et de passage.

Éco-visites

Découvrez la vie rurale maltaise avec les visites de Merill Eco Tours. Ces excellents circuits en petits groupes, concentrés dans les campagnes du nord de Malte, sillonnent de paisibles routes de campagne et rendent visite à de petits producteurs de fromage, de vin, d'olives et de confitures.

Gozo à vélo

Pédaler à travers Malte n'est pas toujours de tout repos. Vous serez plus en sécurité à Gozo, où les routes ne sont pas forcément en meilleur état mais ont le mérite d'être moins fréquentées. De plus en plus de visiteurs font le tour de l'île à vélo.

Le Nature Trust de Malte finance et organise des opérations de plantation d'arbres et d'arboriculture. Vous trouverez ses stands lors d'événements sur le thème de l'environnement.

Évitez tout contact physique avec des organismes marins et ne faites pas traîner votre équipement le long des rochers. Faites attention à vos coups de palmes, et à ne pas déranger ni nourrir les poissons.

Plongées sur épave

Certaines plongées sur épave nécessitent un billet à acheter auprès de Malta Heritage : les clubs de plongée peuvent s'en charger.

Réserves naturelles

Malte compte plusieurs réserves naturelles où vous pourrez en apprendre davantage sur l'environnement et sa protection. La Salina Nature Reserve voit passer de nombreux oiseaux migrateurs, et le Ċirkewwa Marine Park, le long de la côte nord, compte certains des meilleurs sites de plongée de l'archipel.

Sharklab

Installé à l'Aquarium national de Malte, le Sharklab (sharklab-malta.org) se consacre à la protection des requins et des raies. Pour les soutenir, adoptez un requin, faite une excursion d'observation des requins ou devenez bénévole.

SITES UTILES

dinlarthelwa.org Gestion et protection du patrimoine architectural.

naturetrustmalta.org Protection de la nature.

birdlifemalta.org Protection des oiseaux de Malte.

Le plastique constitue une grave menace pour la vie marine. Ne laissez aucun déchet derrière vous.

Voyageurs LGBTQI+

Quoique très conservateur, Malte a toujours été progressiste en termes d'égalité des droits et tire une grande fierté de l'accueil réservé aux voyageurs LGBTQI+. En tête du classement ILGA-Europe depuis plus de six ans, c'est un pays très accueillant pour tous, mais qui ne possède que peu de lieux ou de bars spécifiquement LGBTQI+.

Le top des plages gays

Il n'y a pas de plages officiellement gays à Malte, mais quelques baies sont particulièrement prisées des voyageurs LGBTQI+, dont Ġnejna Bay ou encore Għajn Tuffieħa Bay non loin, surtout à l'extrémité de la plage. La plage de Pembroke, dans une baie rocheuse au nord de Saint Julians, attire également de nombreux baigneurs gays. Le nudisme est interdit à Malte, mais certains naturistes profitent de quelques plages particulièrement reculées pour enlever le maillot.

BARS LGBTQI+

S'il n'y a pas de quartier gay et très peu de bars LGBTQI+ à Malte, l'ouverture d'esprit est le mot d'ordre en ce qui concerne la vie nocturne. Il y a cependant quelques lieux LGBTQI+ qui valent le détour, notamment le Maori, tenu par des lesbiennes près du port de Marsamxett, et le bar à cocktails Thirsty Barber à Saint Julians.

UN ARCHIPEL CATHOLIQUE ET CONSERVATEUR

Il convient tout de même de noter que Malte reste un pays catholique conservateur, où les démonstrations d'affection en public (gays ou hétéros) sont généralement mal vues, même si c'est davantage le cas dans les villages de campagne que dans les villes. Mais, malgré la pudeur de rigueur, Malte reste une destination éminemment gay friendly.

Mariage homosexuel

À Malte, les rapports homosexuels ont été légalisés en 1973. En 2014, le gouvernement a voté une loi étendant le droit à l'union civile et à l'adoption aux couples de personnes du même sexe, avant d'autoriser le mariage homosexuel en 2017. Depuis, de plus en plus de couples étrangers viennent convoler dans l'île. Les mariages homosexuels contractés ailleurs sont également reconnus par l'État.

GAY PRIDE

Le Malta LGBTIQ Rights Movement (maltagayrights.org) a organisé sa première Gay Pride à La Valette en juillet 2004, qui a lieu chaque année depuis. Si le défilé et les festivités ne peuvent rivaliser avec les rassemblements des grandes capitales européennes, la Gay Pride reste une occasion importante pour la communauté LGBTQI+ maltaise de se rassembler pour célébrer la diversité et lutter contre les discriminations.

Croisières

Les *boat parties* (croisières festives) sont très courues en été et pendant la Gay Pride. Les croisières LGBTQI+ sont particulièrement nombreuses et riches en animations.

Voyage et handicap

Si le gouvernement maltais fait des efforts pour faciliter la visite des voyageurs en situation de handicap, de nombreux sites historiques restent difficiles d'accès pour les personnes à mobilité réduite.

Aéroport

Le personnel de l'aéroport international de Malte est attentif aux voyageurs handicapés, mais on peut aussi réserver une assistance spécifique auprès de sa compagnie aérienne. Le terminal est équipé d'ascenseurs et d'escalators, ainsi que de toilettes et de places de stationnement réservées aux personnes en situation de handicap.

Hébergement

Nombre de grands hôtels sont accessibles en fauteuil roulant et disposent de chambres aménagées. Sliema, avec sa longue promenade, est une bonne base d'exploration.

Sites

Sont notamment accessibles en fauteuil roulant la co-cathédrale Saint-Jean, le Musée national de la guerre, le palais des Grands-Maîtres, Malta Experience, le Musée national d'archéologie, les temples de Ġgantija et de Tarxien, et l'Aquarium national de Malte.

Activités

Nautic Team Gozo emploie des moniteurs formés par l'International Disabled Divers Association (IDDA), et dispose d'équipements adaptés aux plongeurs handicapés.

Plages

Mellieħa (Għadira) Bay est la plage la plus accessible de Malte. Longue de 800 m, elle est bordée d'allées aménagées, et dispose de fauteuils flottants. **Scannez ce code QR pour une liste exhaustive des plages accessibles sur Visit Malta.**

SITES UTILES

Malta Tourism Authority (visitmalta.com) donne des détails sur les hôtels et les sites équipés pour les voyageurs en fauteuil roulant.

La **National Commission for Persons with Disabilities** (crpd.org.mt) fournit des infos sur les installations et équipements pour voyageurs handicapés à travers l'archipel.

Accessible Tours (disabledaccessible-travel.com) propose des circuits adaptés à travers Malte, notamment à La Valette, dans les Trois Cités et aux temples de Tarxien.

Disabled Holidays (disabledholidays.com) permet de réserver des séjours dans des hôtels accessibles aux voyageurs à mobilité réduite.

TRANSPORTS

Les bus sont dotés de rampes, de places réservées et de signalisations pour voyageurs malentendants et malvoyants. Les ferrys sont aussi équipés pour les voyageurs handicapés, et des voitures accessibles en fauteuil roulant sont en location.

SITES ACCESSIBLES

Le site Internet d'Heritage Malta recense les sites accessibles. Des fauteuils roulants sont fournis aux temples de Tarxien et au fort Saint-Elme, et des voiturettes électriques sont en location au fort Saint-Ange. Des visites en langue des signes et avec audioguide sont aussi proposées.

Langue

Le *malti* (maltais) et l'anglais sont les deux langues officielles de Malte, presque tout le monde étant bilingue. Vous n'aurez aucun mal à vous faire comprendre en anglais.

Les essentiels

Salut. Merħba.
Bonjour. Bonġu.
Bonsoir. Bonswa.
Au revoir. Saħħa.
Oui. Iva.
Non. Le.
S'il vous plaît. Jekk jogħġbok.
Merci. Grazzi.
Excusez-moi. Skużani.
Comment allez-vous ? Kif inti ?
Je vais bien, merci. Tajjed, grazzi.
Comment vous appelez-vous ? X'ismek ?
Je m'appelle... Jisimni...
Parlez-vous anglais ? Titkellem bl-ingliż ?

Orientation et transports

Où se trouve... ? Fejn hu... ?
Je suis perdu. Ninsab mitluf.
Allez tout droit. Mur dritt.
Tournez à gauche. Dur fuq ix-xellug.
Tournez à droite. Dur fuq il-lemin.
loin il-bogħod
près il-viċin
bagage oublié hallejt il-bagalji
Je voudrais un billet. Nixtieq biljett.
À quelle heure le bateau part-il/arrive-t-il ? Meta jitlaq/jasal il-vapur ?
À quelle heure le bus part-il/arrive-t-il ? Meta titlaq/jasal il-karozza ?
Je voudrais louer une voiture/un vélo. Nixtieq nikri karozza/rota.

Panneaux

Entrée Dħul
Sortie Ħrug
Fermé Magħluq
Ouvert Miftuħ
Femmes Nisa
Hommes Rġiel
Rue/allée Sqaq
Avenue Vjalq
Toilettes Twaletta

Heure et date

Quelle heure est-il ? X'ħin hu ?
matin fil-għodu
après-midi wara nofs in-nhar
hier il-bieraħ
aujourd'hui illum
demain għada

Urgences

Au secours ! Ajjut !
Police ! Pulizija !
Appelez un médecin ! Qibgħad ghat-tabib !
ambulance ambulans
hôpital sptar

Au restaurant

À quelle heure ça ouvre/ferme ? Fix'ħin jiftaħ/jagħlaq ?
Combien ça coûte ? Kemm?

CHIFFRES

1 **wieħed**
2 **tnejn**
3 **tlieta**
4 **erbgħa**
5 **ħamsa**
6 **sitta**
7 **sebgħa**
8 **tmienja**
9 **disgħa**
10 **għaxra**

UN VOISIN INFLUENT

Le maltais a été fortement influencé par le sicilien au fil des siècles.

UNE LANGUE UNIQUE

Le maltais, langue vernaculaire de Malte, est une langue sémitique, comme l'arabe, l'hébreu et l'araméen, et descendrait de la langue parlée par les Phéniciens. Cependant, la plupart des linguistes considèrent qu'elle appartient à la même famille que les dialectes arabes du Maghreb. Le maltais est la seule langue sémitique transcrite par l'alphabet latin.

Une langue afro-asiatique

Les langues sémitiques appartiennent à la famille des langues afro-asiatiques, ce qui fait du maltais la seule langue officielle de cette famille dans l'Union européenne.

PRONONCIATION

La plupart des lettres de l'alphabet maltais se prononcent comme en anglais, à quelques exceptions près :

ċ - comme le "tch" de "tchèque"
ġ - "dj", comme dans "Jeep"
għ - muet ; rallonge la voyelle précédente ou suivante
h - muet
ħ - aspiré, comme dans l'anglais "hand"
ij - comme dans "ail"
j - comme le "y" de "yaourt"
q - coupe de glotte, comme la pause dans l'anglais "uh-oh"
x - comme le "ch" de "chat"
z - comme le "ts" de "tsé-tsé"
ż - comme le "z" de "zéro"

LE MALTAIS DANS LE MONDE

Un peu plus d'un demi-million (519 500) de personnes parlent le maltais dans le monde.

COMPRENDRE MALTE ET GOZO

Nos auteurs proposent une découverte des multiples facettes de Malte et Gozo.

La Valette (p. 36)

UNE HISTOIRE DE MALTE ET GOZO EN 15 LIEUX

Peuplées depuis au moins 5000 av. J.-C., les îles maltaises se distinguent par une histoire mouvementée et un riche patrimoine mégalithique. La géographie a façonné leur destin, leurs ports naturels et leur situation privilégiée ayant attiré des vagues d'envahisseurs, parmi lesquels Phéniciens, Romains, Arabes, Normands, Français et Britanniques.

IL Y A ENVIRON 20000 ANS, un grand pont terrestre reliait l'archipel maltais à la Sicile. Les premières traces d'occupation humaine furent laissées par des agriculteurs néolithiques vraisemblablement venus de Sicile, à environ 80 km par la mer. Un millénaire avant la construction des pyramides égyptiennes, les habitants de Malte déplaçaient des mégalithes pesant jusqu'à 50 tonnes pour créer des édifices complexes. Ce fut probablement une période de paix puisqu'aucune fortification remontant à cette époque n'a été retrouvée à ce jour.

L'histoire des invasions de Malte commença vers 1900 av. J.-C avec l'essor des migrations et des voyages maritimes. Débarquèrent d'abord les Phéniciens, puis les Carthaginois, les Romains, les Byzantins, les Arabes, les Souabes, les Angevins et les Aragonais.

Les colons qui y laissèrent la plus forte empreinte furent sans doute les chevaliers de Saint-Jean, qui arrivèrent sur les îles en 1530 après les avoir reçues de l'empereur Charles Quint en échange d'une redevance annuelle symbolique : un faucon maltais. Installés auparavant sur l'île de Rhodes pendant plus de deux siècles, ils étaient devenus la plus redoutable force navale du monde méditerranéen médiéval. Des siècles plus tard, Napoléon, alors en route vers l'Égypte, s'empara de Malte en 1798, et les Français la tinrent pendant plusieurs années avant d'en céder le contrôle aux Britanniques. Le pays obtint finalement son indépendance en 1964.

1. Grotte de Għar Dalam

500 000 ANS DE PRÉHISTOIRE

Vers 5200 av. J.-C. arrivèrent à Malte les premiers hommes modernes, des agriculteurs néolithiques venus de Sicile, à 80 km au nord. Ils introduisirent des chèvres et des moutons, et déboisèrent les îles. La longue grotte souterraine de Għar Dalam révèle, couche après couche, des fossiles, dont les plus anciens ont plus de 500 000 ans, prouvant la présence, antérieure à celle humaine, d'éléphants nains, d'hippopotames, de micro-mammifères et d'oiseaux dans l'archipel ; les strates supérieures témoignent de la simplicité du mode de vie néolithique.
Pour en savoir plus, voir p. 146

2. Ġgantija

LES TEMPLES DES GÉANTS

À partir de 3600 av. J.-C. environ, la société connut une évolution spectaculaire, bâtissant une trentaine d'édifices aussi élaborés que vastes. Les temples de Ġgantija (photo page ci-contre), à Gozo, sont les plus anciens. Les Gozitains les disaient construits par des géants, d'où leur nom. Si des ensembles mégalithiques ont été érigées ailleurs, comme à Stonehenge, en Angleterre, aucun n'est aussi complexe que ceux de l'archipel maltais. On ne sait toujours pas pourquoi et comment une culture aussi aboutie a pu se développer et prospérer, pendant plus d'un millénaire, dans un lieu si isolé.
Pour en savoir plus, voir p. 165

3. Hypogée de Ħal Saflieni

LE RAFFINEMENT NÉOLITHIQUE

La construction de temples dura au moins du IVe au IIIe millénaire av. J.-C. Incroyable nécropole soigneusement sculptée dans la roche, l'hypogée (du grec "souterrain") de Ħal Saflieni témoigne du degré avancé atteint par la civilisation maltaise de l'époque et donne une idée de l'aspect que devaient avoir les temples érigés en surface. Les raisons de la disparition de ce peuple de bâtisseurs font débat chez les historiens ; certains avancent des facteurs environnementaux, d'autres des épidémies, des famines, voire plusieurs calamités simultanées ou consécutives. Quel qu'en fût le motif, la construction s'arrêta brusquement vers 2500 av. J.-C., et les temples tombèrent en décrépitude. La culture de l'âge du bronze qui suivit en différa à tous égards, y compris dans ses pratiques funéraires (la crémation remplaçant l'inhumation) et ses productions artistiques, plus rustiques et massives que celles des mystérieux bâtisseurs de temples.
Pour en savoir plus, voir p. 65

4. Catacombes Saint-Paul

DES TOMBEAUX PUNIQUES

Les Phéniciens, habiles marins et commerçants, s'installèrent à Malte entre 800 et 218 av. J.-C. S'ils laissèrent relativement peu de vestiges archéologiques, ils creusèrent une nécropole souterraine qui fut ensuite utilisée par les Romains, les chrétiens et les juifs : les catacombes Saint-Paul de Rabat. Les objets puniques conservés au Musée national d'archéologie de La Valette comprennent des amulettes de style égyptien. Les yeux peints, pour éloigner les mauvais esprits, sur les proues des *luzzi* et *kajjik*, bateaux de pêche traditionnels maltais, constituent une survivance punique. Les Phéniciens baptisèrent leur cité Malet ; elle s'appelle aujourd'hui Mdina.
Pour en savoir plus, voir p. 120

PABLO L. MENDOZA/SHUTTERSTOCK ©

5. Domus Romana

LES ROMAINS À RABAT

En périphérie de Rabat ont été mis au jour les vestiges d'une villa romaine, dont les mosaïques et les objets témoignent de la prospérité et du raffinement de cette époque. Le grand nombre de statues retrouvées ici atteste de l'importance du propriétaire des lieux. Les Romains, devenus maîtres de la Méditerranée après leur victoire sur Carthage au sortir des guerres puniques, prirent le contrôle de Malte vers 218 av. J.-C. Cicéron mentionne le temple de Junon sur ce qui s'appelait alors "Melita", île dont l'historien Diodore de Sicile évoque, vers 40 av. J.-C., les excellents ports, les artisans habiles et les demeures somptueuses.
Pour en savoir plus, voir p. 121

6. Grotte de Saint-Paul

UN APÔTRE NAUFRAGÉ SUR MALTE

Sous la basilique Saint-Paul de Rabat s'étend une grotte ornée d'une statue, de colonnettes et d'un petit navire en argent. Le lieu revêt une grande importance dans l'histoire locale. En l'an 60, alors qu'il se rendait à Rome, saint Paul fit naufrage au large des côtes et se réfugia dans cette grotte, où il aurait prêché l'Évangile. L'apôtre fut accueilli par Publius, le gouverneur romain de Malte, qui se convertit au christianisme et devint le premier évêque de l'île. Celle-ci fut la première colonie romaine à adopter cette nouvelle foi, qui y demeure majoritaire de nos jours.
Pour en savoir plus, voir p. 121

7. Mdina

MALTE ARABE

Fondée par les Phéniciens, Mdina eut autant de noms que de maîtres, et ses murailles

en portèrent témoignage au fil des siècles. Entre les VIIe et IXe siècles, la domination arabe s'étendit de l'Espagne à l'Inde. Malte fut conquise en 870, puis la Sicile quelques années plus tard. Toutes deux demeurèrent possessions musulmanes jusqu'au XIe siècle, mais nombre de colons se convertirent finalement au christianisme. S'il reste peu de traces physiques de cette période, Malte a conservé son lot de termes, toponymes et odonymes arabes, à l'exemple de Marsa (port ; également Marsaxlokk, Marsalforn et Marsaskala), Mdina (ville), Rabat (camp), Għarb (ouest) et Għar (grotte). La langue maltaise dérive également pour part de l'arabe, de même que certains pans de sa tradition culinaire (notamment les *pastizzi* et autres douceurs locales).
Pour en savoir plus, voir p. 114

8. Palazzo Falson

DES NORMANDS AUX ESPAGNOLS

La deuxième plus ancienne maison de Mdina, à l'origine un pavillon médiéval avec cour, fut reconstruite en demeure de style siculo-normand, puis agrandie par des dynasties d'aristocrates successives. Elle reflète les changements que connurent Malte et la Sicile après les conquêtes normandes (1090-1091). Durant les siècles où se succédèrent Normands, Angevins, Aragonais et Castillans, Mdina garda rang de capitale, mais l'île resta le "parent pauvre" de la Sicile voisine. La population maltaise acquittait ses impôts grâce au commerce, à l'esclavagisme et à la piraterie. Elle subit en retour les razzias turques et les attaques barbaresques.
Pour en savoir plus, voir p. 117

9. Fort Saint-Elme

L'ARRIVÉE DES CHEVALIERS

Le fort Saint-Elme, datant des premières années des chevaliers de Saint-Jean à Malte, a beaucoup été agrandi depuis. En 1523, le sultan ottoman Soliman le Magnifique chassa les chevaliers de Saint-Jean de l'île de Rhodes, qui avait été leur bastion depuis 1308. Sous la pression du pape Clément VII (lui-même membre de l'Ordre), Charles Quint, souverain du Saint-Empire, leur offrit Malte, en 1530, comme poste de défense stratégique face aux menées turques dans l'est de la Méditerranée. L'île allait devenir le théâtre d'un affrontement majeur entre Orient et Occident et s'affirmer, dans l'aventure, comme nation.
Pour en savoir plus, voir p. 43

10. La Valette

LE GRAND SIÈGE DE MALTE

À son arrivée à Malte, le grand maître Philippe de Villiers de L'Isle-Adam (1530-1534) ne fut guère séduit par ces îles d'aspect stérile, sans eau potable ni fortifications dignes de ce nom. Son successeur, Jean Parisot de La Valette, organisa la défense face au péril turc. En mai 1565, lorsqu'une flotte ottomane forte de plus de 30 000 hommes (dont 15 000 combattants d'élite) arriva pour s'emparer de Malte, La Valette n'avait à lui opposer que 700 chevaliers et quelque 5 000 mercenaires et irréguliers maltais. Ces derniers l'emportèrent pourtant, les Turcs ayant dû lever le siège après d'énormes pertes. Les puissances catholiques reconnaissantes (n'ayant apporté leur aide qu'in extremis) arrosèrent Malte d'argent, permettant la construction de sa magnifique capitale.
Pour en savoir plus, voir p. 36

11. Théâtre Manoel

LOISIRS DE CHEVALIERS

L'Ordre tira un immense prestige de sa victoire au Grand Siège. De nouveaux chevaliers affluèrent à Malte, gonflant ses coffres. Le pieux grand maître Jean de La Cassière (1572-1581) fit construire la Sacra Infermeria, un hôpital, et la magnifique co-cathédrale Saint-Jean. Tandis que s'estompait, au fil des siècles suivants, la menace turque, les chevaliers négligèrent peu à peu la vie militaire et monastique pour se tourner vers la piraterie, le commerce, l'alcool et les duels. En 1731, le grand maître portugais António Manoel de Vilhena (1722-1736) eut l'idée de créer un théâtre pour les divertir. La construction de ce somptueux édifice baroque se poursuivit tout au long du XVIIIe siècle.
Pour en savoir plus, voir p. 54

12. Palazzo Parisio

L'OCCUPATION NAPOLÉONIENNE

À la fin du XVIIIe siècle, près des trois quarts des revenus de l'Ordre provenaient des chevaliers de langue française. Ainsi, lorsque leurs domaines eurent été confisqués dans le sillage de la Révolution, il se retrouva dans une situation financière difficile. En 1798,

Napoléon, en route pour l'Égypte, demanda à faire escale à Malte, mais l'Ordre refusa. Les Français accostèrent et s'emparèrent de l'île sans presque coup férir. Ils abolirent l'aristocratie maltaise, effacèrent les armoiries, désacralisèrent les églises et fermèrent les monastères. Le Palazzo Parisio de La Valette accueillit Napoléon pour son séjour à Malte, de six jours seulement.
Pour en savoir plus, voir p. 53

13. Victoria Lines

LES TRANSFORMATIONS BRITANNIQUES

Les Victoria Lines, fortifications construites pour protéger les précieux ports du sud de l'île des incursions par le nord, comptent parmi les vestiges les plus spectaculaires de la période britannique. Les Anglais s'engagèrent d'abord à Malte, en 1800, pour soutenir sa rébellion contre les Français. À la suite du refus de sa population de retourner, conformément au traité d'Amiens de 1802, dans le giron de l'ordre de Saint-Jean, et après des années de guerre dont Malte tira prospérité comme entrepôt, l'archipel fut intégré à l'Empire britannique en tant que colonie de la Couronne en 1814. La guerre de Crimée (1853-1856) en fit une base navale, et l'ouverture du canal de Suez, en 1869, un port charbonnier clé sur la route des bateaux à vapeur entre la Grande-Bretagne et l'Inde.
Pour en savoir plus, voir p. 126

14. Abris antiaériens de Mellieħa

L'ÎLE-FORTERESSE DE LA SECONDE GUERRE MONDIALE

Pendant la Seconde Guerre mondiale, des tunnels de tout l'archipel, notamment celui de Mellieħa, servirent d'abri à la population contre les raids aériens de l'Axe, partis de Sicile. Rien qu'en avril 1942 (pire année du conflit pour l'archipel), 6 700 tonnes de bombes furent larguées sur le Grand Port et ses environs. Le 15 de ce même mois, le roi George VI décerna à la population maltaise la croix de George (George Cross), la plus haute distinction civile accordée par la Couronne britannique. Dans l'après-guerre, Malte s'engagea enfin sur la voie de l'indépendance.
Pour en savoir plus, voir p. 99

15. Bâtiment du Parlement

UN NOUVEAU VISAGE RÉSOLUMENT MODERNE

L'adhésion à l'Union européenne et à la zone euro, au début des années 2000, valut à Malte de nombreux investissements étrangers. Dessiné par Renzo Piano et inauguré en 2015, le bâtiment du Parlement (photo ci-dessus) est au centre de la nouvelle image de La Valette, et le symbole d'une nation établie et prospère. Avec à sa tête le travailliste Dominic (Dom) Mintoff, Premier ministre de Malte de 1955 à 1964, puis de 1974 à 1984, l'île devint une république en 1974, demanda le départ des forces britanniques en 1979 (tout en restant dans le Commonwealth) et signa des accords avec la Libye, l'URSS et la Corée du Nord. Ces dernières années, le pays a mis l'accent, avec succès, sur la croissance, mais les problèmes migratoires, le surdéveloppement et les scandales de corruption assombrissent le tableau.
Pour en savoir plus, voir p. 50

À LA RENCONTRE DES MALTAIS

De manière générale, les Maltais prennent les choses tranquillement, sautent sur chaque occasion pour faire la fête et s'engagent volontiers dans des discussions passionnées. Alexia Debono nous présente ses compatriotes.

À MALTE, comme dans d'autres pays méditerranéens, la perception du temps est plutôt flexible. Ne soyez pas surpris si les événements ne commencent pas à l'heure.

Forts de notre identité nationale, nous sommes particulièrement attachés à notre langue et à notre culture. Si la plupart des Maltais maîtrisent l'anglais, ils sont toujours contents d'échanger quelques mots en maltais avec les visiteurs. Nous sommes également fiers de montrer l'exemple sur des questions progressistes comme l'égalité LGBTIQ+ et la légalisation du cannabis. Ne craignez-pas de poser des questions, mais soyez prêt à débattre.

Les Maltais n'ont pas peur de dire ce qu'ils pensent et ont une opinion tranchée sur ce qu'ils aiment ou n'aiment pas ; si quelque chose nous contrarie, vous le saurez rapidement. Les jurons peuvent constituer une part importante de notre vocabulaire, et ce d'autant plus lorsque nous nous sentons à l'aise. Nous sommes très enthousiastes, mais l'exprimons de différentes manières.

Plus de 90% de la population se déclarent catholiques et les valeurs religieuses imprègnent notre culture, mais cela est en train de changer. Les traditions dominicales – messe le matin et déjeuner en famille – n'en demeurent pas moins bien ancrées.

L'été est égayé de fêtes villageoises, les *festi* ; on en dénombre environ 75. À l'origine, elles rendaient hommage aux saints patrons respectifs des localités, mais elles sont aujourd'hui surtout considérées comme des événements sociaux, même si elles conservent certains éléments traditionnels comme les processions, les défilés de fanfares et les feux d'artifice.

EN BREF

Malte compte quelque 530000 habitants, les immigrés représentant près d'un quart (22,2%) de la population totale ; Britanniques, Italiens, Français et Libanais forment les plus grandes communautés. Malte est le pays le plus densément peuplé de l'UE, avec 1380 habitants au km².

En usage depuis des siècles à Malte, les feux d'artifice ponctuaient jadis des occasions importantes. Les orchestres et les artificiers locaux rivalisent, de nos jours encore, pour créer les meilleurs spectacles ; attendez-vous, à l'approche d'une célébration, à entendre des feux d'artifice à toute heure en préparation.

L'archipel est divisé en cinq régions, offrant chacune une expérience différente. Dans celles moins touristiques, les habitants s'adresseront probablement à vous d'abord en maltais. Peut-être remarquerez-vous des différences entre les accents du Nord, du Sud et de Gozo, et il existe des dialectes distincts.

Des festivals de musique et autres événements culturels jalonnent l'année. Nous sommes toujours heureux de vous en recommander, voire de vous inviter à prendre un verre avec nous.

Page ci-contre, dans le sens horaire en partant d'en haut à gauche : Feux d'artifice, La Valette ; prêtre catholique, Mosta ; fête de la Sainte-Catherine, Żurrieq ; participants à la Malta Pride

JE SUIS MALTAISE, MAIS C'EST COMPLIQUÉ…

Je suis née à Malte, mais mes ancêtres sont liés à trois continents : l'Afrique, l'Europe et l'Asie. C'est le cas de nombreux habitants de Malte en raison de notre histoire en tant que colonie britannique.

La grand-mère de ma mère, originaire du Liban, a émigré en Égypte. Elle y a rencontré mon arrière-grand-père, qui avait des origines maltaises. Après la Seconde Guerre mondiale, ils ont pris des chemins différents, mon arrière-grand-mère émigrant à Malte avec ses enfants. Les ancêtres de mon père sont liés à l'Italie et à la Sicile, mais je ne sais pas grand-chose à leur sujet. Mes parents, comme mes grands-parents maternels et paternels, se sont rencontrés à Malte.

Si les Maltais ont adopté une culture plutôt européenne, en particulier après l'adhésion à l'UE, nous sommes liés à d'autres continents par notre culture, notre langue et nos différentes couleurs de peau, c'est ce qui fait notre caractère singulier.

LA MER
AU CENTRE DE TOUT

Scintillant de mille feux partout où le regard se porte, la Méditerranée est indissociable de Malte et de son histoire. Abigail Blasi

LA MÉDITERRANÉE, c'est tout pour Malte. On y trouve provende, on s'y évade le temps d'un week-end, on s'y déplace de ville en ville et d'île en île. Elle n'est jamais à plus de quelques kilomètres, dans cet archipel où terre et mer dialoguent le long de promontoires escarpés, de falaises calcaires battues par les vents, de baies évoquant des repaires de pirates et de plages de sable roux léchées par des eaux cristallines.

Bordée par 21 pays, la Méditerranée est une région géopolitique complexe, au carrefour de trois continents et d'une richesse écologique immense. En son centre, Malte, l'une de ses plus petites nations, n'en possède pas moins un caractère unique. L'archipel est aussi modeste par la taille que ses horizons sont vastes. De fait, on y aperçoit la mer depuis chaque coin de rue et chaque toit-terrasse. Les cartes des restaurants font la part belle à ses délices : *lampuka* (daurade coryphène), espadon, thon, poulpe et calamar ; pourtant, par un besoin de se démarquer typiquement maltais, le plat national est le lapin !

Timmy Gambin, éminent archéologue marin maltais, explique que "le rocher même

En haut à gauche : Vue sur Gozo depuis Paradise Bay (p. 105) ; en haut à droite : Pêcheur sur un *luzzu* (p. 143) ; en bas à droite : marché aux poissons de Marsaxlokk (p. 142) ; en bas à gauche : plongeur au large de Sliema (p. 78)

qui forme l'archipel maltais vient du fond de la mer. En témoigne le calcaire de Malte, où affleurent les fossiles de créatures qui peuplaient, voici des millions d'années, les océans. Il y a quelque 7500 ans, les premiers humains arrivèrent à Malte et Gozo depuis la Sicile, et la mer joua d'emblée un rôle central dans la vie des insulaires." Une partie du travail de Gambin consiste à explorer les fonds marins en quête d'épaves qui, mises bout à bout, formeraient comme une frise chronologique faite d'explorations et de conquêtes.

Pourquoi tant d'épaves ? Sa position centrale a de tout temps placé l'archipel dans l'œil du cyclone. En 1565, la flotte turque de Soliman le Magnifique débarqua des troupes qui échouèrent à prendre Malte, malgré de terribles assauts. Cette défaite fut comme un prélude à celle de Lépante, six ans plus tard. Quelques siècles en aval, dans les années 1940, Malte, bombardée sans relâche et affamée, rejoua son rôle d'imprenable bastion, cette fois dans l'affrontement entre les Alliés et les forces de l'Axe. Aujourd'hui, comme d'autres îles de la Méditerranée, elle est aux avant-postes de la crise migratoire.

Les vestiges du passé complexe de l'archipel se cachent autant sous la surface scintillante de l'eau que sur terre. Gambin explique que "sur terre, Malte et Gozo possèdent l'une des plus importantes concentrations de vestiges observables au kilomètre carré. Je me suis toujours demandé combien de témoignages de la présence humaine à travers les âges gisent dans les eaux qui baignent nos îles, qu'il s'agisse d'épaves ou de traces archéologiques – c'est ce qui m'a poussé à me spécialiser en archéologie marine."

Gambin et l'Underwater Cultural Heritage Unit de Malte ont entrepris des plongées archéologiques parmi les plus profondes au monde, dont l'exploration à 110 m de fond de l'épave d'un navire marchand phénicien vieux de presque 3000 ans, au large de Xlendi (Gozo). Les Phéniciens furent parmi les premiers à faire de l'archipel un comptoir de commerce.

En explorant ces eaux, on remarque tout de suite leur exceptionnelle clarté. L'archipel est peu sujet aux marées, et il n'y a pas d'algues : en résulte une visibilité sous-marine unique en Méditerranée. Si certains regrettent le manque de récifs et de faune marine par rapport à d'autres contrées, les épaves jonchant les fonds alentour grouillent de vie, dont des coraux noirs et des gorgones aux airs de toiles d'araignée.

Mais, à la profondeur où gît le bateau phénicien, aucune lumière ne pénètre, et chaque plongeur n'a que 12 à 14 minutes par session pour inspecter le navire. On peut explorer en ligne cette épave, ainsi que d'autres découvertes au large du littoral maltais sur l'extraordinaire site de l'Underwater Museum de Malte (www.underwatermalta.org), musée virtuel créé par Gambin et Heritage Malta. Découvrez l'histoire de Malte à travers ces épaves, du bateau phénicien datant du VIIe siècle av. J.-C. à un chasseur Spitfire abattu en 1943.

Dans l'Antiquité, les navigateurs superstitieux ornaient leurs bateaux de talismans censés les protéger du mauvais œil. On pense que les Phéniciens, empruntant sans doute certains symboles magiques aux Égyptiens, peignaient un œil protecteur sur la proue de leurs bateaux. Or ceux de Malte arborent, de nos jours encore, des décorations similaires, sans doute transmises au fil des âges.

Dans les baies de l'archipel, des bateaux traditionnels maltais côtoient yachts et hors-bord modernes. Peintes en bleu, rouge, jaune et vert, ces embarcations sont mises en lumière dans *Luzzu* (2021), long-métrage maltais racontant l'histoire d'un pêcheur écartelé entre les traditions et les aléas de la vie moderne.

À travers ce film néo-réaliste, dans lequel jouent d'authentiques pêcheurs locaux, le réalisateur américano-maltais Alex Camilleri a cherché à capturer la beauté de la Méditerranée, la façon dont lumière en surface et obscurité des fonds marins imprègnent la vie à Malte, évoquant l'héritage des traditions ancestrales et les tensions permanentes entre passé et présent. Camilleri raconte ce qui l'a poussé à traiter ce sujet : "J'ai toujours aimé observer les pêcheurs au travail dans leurs bateaux chamarrés (les *luzzi*), ornés de l'œil d'Osiris à la proue. La pêche traditionnelle possède une beauté et une dignité qui semblent en décalage avec la vie moderne à Malte. Ayant admiré ces bateaux presque toute ma vie, j'ai décidé d'en faire un film, utilisant la caméra comme pour demander : que se passerait-il si ces embarcations pouvaient nous observer en retour ?"

INDEX

Cartes **000**

L'ancien village de pêcheurs de Birżebbuġa (p. 144), sur la rive occidentale de la baie de Marsaxlokk, au sud-est de Malte, ne reçoit pas beaucoup de touristes malgré sa belle plage.

Senglea (p. 63), l'une des Trois Cités, attire de plus en plus de gourmets grâce à ses excellents produits de la mer, à déguster devant de superbes panoramas sur le port.

DE GAUCHE À DROITE : RR PHOTO/SHUTTERSTOCK ©, ALLARD ONE/SHUTTERSTOCK ©

À PROPOS DE CET OUVRAGE

Cette 6e édition française du guide *Malte et Gozo* est une traduction-adaptation de la 9e édition de *Malta & Gozo*, réalisée par Abigail Blasi.

Traduction Giuseppe Ardiri, Servane Heudiard, Catherine Lepalud, Antoine Thibault

Direction éditoriale Dominique Bovet

Responsable prépresse Jean-Noël Doan

Coordination éditoriale et adaptation française Cécile Couet

Maquette Christian Deloye

Cartographie Cartes adaptées en français par Cyrille Suss

Couverture adaptée en français par Laurent Briard et Laure Wilmot

Remerciements à Anne Cauvel, Christiane Mouttet, Céline Raux-Samaan et Jean-Victor Rebuffet pour leur contribution au texte. Merci à toute l'équipe de Lonely Planet à Paris. Merci enfin à Luan Angel, Emma Davies et Nigel longuet à Londres, et à Jean-Pierre Masclef à Melbourne.

En Voyage Éditions | un département édi8

Malte et Gozo

6e édition
Traduit et adapté de l'ouvrage
Malta & Gozo, 9th edition, July 2023

92 avenue de France
75013 Paris

Dé…